融合新闻报道

袁　绫　主编

广东高等教育出版社
Guangdong Higher Education Press
·广州·

图书在版编目（CIP）数据

融合新闻报道 / 袁绫主编. —广州：广东高等教育出版社，2024.3（2024.8 重印）
ISBN 978-7-5361-7553-2

Ⅰ. ①融… Ⅱ. ①袁… Ⅲ. ①新闻学—教材 Ⅳ. ① G210

中国国家版本馆 CIP 数据核字（2023）第 222821 号

融合新闻报道
RONGHE XINWEN BAODAO

出版发行	广东高等教育出版社 地址：广州市天河区林和西横路 邮编：510500　　营销电话：（020）87553735 网址：http://www.gdgjs.com.cn
印　　刷	广州希扬印刷有限公司
开　　本	787 mm × 1 092 mm　1/16
印　　张	13.75
字　　数	298 千
版　　次	2024 年 3 月第 1 版
印　　次	2024 年 8 月第 2 次印刷
定　　价	42.00 元

序

与袁绫相识，是在2020年1月。在做了15年报社记者后，她毅然放弃了许多人向往的职业，转行到了高校，做了新媒体专业的教师。

互联网时代，媒体融合作为国家战略，其主要目的就是在用户快速转移到互联网尤其是移动互联网的时代大背景下，抢占互联网这个意识形态的新的主阵地。

作为一名资深记者，袁老师亲历了由纸媒到媒体融合的时代，如何在高校培养既能坚守新闻初心使命，又能适应时代创新发展的新媒体人才，是袁老师一直思考并探索的课题。2022年6—7月，我和袁老师的团队到西江日报社、肇庆广播电视台、广州市番禺区融媒体中心等展开实地走访调研，同时开展线上问卷调查，完成了《肇庆融媒体建设的现状与对策研究》的调研报告。调研过程中，也更清楚地了解到社会对新传媒人才的需求。

在媒体融合发展的背景下，具有丰富媒体从业经验和一线教学经验的袁老师，根据《教育部 中共中央宣传部关于提高高校新闻传播人才培养能力实施卓越新闻传播人才教育培养计划2.0的意见》，针对应用型本科、高等职业院校新闻学、传播学、网络与新媒体等专业，编写了教材《融合新闻报道》，该教材以正确的新闻观为引领，通过融媒体创新思维和融媒体产品生产能力的训练，培养能善用“十八般兵器”的全媒体复合型新闻传播人才。教材编写历时一年多，浸透着袁老师的心血和智慧。

《融合新闻报道》有以下三个创新点：

一是突出新闻核心能力培养。教材以培养学生的新闻职业素养、提高学生的新闻采写能力、激发学生的融合创新思维为宗旨，为学生提供全面的融合新闻报道相关知识及实践技能，让学生实现从基础到进阶，从采写核心能力到融合创新能力的跃升。

二是注重实践引领。这本由一线“双师型”教师编写的教材，体例编排创新。设置有“导论篇”“基础篇”“提升篇”“实战篇”，旨在培养融媒体时代新闻传播学子的基础知识、职业认知和抗压能力、创新思维和解决实际问题的能力，以更好地应对未来职业发展的需要。同时充分考虑职业岗位需求，内容强调实用性和针对性，教材的每一章节设置有“思政目标”“学习目标”“案例导入”“思考与实践”模块，条理清晰，以直观方式指导学生掌握知识，提升实践技能，达到学以致用。

三是有机融入课堂思政。教材编写以习近平新时代中国特色社会主义思想为指导，将社会主义核心价值观、马克思主义新闻观等有机融入教材的“思政目标”，将知识、技能的“学习目标”和思政教育融合在一起；“案例导入”运用丰富的案例和实践指导，理实结合；“思考与实践”环节，激发学生的融合创新思维，实现课程与思政协同育人。

随着互联网技术的快速发展，知识更新迭代的速度加快，教材自然还需不断丰富内容。相信作者将会不断完善、创新。

王　敏

2023 年 9 月

前　言

互联网时代，媒体融合发展日新月异。如何培养既能坚守新闻初心使命，又能适应时代创新发展的媒体人才，是高校相关专业一直思考并不断探索的课题。

本教材是在媒体融合发展的大背景下，根据《教育部 中共中央宣传部关于提高高校新闻传播人才培养能力实施卓越新闻传播人才教育培养计划 2.0 的意见》，针对应用型本科、高等职业院校新闻学、传播学、网络与新媒体等专业，以树立正确的新闻观为引领，通过学生融媒体创新思维和融媒体产品生产能力的训练，培养能善用“十八般兵器”的全媒化复合型新闻传播人才的应用型教材。

本教材由具有丰富媒体从业经验和一线教学经验的“双师型”教师编写，从融合新闻概述、新闻基础写作、新媒体新闻报道、融合新闻创新综合实践等方面，用丰富的案例和实践指导，为读者提供全面的融合新闻报道相关知识及应用，让读者实现从基础到进阶，从采写核心能力到融合创新能力的跃升。

本教材的创新价值主要体现在以下几方面：

1. 融入课堂思政。本教材以习近平新时代中国特色社会主义思想为指导，以培养学生的新闻职业素养、提高学生的新闻采写能力、激发学生的融合创新思维为宗旨，将社会主义核心价值观、马克思主义新闻观等有机融入教材，将知识、技能的学习和思政教育融合在一起，实现课程与思政协同育人。

2. 强调新闻核心能力的培养。融媒体时代对新闻记者的核心能力提出了新的要求。新闻专业学生需要具备扎实的基础知识储备、完整的职业认知和抗压能力、良好的创新思维等，才能更好地应对未来在职业发展道路上可能遇到的困难和问题。因此，本教材的设置针对学生综合能力的培养，包含了基础、素养、进阶、创新等不同模块，全面提升新时代下新闻专业学生应具备的核心能力。

3. 注重实践引领。本教材在一线“双师型”教师和优秀媒体工作者的指导下编写而成。体例方面充分考虑了教学大纲要求与职业需求，内容方面强调实用性和针对性，真正让读者做到学以致用。

4. 设置新颖模块。本教材的每一个章节均设置“学习目标”“案例导入”“思考与实践”等模块，条理清晰，以直观的方式帮助读者学习教材知识，提升学习兴趣。

本教材实用性强，既可作为应用型本科、高等职业院校新闻学、传播学、网络与新媒体等专业的新闻报道课程教材，也可供从事媒体工作的相关人员使用。

同时，作为一本融媒体时代的课程教材，虽然本书尽最大努力尝试构建融合新闻的知识体系，但随着互联网技术的快速发展，知识更新迭代的速度越来越快，囿于编者自身的涉猎范围和认识能力，书中仍存在诸多不足，还请广大读者多提宝贵意见，以便在后续的修订中加以完善。

编　者

2023 年 6 月

目 录

导论篇

基础篇

提升篇

实战篇

导论篇

第一章　融合新闻的概念

思政目标

在媒体融合发展的大背景下，增强全面提升各项技能武装自己的意识，在思想上、知识上跟进媒体变革的潮流，增强专业认同感、自豪感。

学习目标

1. 了解什么是媒体融合。
2. 理解融合新闻面临的挑战。
3. 掌握融合新闻的概念和特点。

案例导入

案例一

《新闻联播》“喷饭”梗①

2019 年 7 月，美国 100 多名所谓对华强硬派人士联名致信美国前总统特朗普，污蔑中国推行“扩张主义”，“利用综合国力欺侮和恫吓他人”。他们声称“在美国的政治体制中，政治是常态，战争是例外，而中国恰恰相反”。

对此，7 月 25 日，《新闻联播》播发国际锐评称，这一观点荒唐得令人喷饭。美国自 1776 年建国至今，200 多年里有 90% 以上的时间在打仗。2018 年美国军费支出超过 6 400 亿美元，高居世界第一。美国如此好战，却反诬中国“不是和平政权”，究竟谁在全球到处欺侮恫吓他人？

《新闻联播》的这段国际锐评播出后迅速引发网友热议。央视新闻官微的推送“今晚，@ 央视新闻提醒：今天的《新闻联播》在‘饭点儿’讲了件荒唐事，大家听了可别‘喷饭’啊。”登上微博热搜。

① 兰天：《〈新闻联播〉的“喷饭”梗——占理儿的幽默具有大传播力》，环球网：https://baijiahao.baidu.com/s? id=1640122706826949575&wfr=spider&for=pc。

图 1–1　视频截图

作为最具影响力的国家级权威媒体之一，央视一直以来给人的感觉是高端严肃、一丝不苟。而此次“非常规”操作，在精准驳斥美方荒谬言行的同时，采用最接地气的方式，极速引发了年轻群体的关注。网友纷纷表示：真的是令人喷饭！播音词库 +1。

图 1–2　央视新闻微博评论截图

案例二

《政府工作报告》的解读“大招”①

每年的《政府工作报告》都释放出诸多重要信号，近年来，各大媒体对报告的解读“大招”频出，形式多样，内容活泼，通俗易懂。以 2022 年媒体对《政府工作报告》的解读为例：

① 《21 家媒体如何多形式解读政府工作报告？》，公众号“中国网信杂志”：https://mp.weixin.qq.com/s/900djn8DbqkNKlo6pXjORg。

招式一：虚拟交互类

2022 年全国“两会”期间，光明网推出《数说政府工作报告》系列融媒体作品，融合 AI 语音、图像识别、语义分析、词频分析等 AI 技术，将《政府工作报告》中所探讨的民生问题与数据可视化形式相结合。

作品通过梳理近 10 年、累计 17.5 万字左右的政府工作报告的词频，从数据导向挖掘“热词”“新词”“关键词”，实现对《政府工作报告》的趣味化解读和可视化呈现。

扫二维码观看作品

招式二：视频类

《政府工作报告》出炉当天，央广网提炼报告中的亮点内容，推出图文 + 视频产品《有点好看！换个姿势打开政府工作报告》，用创意绘画加剪纸的形式，展示各行各业的人物形象，并将这些形象融进真实的生活场景中，充分展现出广大群众日益增长的幸福感与获得感。

扫二维码观看作品

图 1–3　央广网《有点好看！换个姿势打开政府工作报告》截图

招式三：图文海报类

人民日报社新媒体中心推出“两会”报道《10 个创意字读懂政府工作报告》，将手绘元素融入到增”“减”“保”“康”“教”“新”“农”“民”“科”“绿”这 10 个汉字中，直观呈现出政府工作报告中的民生重点，收获广大网友的广泛好评。

扫二维码观看作品

图 1-4 人民日报《10 个创意字读懂政府工作报告》截图

招式四：动画漫画类

中国日报网推出英文动画《瓷中辞：回望 2021》，采用中国风青花瓷与三维立体动画相融合的形式，以青花靛蓝色铺底，突出素描的线条感，将《政府工作报告》主要指标的完成情况一项项置于瓷中、绘于瓶上。标题一语双关，设计别出心裁，传统与现代自然融合。该作品在传播中国优秀传统文化的同时，又润物无声地展示了政府工作的成绩。

扫二维码观看作品

图 1-5 中国日报网《瓷中辞：回望 2021》截图

招式五：创意 H5

2022 年全国“两会”期间，多彩贵州网、多彩云推出“新征程‘多彩贵州有多彩’”网络文化传播创意作品《春满人间》。通过在 H5 页面上传图片，生成海报，共同打造出一幅春满人间的贵州春景图，取得较好的传播效果。

扫二维码观看作品

图 1-6　多彩贵州网 H5 作品《春满人间》截图

思考与讨论

1. 最近社会上有什么热点？
2. 你是从什么渠道了解到这些热点的？
3. 你每天平均使用电子产品的时间有多长？

第一节　媒体融合的发展和成效

一、媒体融合在我国的发展

随着互联网和多媒体技术的蓬勃发展，传统的传播方式和媒体格局发生了巨大变化，大量新媒体纷纷涌现，以势不可挡的态势极大改变了媒体行业的版图。传统媒体逐渐式微，报刊、电视、广播的受众人数不断下降，但不少崛起的新媒体平台因一味追求流量，出现不少“反转”事件，为受众所诟病。与之相对地，传统媒体所具备的权威性与新媒体的时效性又是当代宣传工作中必不可少的两个要点。为了能在数字化时代更好地生存下去，将传统媒体的公信力与新媒体的传播流量相结合，各种媒体开始取长补短，走上媒体融合之路，传统媒体与新兴媒体之间的界限变得越来越模糊，媒体融合在全球逐渐形成大潮流。在此背景之下，“融合新闻”应运而生。①

媒体融合是近年来国家大力倡导并推行的政策之一。2013 年 8 月 19 日，习近平总书记在全国宣传思想工作会议上首次公开提出媒体融合的概念和思路，强调要适应社会信息化持续推进的新情况，加快传统媒体和新兴媒体融合发展，充分运用新技术、新应用创新媒体传播方式，占领信息传播制高点。

2014 年 8 月 18 日，中共中央全面深化改革领导小组第四次会议审议通过了《关于推动传统媒体和新兴媒体融合发展的指导意见》。习近平总书记在发表重要讲话时指出：“推动传统媒体和新兴媒体融合发展，要遵循新闻传播规律和新兴媒体发展规律，强化互联网思维，坚持传统媒体和新兴媒体优势互补、一体发展，坚持先进技术为支撑、内容建设为根本，推动传统媒体和新兴媒体在内容、渠道、平台、经营、管理等方面的深度融合，着力打造一批形态多样、手段先进、具有竞争力的新型主流媒体，建成几家拥有强大实力和传播力、公信力、影响力的新型媒体集团，形成立体多样、融合发展的现代传播体系。”这一讲话内容，把“媒体融合”发展提到了前所未有的高度。随后，从中央到地方，各级媒体融合全面加速，我国媒体融合发展序幕正式拉开。

2016 年 2 月 19 日，习近平总书记在党的新闻舆论工作座谈会上强调要推动融合发展，主动借助新媒体传播优势。要抓住时机、把握节奏、讲究策略，从时度效着力，体现时度效要求。

2018 年 9 月，中宣部表示将于 2020 年底基本实现县级融媒体中心在全国的全覆盖。同年 11 月，中央改革办发布《关于加强县级融媒体中心建设的意见》，表明要深化机构、人事、财政、薪酬等方面改革，调整优化媒体布局，推进融合发展，不断提高县级媒体传播力、引导力、影响力。要坚持管建同步、管建并举，坚持正确政治方向、舆论导向、价值取向，坚守社会责任，把社会效益放在首位。②

2019 年 1 月 25 日，习近平总书记在中共中央政治局第十二次集体学习时做关于《加快推动媒体融合发展　构建全媒体传播格局》的重要讲话，提出要推动媒体融合向纵深发展，加快构建融为一体、合而为一的全媒体传播格局，并提出了“全程媒体、全息媒体、全员媒体、全效媒体”的重要概念。

2019 年 10 月 31 日，党的十九届四中全会审议通过《中共中央关于坚持和完善中国特色社会主义制度推进国家治理体系和治理能力现代化若干重大问题的决定》，指出建

① 李斌：《媒介融合背景下的新闻传播变革——谈“融合新闻”及其挑战》，《采写编》2022 年第 12 期。

② 董天策：《中国共产党新闻舆论宣传工作在新媒体时代的制度创新》，《人民论坛 · 学术前沿》2021 年第 24 期。

立以内容建设为根本、先进技术为支撑、创新管理为保障的全媒体传播体系。

2020 年 6 月 30 日，中共中央全面深化改革委员会第十四次会议审议通过了《关于加快推进媒体深度融合发展的指导意见》，指出推动传统媒体和新兴媒体在体制机制、政策措施、流程管理、人才技术等方面加快融合步伐，尽快建成一批具有强大影响力和竞争力的新型主流媒体，逐步构建网上网下一体、内宣外宣联动的主流舆论格局，建立以内容建设为根本、先进技术为支撑、创新管理为保障的全媒体传播体系。

2022 年中央一号文件发布，对县级融媒体中心提出新要求，依托新时代文明实践中心、县级融媒体中心等平台开展对象化、分众化宣传教育，弘扬和践行社会主义核心价值观。

从国家有关政策可以看出，媒体融合作为国家战略，其主要目的就是在用户快速转移到互联网，尤其是移动互联网上的时代大背景下，抢占互联网尤其是移动互联网这个意识形态的新的主阵地，而传统媒体要在媒体发展的大潮中不被淘汰，就必须顺应形势，苦练内功，在“融合”的道路上不断探索和前进。

二、2012—2022 年我国媒体融合发展成效①

当前，我国媒体融合发展已进入全面发力、深化改革、构建体系的新阶段。从 2012 年到 2022 年这 10 年间，主流媒体在整合资源、创新应用传播技术、升级融媒体平台的同时，也在理念、机制等方面有了较大的提升与突破，实现从简单的“相加”到真正意义上的“相融”。中央、省、地市、县四级媒体格局基本形成，在舆论传播新环境下发挥舆论引导作用的同时，逐步成为助力构建现代化国家治理体系、提升国家治理能力的重要力量。

1. 机构整合，促进媒体融合演进

媒体机构整合为传统媒体向全媒体转型构筑起了坚实的发展根基。2012—2016 年期间，上海报业集团、浙江日报报业集团、安徽日报报业集团等在向全媒体转型的同时，其整合改革也逐步向纵深发展。

与此同时，广电行业经营性事业单位转企改制不断深化，吉视传媒、华数传媒、湖北广电等多家公司上市。2014 年上海文化广播影视集团有限公司的组建是中国传媒机构打造国际化媒体集团的一次积极尝试。

为实现媒体融合自上而下的全面打通，2018 年开启了新一轮的传统媒体机构大整合。融合除了在形式上整合，还应构建与媒体融合发展相适应的体制机制，因地制宜进行媒体深度融合。2019 年，在珠海、绍兴、湖州等不少地方广电与报业整合的同时，黑龙江大庆日报社、大庆广电整合 9 年后再度分离。

① 黄楚新、常湘萍：《非凡十年：2012—2022 年我国媒体融合发展与实践》，《中国传媒科技》2022 年第 11 期。

2. 县级融媒，打通媒体融合“最后一公里”

县级融媒体建设解决了媒体融合发展进程中的“最后一公里”问题，其广泛建立推动了媒体融合在全国范围内的全面打通。

2018—2020 年，县级融媒体中心逐渐完成了平台搭建、机构整合，全国各省县级融媒体中心已经基本实现挂牌。自 2020 年起，各县级融媒体中心逐渐由基础建设阶段进入提质增效的创新发展阶段，其与新时代文明实践中心、政务服务中心等多中心融合的实践探索有效地促进了媒体深度融合的高质量发展。

2021 年县级融媒体中心的“新闻 + 政务 + 服务 + 商务”模式日渐成熟。福建尤溪、江苏邳州、浙江安吉等县级融媒体中心形成了具有地区特色的融合发展模式；深圳龙岗区融媒体中心与北京经开区融媒体中心转企改制，进一步探索了县级融媒体的市场化运营新模式。

3. 多元模式，融入新媒体传播环境

传统媒体逐步构建全媒体矩阵，全面融入新媒体传播环境。2012—2016 年期间，各级报业机构、电视机构将传播渠道从传统媒介向手机、“两微一端”、交互式网络电视（IPTV）等多种新媒体渠道拓展。自 2014 年起，各省相继开通网络电视台，IPTV 用户快速增长，并逐步形成了台网融合、一云多屏、多屏互动、线上线下联动等模式。

传统媒体注重融合传播机制与平台建设，打造多元化融合产品。2014—2017 年，各级媒体以“中央厨房”“融媒体中心建设”等为重点进行融合发展探索，报（台）网、端、微、屏资源对接畅通。人民日报“中央厨房”、新华社全媒报道平台、中央电视台“融媒体编辑部”等陆续推出，各媒体对新闻生产机制进行改革以适应市场化环境。

发挥地缘优势，地方媒体进行各种融合探索。自 2014 年起，各地媒体机构结合地缘优势，因地制宜开展各类媒体融合探索，如湖北广电长江新媒体集团的“长江云”等。

2017 年，各媒体集团基本已经形成适合自身发展的融合模式，传统媒体与新媒体融合发展在广度、深度、速度等方面呈现明显扩大和提升的趋势。

4. 创新形式，直播等新业态涌现

不少媒体已完成“短视频 + 直播”的融合生态布局。自 2016 年起，各级媒体陆续推出直播节目，2017 年人民日报社、新华社等中央媒体还推出了自有直播平台，直播已发展成多渠道、多平台、多样式的“泛直播”。

新冠病毒感染防控催生了“直播 +”模式的快速发展。主流媒体通过“直播 + 媒体”“直播 + 助农”“直播 + 电商”等应用在抗疫、复工复产新闻报道及助力脱贫攻坚等方面进行创新模式探索，并通过入驻抖音、快手、腾讯等商业平台拓展合作与发布渠道。在直播常态化发展过程中，“直播 +”模式呈社交化、媒介化、产业化、泛在化趋势发展。

短视频在 2019 年迅猛发展，“央视频”APP、“人民日报 +”短视频聚合平台、天目新闻客户端等主流媒体陆续推出短视频平台。近几年短视频平台发展迅猛、长视频平台下沉寻找新增量，中视频则悄然成为“新蓝海”，为媒体融合发展中视听内容表现形态创新提供了新机遇。

5. 跨界合作，融合转型实现优化升级

传统媒体通过跨界合作、融合转型、技术融合、业态整合等方式探索媒体融合的对策和出路。

主流媒体通过在文化、传播形态、技术等方面的融合创新打造“现象级”产品。自2019年起涌现出不少优秀的重大主题宣传精品，如“长三角”国庆70周年主题一体化联动专题报道、人民日报社的《复兴大道100号》互动体验馆、新华社的动画长卷《送你一张船票》等。

主流媒体通过资源整合、服务创新、跨界合作等举措实现转型升级，形成多元化发展态势。各级媒体通过“新闻+”模式进行跨界合作延展了传媒功能，浙江日报报业集团等媒体通过“智能+”模式进行城市大脑运营向智媒发展，三大央媒（人民日报、新华社、中央广播电视台）通过“智库+”模式延展了媒体智库的范围。

主流媒体与商业平台各具优势、相互影响，传媒生态竞合发展。近几年，多省广电机构与字节跳动合作成立新媒体产业孵化园，全国部分省份与商业平台及新媒体公司等合作，如浙江日报报业集团与阿里巴巴合作共同打造“媒体融合服务体系”。

三、融媒体和自媒体、新媒体、全媒体

融媒体和自媒体、新媒体、全媒体均只有一字之差，但实质却大不相同。

（1）融媒体。融媒体是充分利用媒介载体，把不同媒体在人力、内容、宣传等方面进行全面整合，实现“资源通融、内容兼融、宣传互融、利益共融”的新型媒体。[①]融媒体不是一个独立的实体媒体，而是一个把报纸、广播、电视、互联网的优势互为整合、互为利用，使其功能、手段、价值得以全面提升的一种运作模式。

（2）自媒体。自媒体是一种新兴的媒体形式，它主要靠个人创作、传播而不依赖传统媒体机构。自媒体的内容以网络为载体，通常是博客、微博、微信公众号、小说等。

（3）新媒体。新媒体是利用数字技术，通过计算机网络、无线通信网、卫星等渠道，以及电脑、手机、数字电视机等终端[②]，向用户提供信息和服务的传播形态。

（4）全媒体。全媒体的概念并没有在学界被正式提出。它来自传媒界的应用层面。全媒体的“全”不仅指包括报纸、杂志、广播、电视、音像、电影、出版、网络、电信、卫星通信等在内的各类传播工具，涵盖视、听、形象、触觉等人们接受资讯的全部感官，而且指针对受众的不同需求，选择最适合的媒体形式和管道，提供超细分的服务，实现对受众的全面覆盖及最佳传播效果。[③]

① 汤晶晶：《5G时代融媒体直播的多样化趋势》，《声屏世界》2022年第22期。

② 金乐：《数字化赋能下红色文化集体记忆塑造的特征、价值与路径研究》，《高教学刊》2023年第10期。

③ 王立、郭越、阎光耀：《全媒体时代应急科普宣教效能提升路径探究》，《公关世界》2023年第6期。

第二节 融合新闻的概念和特点

一、融合新闻的概念

媒体融合催生了融合新闻的理念与实践。融合新闻的概念有广义和狭义之分。广义的融合新闻主要是指媒体融合语境下的新闻生产、发布、运营、社会服务实践和活动，其特点是整体性策划、全局性整合、一体化生产、跨平台传播、多渠道分发、智能化推送、全媒体运营等；狭义的融合新闻主要是指媒体融合语境下的多媒体新闻形态，既包括报刊新闻、广播新闻、电视新闻等传统新闻形态，也包括网络图文新闻、H5 新闻、VR 新闻、短视频新闻、数据新闻、动画新闻、移动直播新闻等新兴的新闻形态。

也就是说，广义的融合新闻强调的是一种新兴的新闻观念和实践，而狭义的融合新闻主要是指不同的新闻形态。在媒体融合和媒体传播层面讨论融合新闻时，一般使用其广义概念；而在文本写作或类型层面讨论融合新闻时，则一般使用其狭义概念。

二、融合新闻的特点

融合新闻的核心，就是打破传统新闻报道载体的限制，整合重构各种新闻报道的传播方式，制作出比传统新闻传播活动更多样化的新闻产品。在融合新闻的采集和传播过程中，可以利用各种多媒体技术对新闻事件进行多角度、多侧面展示，并且鼓励新闻报道的接收者参与传播及反馈信息。融合新闻注重对原始信息的加工拓展，能够挖掘出更大的新闻价值，是一种全新的互动化、个性化、立体化的新闻报道方式。①

1. 新闻业务整合化

融合新闻突破传统媒体间的限制，整合所有的媒介，统一规划，资源共享，建立新的新闻采编流程。其基本流程就是集中力量采集新闻素材，再根据各自受众的接收特点进行加工，制作成不同的新闻产品，最后通过不同的传播渠道传播给受众。

案例

人民日报“中央厨房”

人民日报“中央厨房”以内容的生产传播为主线，打造媒体融合发展的业务平台、技术平台和空间平台。这三个平台以人民日报社全媒体体系为起点，以全球传播为目标，旨在给国内媒体行业搭建一个公共平台，从而聚拢各方资源，形成融合发展、全球传播的行业合力。

在组织架构上，人民日报“中央厨房”打破过去媒体板块分割的运作模式，专门设

① 张云霞、徐恺俐、陈裔欣：《融合新闻的特点及带来的挑战》，《旅游纵览（下半月）》2013 年第 10 期。

立总编调度中心，建立采编联动平台，统筹采访、编辑和技术力量，实现“一次采集、多元生成、多渠道传播”的工作格局。①

2. 新闻载体数字化

数字技术和通信技术的飞速发展，使得媒体之间的边界逐渐模糊，传播终端呈现数字化特点，电信服务商和互联网服务商纷纷介入到传播终端的领域中，与传统媒体融合在一起，推出各种数字移动终端来作为新闻内容的载体，进入到人们的信息生活中。所以，媒体融合的结果，就是除了报纸、广播和电视外，电脑、手机、数字报、电子杂志等数字载体也能让人们随时随地以不同方式接收到所需要的信息。

案例

广东省四会市融媒体中心整合了全市电视、电台、政务网站、微信、微博、手机客户端等主流媒体资源，打造了服务四会本土的权威移动客户端——“桔子新闻”APP。

新鲜权威资讯：在“桔子新闻”APP，除了可以在“推荐”频道、“桔子号”频道第一时间获取四会本土的新闻资讯外，还可以在“要闻”频道实时了解全国各地最新热门动态，同时还可以在“四会玉器”“短视频”频道浏览富有当地特色的新鲜资讯和精彩视频。

直播热点追踪：在“直播”板块，有围绕四会人身边事、关心事实时进行的现场手机直播，第一时间传送独家报道画面。直击四会大型活动现场、各类赛事盛况，还可以在聊天室与主播互动，发表看法，随时随地回看直播。

电视热剧随心看：“视听”板块包含“视频”和“电视”两个频道，“视频”频道可以轻松浏览《四会新闻》和自制节目，“电视”频道有广东各热门频道的资讯娱乐，65个热门电视频道实时同步直播。

足不出户享政务服务、便民服务：“服务”板块有便捷的公交、客车、火车、违章、办理港澳通行证、护照签发、驾驶证期满换证、补换领车辆行驶证、公积金查询、残疾人证申请等查询和办理，让群众足不出户享便利服务。

3. 新闻视觉传达多样化

在多媒体技术的基础上，融合新闻把文字、图片、声音、动画和图像交织在一起，为受众呈现更加形象、生动、立体的多维视觉效果。受众可以利用看、听等各种方式接收到新闻内容，使得新闻的传播过程更加便捷。

案例

2019年，《人民日报》迎来全新改版后的首次“两会”报道，紧紧抓住创意这个关键，采用多种视觉传达方式，赢得了开门红。②

---

① 袁金泉：《如何走出“县级媒体融合受体制束缚”困境》，《中国传媒科技》2022年第1期。

② 《两会大比拼：人民日报用创意探索更多可能》，公众号“传媒圈”https://mp.weixin.qq.com/s/EvgCnWbQqJImjQwQCvwYDw。

①全新改版后的《人民日报》“两会”特刊。

人民日报　两会特刊

5

我们都是追梦人

春天里，聆听追梦足音

“沙窝窝”变“金饽饽”

提升法治获得感

老油田再现活力

开放治学路更宽

为社区群众解忧

网络创作更活跃

图 1–7　2019 年《人民日报》“两会”特刊

②新媒体中心推出互动视频 H5 产品《点击！你将随机和一位陌生人视频通话》，用模拟打电话的互动形式，让用户随机与一名中国人视频通话，了解其独特有趣的生活状态以及个人的愿望、目标。

可供“视频通话”的素材库，遴选了 40 名来自各个省市、各行各业、各个年龄段的普通人，提前录制生活化、有趣味、有代表性的视频，将宏观的“两会”民生议题浓缩到凡人小事中，让用户了解全面、丰富、充满活力、积极向上的中国人生活场景，感受“两会”“汇聚你的梦想，关注你的关注”的特点。

图 1-8　H5 产品《点击！你将随机和一位陌生人视频通话》截图

③ 2019 年全国“两会”期间，人民网人民视频策划推出的 AR 扫描功能，让《人民日报》“动”起来。用户下载并打开人民视频移动客户端，点击右上角 AR 图标，扫描《人民日报》“两会”报道相关配图，即可在手机上看到现场实况、注释信息、数据可视化等更具深度的内容，如同在报纸上打开了获取更多资讯的新窗口，帮助读者全面、深入了解“两会”动态。

人民日报

全媒看两会

开栏的话

走过代表委员通道，他们——

通民情　道民声

图 1-9　2019 年 3 月 3 日的《人民日报》3 版顶栏有一张图配有一行文字说明：扫图看 AR

图 1–10　扫图后看到的视频截图

④微纪录片《我们都是追梦人》讲述了 3 个普通人努力奋斗、追逐梦想的故事，致敬为幸福、为梦想拼搏的亿万普通中国人，引发刷屏效应。

图 1–11　微纪录片《我们都是追梦人》截图

⑤人民网邀请著名评书表演艺术家刘兰芳每日讲述“两会”新鲜事，让听众原汁原味听评书，多种方式“追”“两会”。

图 1–12　“两会”评书 · 刘兰芳海报截图

⑥人民日报社新媒体中心通过“5G+VR 全景”技术，用更快的传输速度、互动性更强的画面内容，营造身临其境的现场感，提供沉浸式的传播体验。用户只需通过人民日报“两微两端”打开专题页面，就仿佛置身“两会”现场，感受更鲜活生动的场景。①

图 1–13　记者体验“5G+VR 全景”技术

三、融合新闻的作用

1. 实现对受众需求的更好满足

融合新闻可以根据不同受众对新闻内容和形式的偏好，制作成不同类型的产品供其选择，以满足受众对新闻个性化的需求。如同一新闻事件，可以先用最快的速度和最简洁的语言通过互联网新媒体平台发出，以满足生活节奏快只需了解事实梗概的受众；然后将载有对新闻事件及相关背景详细介绍的报道见诸报端，供时间较为充裕且对事件的经过有浓厚兴趣的受众选择；而制作成生动直观的电视节目向观众娓娓道来，可满足有相关需要的受众。

2. 实现信息的优化传播

融合新闻可以让受众更多更方便地根据信息内容传播的需要来选择和决定使用什么样的媒介，内容产品的生产进一步与传播的载体分离，载体的使用将完全服务和服从于内容。这样能使信息在更大范围内得到交换和共享，减少信息在传播过程中的衰减，提高传播的整体效果，从而达到信息优化传播的目的。

3. 实现传媒产业的集约化经营

融合新闻使各媒介从独立经营转向多媒介联合经营，使传媒企业的人、财、物、讯

① 韩冰:《新媒体背景下广播电视媒体融合发展的策略》,《记者摇篮》2022 年第 4 期。

（息）等资源得到合理的配置，从而降低生产成本，增加效益。既能对已占有的媒介市场起到保护作用，又能不断开辟新的利润增长点。

四、融合新闻带来的挑战

融合新闻的产生不仅给新闻传播界带来了无限生机，同时也带来了多种挑战，这种全新的新闻形式给传统新闻传播机制提出许多新的要求。[①]

1. 对媒体内部管理和规制提出了新要求

媒体融合是融合新闻的基础。传统新闻传播活动的媒体往往是单一的形态，只使用少量的技术手段，因此，各种媒体都有其独特的新闻采编流程和内部结构，而融合新闻对各种技术手段和媒介形态都有全方位的运用，就必然会打破原有流程和结构，建立新的体制。

2. 对新闻工作者提出了更高要求

融合新闻的发展急需两种人才，一是可以熟练掌握多媒体传播策划手段的高层管理人员，二是可以熟练运用多种新闻采集和处理技术的全能记者。融合新闻的高层管理人才只能在现实的媒体竞争中磨炼出来，而全能型记者则需要通过高校培养以及对现有新闻工作人员的技术培训来获得。在我国，这两方面人才都需要加大力度去培养。

3. 要求公民拥有更高的媒介素养

越来越多的普通人成为融合新闻的传播者，各个传播者之间地位平等，且没有具体的条约规定对其进行约束，新闻信息良莠不齐在所难免。让每一个新闻传播活动的参与者严格自律、奉公守法是新闻传媒界面临的又一巨大挑战。

思考与实践

寻找一个你认为的优秀融合新闻产品进行分析：

1. 其与传统新闻产品的区别主要在哪里？
2. 融合新闻产品与传统新闻产品相比有哪些优势？
3. 作为相关专业的学生，需要用怎样的技能武装自己，才能从思想上、知识上跟进这股变革的潮流？

① 张云霞、徐恺俐、陈斎欣：《融合新闻的特点及带来的挑战》，《旅游纵览（下半月）》2013 年第 10 期。

第二章　融合新闻背景下记者的职业素养

思政目标

1. 理解坚持党性原则是马克思主义新闻观最基本、最重要的观点。
2. 理解坚持正确的舆论导向是党的新闻舆论工作的灵魂和关键。
3. 理解人文关怀是传媒进步与成熟的重要标志。
4. 理解坚持实事求是是马克思主义新闻观的精髓。

学习目标

1. 理解为什么要树立正确的新闻观。
2. 掌握当代记者需具备的职业素养。

案例导入

在一次辩论中，围绕题目“美术馆着火了，一幅名画和一只猫，只能救一个你救谁？”正反双方展开了激烈讨论。正方的观点是救名画，反方的观点是救猫。

正方辩手在发表观点的时候讲了一个故事：一个小学老师在课堂上读朱自清的名篇《背影》，在念到父亲弯下腰去捡橘子的时候，好多学生哈哈大笑。因为朱自清的父亲是个胖子，学生就大笑说“胖子捡橘子”。这位老师开始很错愕，但转念就懂了，不是这些小孩冷血，是因为他们太年轻，还不理解父亲捡橘子里蕴藏的伤感。小孩子不懂《背影》中的感情，是因为他们对感情、对世界的认知有限，他们听不到更“遥远的哭声”。也就是说，这道辩题，讨论的并不是救画还是救猫，而是一个人对自己、对世界的理解到了什么层次。

反方辩手也讲了一个故事：一个记者朋友有一次找他诉说困扰，说自己经常在采访当事人的时候，觉得把这个故事报道出去可以帮助更多的人，让更多的人意识到某个问题的严重性，但是如果报道出去之后这个当事人的人生可能就完了，那这个报道他还要不要发？正如反方的做法那样，他说“我差点一脚踹在他脸上”，他告诉记者朋友，那不是远方的哭声，那是你自己想象中的哭声，这篇报道如果发出来，你就是为了一个想象中的哭声，把一个活生生的人牺牲掉了，近处的哭声你都不管，怎么去管远处的哭声？

思考与讨论

1. 如果是你，你会选择救画还是救猫？
2. 这两个故事和新闻观的树立有什么关系？

第一节 树立正确的新闻观

正反两方的观点孰高孰低，谁正确谁不正确难以做评判，而结合传媒相关专业，则涉及如何树立正确的新闻观的问题。

正方的“远方的哭声”，是指在新闻报道过程中要有大局意识，只有对一个事物、一件事情有全面的了解、对事件发生的背景理解得更深刻，才能做出更准确、客观的判断，而不是看到眼前的一点点就认为这就是所谓的“真实”，就像小孩嘲笑“胖子捡橘子”一样。

而反方，说的是新闻报道过程中的人文关怀和责任意识。

新闻媒体作为重要的社会主体，必须以强烈的责任意识、社会意识，倡导社会先进文化，在报道中坚持以人为本的信念，体现出人文关怀，为构建社会主义和谐社会创造良好的舆论生态环境。

一、什么是新闻观

一名新闻从业者或者是未来的新闻从业者，必须树立正确的新闻观。新闻观是对新闻现象、新闻活动等的性质、地位、作用、意义、衡量标准和价值实现途径的总的看法，是对新闻工作应当遵循的基本原则与思想方法的集中概括。①

马克思主义新闻观是当代中国新闻观的主导新闻观，在理论上主要继承发扬了马克思列宁主义新闻思想体系，实践上主要根源于中国共产党在不同历史时期领导的新闻宣传、新闻舆论活动，集中反映了党、政府和人民对新闻根本而系统的看法。

马克思主义新闻观主要包括四大观念：①作为统领性或本体性观念的党性原则观念，它的灵魂是强调党对新闻事业的绝对领导；②作为价值观念的人民中心观念，它的关键是强调新闻必须以人民为中心、为人民服务；③作为方法观念的舆论引导观念，它的基本要求是以正确的舆论引导人；④作为基础观念的新闻规律观念，它的基点是新闻舆论工作必须尊重新闻规律，尊重新闻舆论传播规律。

需要说明的是，不管是马克思主义新闻观的基本观念体系，还是核心观念构成，其内涵或实质内容都在不断更新、发展和完善，这本身也是马克思主义、马克思主义新闻

① 吴光玲：《党报记者服务公众利益探析》，《中国地市报人》2010年第6期。

观的内在品质。①

二、如何树立正确的新闻观

根据马克思主义新闻观主要包括的四大观念，本章节从四个方面进行对应论述，即党性意识、导向意识、全局意识和责任意识。

1. 党性意识

新闻工作中坚持党性原则，是对马克思主义新闻观的根本遵循，是无产阶级革命和建设的重要经验。面对新的国际国内环境、经济技术条件和新的传播格局，如何把新闻工作党性原则具体化并坚持好、落实好，是党管意识形态、党管媒体的重要任务。

当前，随着国内外形势的发展变化，意识形态领域的斗争更趋隐蔽化、复杂化。一些西方国家鼓吹“中国崩溃论”“中国威胁论”，一些别有用心的人鼓吹历史虚无主义，否定中国特色社会主义，歪曲党和国家历史，抹黑党和国家形象。对此，新闻工作者一定要有清醒认识，绝不能麻痹大意、掉以轻心。

党性和人民性是高度统一的，党性原则是党的新闻舆论工作的根本原则。中国共产党以全心全意为人民服务为根本宗旨，体现党的意志就是体现人民的意志，宣传党的主张就是宣传人民的主张，坚持党性就是坚持人民性。党性寓于人民性之中，没有脱离人民性的党性，也没有脱离党性的人民性。② 坚持党性原则，最根本的是坚持党对新闻舆论工作的领导。

2. 导向意识

党的新闻舆论工作基本方针要求：团结稳定鼓劲，正面宣传为主。新时代下的新闻舆论工作要求新闻工作者拥有更高的思想站位、更开阔的视野，从党的工作全局出发把握党的新闻舆论工作，坚持正确的舆论导向，唱响主旋律，激发正能量。

一要把好政策关。新闻报道必须全面及时准确地宣传党的路线、方针、政策，实事求是地反映社会现实生活。二要把好热点关。面对热点新闻，应政治坚定，旗帜鲜明，时刻以党和政府工作大局出发，从广大人民利益出发，严格按照要求进行报道，实事求是，不炒作不渲染。

但是，正面宣传不意味着只歌颂不披露，要坚持正面宣传与舆论监督相统一，直面工作中存在的问题，直面社会丑恶现象，激浊扬清、针砭时弊，对人民群众关心的问题、意见大反映多的问题，要积极关注报道，及时解惑，引导心理预期，推动改进工作。③ 从本质上而言，正面宣传与舆论监督的出发点和归宿都是一致的，二者应该统一，也必须统一。

① 杨保军：《论当代中国新闻观的基本特征》，《编辑之友》2021 年第 7 期。

② 邓绍根：《新时代党的新闻舆论工作党性原则的内涵》，《传媒观察》2022 年第 10 期。

③ 黄楚新、贺文文：《使“最大变量”变成“最大增量”——深刻领会习近平总书记关于网络舆论工作的重要论述》，《媒体融合新观察》2022 年第 6 期。

特别需要注意的是，坚持正面宣传为主，绝不代表只要是正面的就应当宣传，如何避免“正能量事故”，同样值得思考。

（1）不要报道不符合主流价值观的所谓“典型”。

案例

新冠病毒感染疫情期间，某媒体发布了一条新闻，重庆一位87岁的老人捐出了她的毕生积蓄20万元。

报道中说，老人多年来一直独居，租住在一个老旧房子内，平时靠摆摊卖小百货来补贴家用。她生活节俭，舍不得为自己多花一分钱。这20万元，是她攒了30年的所有钱。问起为什么要捐钱？老人说：“国家有难，我不能做旁观者。”

而这已经是不止一次有关老人捐款的新闻了。从疫情开始，隔一段时间就有这样的所谓正面典型报道。有双目失明老人给武汉捐1 000块的；有工资一两千块、家徒四壁的环卫老大爷，捐出5年积蓄的；还有老人捐了钱之后，卡里只剩下10多块的。

接二连三这样的报道，收获了当下短暂的社会感动，却忽略了他们才是弱势群体。有位媒体人士曾经说过，我们的媒体总是在歌颂弱者的苦难，以彰显弱者的伟大。其实弱者更需要的不是歌颂，而是关怀。

一个新闻媒体最基本的职业操守，不是做出多轰动的报道，获得多惊人的数据，而是同样身为普通人应该有的道德底线，那就是不要去利用普通人的善良，也不要去绑架普通人的善良。

（2）不要做个感动的跟进者。

案例

2020年2月15日，某平台发布了一段主题为《剪去秀发，她们整装出征》的视频，某妇幼保健院派出15名护理人员，参与对湖北的援助。视频中，所有的女性医护人员都被剃成了光头。

给女医护人员剃光头的做法，引发了网友的热议。有人质疑，剃光头是否必要，否则为什么唯一的那名男性反而留了头发？有人怀疑，这些女孩子是不是被强迫剃成了光头？还有人认为，这是当地的领导在作秀。

对此，某妇幼保健院向媒体回应称，理光头是女医护们自愿的，医院并未强迫。由于散落的头发和气溶胶融合易发生感染，医院让女医护们理发的初衷是让其保护自己，而且也没有要求她们都剃成光头。

该视频发布之前，互联网上已经出现过有关女医护人员在支援湖北疫情前剃掉头发的报道，而广大网友也纷纷表示赞扬和感动，为何在这里却“翻车”了呢？最根本的原因，是之前的报道都是这些医护工作者“自己决定这么做”，她们自己在社交平台展示，展示的是笑容、是坚毅，或自拍，或记录，然后媒体再转发，广大网友的感动也源于此。

而在这个视频中，反复展示女医护人员愁眉紧锁、眼角含泪、抹去眼泪的照片和特写，体现出的是在强行渲染悲情，是在拿悲情作秀，是形式主义，这就让广大受众感到不适而不是感动。

医护人员勇赴前线的决心令人感动，他们的奉献精神也值得钦佩。如果剃光头是所有医务工作者的自愿选择和必要做法，大家都会发自内心地致敬。但如果这是组织者的“统一要求”，就会有“做作”“过头”之嫌，那么该报道会“翻车”也就不足为怪了。

3. 全局意识

全局意识是指能够从事物整体的角度看问题，做出决策和判断，同时善于透过现象看本质。

“胖子捡橘子”的确很可笑，这是一个客观存在的事实，在新闻报道中，我们可以狭义地理解为是“真实的”，但是这些笑话他的孩子没看到的，或者说是在他们这个年龄段还不能理解的，是一个父亲对儿子的深沉的爱，同时这也饱含了一个儿子对父亲的深切的怀念。换个角度想，作为高校的学生，考上大学后第一次离开家、离开父母到外地求学，当父母亲把你送到学校后转身的那一刹那，你会不会觉得心酸？如果理解了这些，我们就不会觉得一个父亲弯下他笨重的身体去给儿子捡橘子是好笑的。

这种片面性不仅存在于孩子身上，其实在每一个人身上都会或多或少地存在。作为一名新闻工作者，在进行报道之前，有两个方面必须明确：一是这个报道是否真正反映了客观真实；二是作者本身有没有摆脱主观意识做全面报道。需要注意的是，有些问题从表象或局部来看，似乎是真实的，但从整体、全局和本质上来看，却未必是真实的。

案例

广东某地需上马一个垃圾能源发电项目，当地的村民一听到“垃圾”两个字，第一反应就是污染，就是臭气熏天，立马强烈反对，并在一些人的煽动下开始闹事。在这个时候，如果记者要去报道所谓的“社会真实”，报道当地发生了群体性事件，会产生什么后果？极大的可能是会让更多不知内情的人参与闹事，引发更大的群体事件，这个项目也不可能再继续推进下去。事实究竟如何呢？当地市委、市政府组织当地的村民到外地已经建成的垃圾发电项目参观。这些村民去到一看就明白了，项目不仅没有污染，而且厂房建得非常漂亮，是花园式的厂房，还对推动当地的经济、带动村民的就业很有帮助，因此项目后来推进得很顺利。

因此，作为一名新闻工作者或者是未来的新闻工作者，在面对一个事件的时候，不能简单地认为只要有事实就可以报道，而是要看一看反映了事物的本质没有。要不断拓展自己的认知，要听得到“远方的哭声”。

4. 责任意识

增强责任意识，主要要处理好以下几个方面的关系：

（1）处理好个人正义感与社会责任感的关系。

正义感，也叫是非感，是一种主持公道、伸张正义、爱憎分明的道德情操。正义感是新闻工作者应该具备的品质，但与此同时，新闻工作者也要考虑所肩负的社会责任。如果仅有正义感，而没有社会责任感，就容易凭一时的情感冲动、个人的好恶进行报道，从而容易让报道陷入片面。

（2）处理好新闻导向与曝光率的关系。

互联网时代，自媒体蓬勃兴起，部分自媒体在市场利益驱动下主动迎合部分受众的低级趣味，只一味追求曝光率、追求吸引眼球，表现出庸俗化、媚俗化的姿态，于是网络上涌现出各种各样新奇、猎奇的标题和内容，层出不穷。如《小矮人如何才能和白雪公主在一起？》，还有一些像“如果你不……，就会……”等类似的标题和文章。甚至有些自媒体为了争夺受众市场，放弃了新闻的最高原则——真实性原则，出现诸多虚假新闻，从而降低了整个社会和公众的媒介素养。

如何提高公众的媒介素养，一直都是值得研究的课题。而经过有效的媒介素养教育，受众对媒介信息的鉴赏能力和期待会更高。这样，一方面受众对于传媒内容的庸俗化需求会降低，使得媒体更加专注于制作精良、有益的新闻作品来回报受众。另一方面，受众也会要求媒体组织采用更先进的传播技术，提高组织管理水平和媒体从业人员素质，最终促进良好媒介文化的形成。

案例

“南水北调，难！”（节选）

今天
源源不断的南来之水
为长年干渴的华北大地
带来了片刻的喘息
带来了发展的机遇
而未来
如何用好南水？如何节约用水？
如何让翻山越岭而来的长江水
不至于成为杯水车薪？
对受益于南水北调工程的
40 多座大中城市、260 多个县区
近 1.2 亿人来说
这些问题
正等待着他们的答案
这片土地上的下一个奇迹
也等待着他们去创造

图 2–1

这条公众号推文《南水北调，难！》，是星球研究所用了前后 20 天的时间，完成对南水北调这项系统工程的最基本的解构，让受众了解这项工程的故事和过往，全面、有深度，语言平实但知识含量很高，是一条 10 万 + 的爆款。

由此可见，在受众媒介素养和审美水平越来越高的今天，有内涵、有深度的报道，才是真正有生命力的报道。

（3）处理好记者个人与被采访者的关系。

也就是说，记者在报道新闻人物或新闻事件时，要做到以己度人、站在对方的角度思考问题，这样的报道才有价值，才能得到社会的认同，才不会偏离方向。

案例

2022 年 3 月 21 日 14 时 38 分许，一架中国东方航空集团有限公司波音 737–800 客机在广西壮族自治区梧州市藤县埌南镇莫埌村神塘表附近山林坠毁。

3 月 22 日晚，中央广播电视总台记者进入东航空难核心救援现场进行直播。在看到一张东航乘务人员证件时，记者马上伸手捂住，示意镜头避开："这个不要给特写了，希望它的主人还能平安。"这一举动令网友感动，认为体现了对乘务人员的尊重。

事实，是新闻的生命；呈现事实，是记者的使命。记者有客观反映事实的职责，但不意味着可以充当冷漠无情的看客。空难发生后，很多自媒体一哄而上，奉行流量至上。用夸张的文字、惊悚的标题、拼凑的图片、剪辑的视频等种种手段报道。还有一些报道，只展现局部的事实而非整体的事实，甚至还有一些媒体专门采访原本就伤心至极的亲属，造成了二次伤害。这种缺乏尊重和人文关怀的报道，已经招致公众的反感。

记者首先是一个有血有肉的人，在现场报道时面对惨不忍睹的景象哽咽流泪，在发现乘客物品时下意识地遮挡，非但无损于记者的职责，恰恰证明了人文关怀是记者最基本的职业操守。报道发出后，公众对记者这一细微举动的肯定，足以说明公众希望看到一个什么样的报道，也足以证明在事实和情感中间并不存在无法调和的矛盾。

灾难报道永远要把人性关怀放在第一位，因为生命永远是最宝贵的。事实不会因为情感的介入而掩盖，而报道却因为人性的彰显而温暖。

第二节　新闻记者的职业素养

新闻行业肩负着党和人民的重托，在传播新闻信息、服务社会民众、引导社会舆论方面，有着重要的社会使命和社会地位。特别是在融合新闻背景下，要成为一名合格的新闻记者，必须既提升自己的理论素养，也要根据社会发展的需要，提升技能素养，做全能型记者，履行好新时代赋予的职责使命。

一、理论素养

1. 坚持真实性原则

真实是新闻的生命。坚持新闻真实性是新闻工作的基本操作规范，也是媒体公信力形成的基础。近年来，随着我国新闻事业的不断发展，媒体融合持续推进，新闻报道从内容到形式都有了很大改观。但与此同时，由于新媒体的普及，新闻信息传播环境发生了翻天覆地的变化，“人人都有麦克风”“人人都是记者”客观上成为现实，新闻的真实性原则也受到了严峻挑战，一些捕风捉影、夸大歪曲甚至编造事实的报道也开始频繁出现。这一方面固然是由于互联网本身特性所造成的客观原因，另一方面也是因为在互联网的冲击下，媒体和记者面临职业角色的转型，在“流量至上”、传媒市场化和商业利益驱使的影响下，新闻工作者职业精神和工作规范的缺失。

真实性原则的缺失不仅会引发种种纠纷，也极大地影响了新闻的权威性和公信力。作为新闻工作者，一定要坚持正确政治方向、舆论导向、新闻志向和工作取向，做党和人民信赖的新闻工作者。

2. 具备良好理论知识储备

当今的信息时代对新闻工作者的知识结构提出了更高的要求，记者知识面越广，就能够越快速地将报道引向重点。不论是哪种类型的记者，都需要具备良好的知识储备。如新闻传播学、文学、美学、历史学等，有助于奠定记者良好的文字功底；社会学、政治学、心理学等知识，有助于记者延伸看待问题的深度和广度；计算机网络技术、数字通信技术、数字采编、摄影摄像、非线性编辑等知识，有助于记者在处理新闻选题时有更全面的思考。

3. 具备过硬的心理素质

新闻记者在新闻采访报道过程中担负着采访、写作，与群众沟通联系等众多职责。

除了要有良好的知识与技能外，是否具备良好的心理素质也尤为重要。许多新闻工作者的成功证明，成就的大小，最明显的差异不在于智力水平，而在于是否有自信心、进取心，是否有对新闻事业的激情及百折不挠的意志和性格品质。

新闻记者在采访过程中可能会遇到刁难、讽刺、威胁等干扰和压力，如果能把这些看成是为民立言、伸张正义的机会，克服困难的自觉性就会很高。

新闻工作是一份苦差事，没完没了地打电话、找线索、交涉联络，需要记者锲而不舍的坚持，经得起磨砺和考验。

新闻记者还需要有较强的意志力，在采访中能够在不同的场合中克制自己的情绪冲动，比如羞涩、恐惧、悲哀、愤怒等，同时也抑制滋生懒惰、拖沓、急躁等消极情绪。

新闻记者的工作活动范围广泛，经常需要采访各种突发意外事件，如车祸、沉船等，对于这些突如其来的变化，新闻记者必须具有积极的应变能力，以及对新闻现场的整体报道把控能力。

良好的心理素质虽然与先天因素有关，但关键还在于后天的培养。崇高的理想、坚定的信念、正确的新闻观是培养记者心理素质的思想基础。一个记者若能真正以新闻为武器为社会服务，为人民服务，就能克服不良的心理状态，培养适合新闻工作的强大心理素质。

二、技能素养

1. 练就敏锐的“火眼金睛”

互联网时代，人人都是自媒体，事件发生之后，还没等记者到达现场，网上的信息就已经铺天盖地。然而普通大众不具备对事件深度挖掘的能力，而这正是新闻记者拥有的优势。社会的发展要求新闻记者具有高度的新闻敏感，以新闻人的敏锐眼光、智慧去发现、捕捉事件的关键信息，挖掘事件的始末、隐藏的信息、背后的原因以及对社会方方面面的影响等。

2. 以专业视角去描述与评论

新闻记者在工作过程中，要坚持真实性原则，用新闻人的专业进行报道与评述。许多新闻“反转”事件的出现，就是因为一些自媒体人为了追求流量断章取义，甚至歪曲事实，而随着专业记者的深入调查，才让事情的真相浮出水面，让广大受众得以看到事情的全貌。练就“火眼金睛”善于发现之后，如何用专业的视角去描述、分析、评论新闻事件，是对新闻记者的更高要求。

3. 具备跨媒体综合技能

互联网时代，传统媒体文字、摄影、摄像、后期剪辑等岗位的明确分工正在被模糊化，新的媒体环境给新闻记者提出了更高的要求，传统媒体在转型的过程中要求记者精通各种媒体特性，成为既能写又能拍，掌握网络和计算机技术，能够熟练运用多种技术手段进行多媒体报道的“全能型记者”，并做好随时对知识更新升级的准备。

4. 了解用户需求，具备市场意识

融媒体时代，用户可以根据自身需求、接受习惯选择媒体和信息产品。用户对信息的选择、分享、评论都能直接影响媒体传播的效果。在新闻传播各个环节中，从用户的需求度、获得感出发，让新闻产品符合用户的需求，甚至带给用户超出预期的满足感，是融媒体时代了解用户需求和具备市场意识的意义所在。

思考与实践

1. 某记者在教师节即将来临之际去采访本市“十佳优秀教师”，采访过程中发现该教师一直以来都是自己单独抚养有智力障碍的儿子，而该教师从来没有因为家庭情况影响工作。这一细节如果体现在新闻报道里，能更有力地展现主题，传播效果会更好。但该教师却表示不希望把自己家庭的“伤疤”展示给世人看。作为一名记者，你应该怎么做?

2. 某地发生重大交通事故，你作为某报社记者赶到现场，这时已经有众多自媒体在现场拍摄或直播，而交通事故的原因和相关细节尚未调查清楚，在“人人都有麦克风”“人人都抢独家”的时代，你应该怎样报道?

3. 观看电影《导火新闻线》，从新闻观的角度谈谈你看完电影的感想。

基础篇

第三章 新闻角度的选择

思政目标

理解什么是好的新闻角度，增强新闻敏感度，提升判断力和行动力。

学习目标

1. 了解新闻角度的重要性。
2. 掌握新闻角度的选择方法。

案例导入

新闻事件回顾：2018 年 10 月 28 日 10 时 08 分，重庆市万州区长江二桥发生重大交通事故，一辆公交车在行驶中突然越过中心实线撞上一辆正常行驶的红色小轿车后坠江。事故造成 15 人死亡。

事故刚发生时，网上有人在现场拍摄的一段视频被广泛传播。视频中红色小轿车的女司机穿了一双七八厘米的高跟靴，在事故发生后瘫坐在路边，小轿车车头部位严重变形。一些不明真相的网友便将女司机、高跟鞋、逆行这几个标签叠在一起，构想出事故发生的瞬间：女司机穿高跟鞋在大桥上逆行，公交车为躲避女司机导致车辆失控坠入江中。

网友怒斥女司机没有交通常识，害人害己，对待生命如儿戏，甚至有网友用最恶毒的语言诅咒这位女司机。多家媒体也在没有弄清楚事实的情况下进行了报道。

红色轿车女司机被推到了舆论的漩涡，而这时整个事情迎来了巨大的反转。17 时 46 分，重庆市公安局万州区分局官方微博 @ 平安万州发布了一条通报，“经初步事故现场调查，系公交客车在行驶中突然越过中心实线，撞击对向正常行驶的小轿车后冲上路沿，撞断护栏，坠入江中。”原因是公交车上乘客刘某因错过下车地点与司机冉某发生争吵和肢体冲突，以至于导致一车人遇难。通报一公布，终于洗清了红色轿车女司机的冤屈。

（资料来源：综合媒体报道）

整个事件反转发生后，不同的媒体相继进行了报道：

重庆万州公交坠江后的71天：伤痛、误解、“人肉”与反思（节选）

澎湃新闻

2018年10月28日，行驶在重庆万州长江二桥的一辆22路公交车突然越过道路中心实线，撞到对向一辆小轿车后，坠桥沉江。

15人被夺去生命。

事故发生当天，小轿车女驾驶员邝女士因被误认为逆行导致惨剧发生而受到网友攻击。真相大白后，网友向邝女士道歉。

很快，持手机打砸公交驾驶员冉某的女乘客刘某平被“人肉”，其工作的窗帘店受到波及，被迫关门更名。

坠江事故发生后，22路公交车的车厢内贴上了“干扰驾驶，涉嫌犯罪”的标语。

据万州警方通报，刘某和冉某的互殴行为与危害后果具有刑法意义上的因果关系，两人的行为严重危害公共安全，涉嫌犯罪。

（以下仅节选文中小标题）

肇事女乘客前一晚喝酒未开车

遇难者家属：梦见父亲往岸边游

肇事者母亲称女儿“嘴上不饶人”

驾驶员同事：无法理解冉某急打方向盘

“被逆行”的女司机和“被围观”的店铺

确保“骂不还口、打不还手”执行到位

多地发文保障公交司机安全驾驶

把公交车带入深渊不是失控的方向盘，而是致命的情绪（节选）

中青在线

重庆万州公交车坠江事故举国关注，事故原因目前已经查清。据车内黑匣子监控视频显示，公交车坠江原因系乘客与司机激烈争执互殴致车辆失控。

很难说涉事人员都有多大的恶意。因为道路维修改道原因，与司机发生冲突的乘客刘某坐过了站，产生负面情绪本来可以理解；司机对公交车线路更改尽到了提醒义务，在刘某坐过站以后也试图解释，也难免感到委屈。但是，双方并没有将情绪克制在有限范围内，而是任由失控的情绪主宰行动，最终酿成悲剧。

谁都会有情绪，但任由情绪主宰行动，归根结底还是对规则缺乏敬畏之心。不干扰司机正常工作，是常识，也是乘坐公交车的基本规范。而司机始终以安全驾驶为最高原则，也是其最基本的职业伦理与规范。遗憾的是，双方在这起事故中都视规则为无物，实际上违反了刑法规定，涉嫌犯罪。

人人都盼望一个更安全的出行环境，社会也呼唤一个所有成员都遵守规范的秩序空间。重庆万州公交车坠江事故，则给人沉重的提醒，情绪不仅影响心情，还会致命，希望这样的教训是最后一次。

媒体："女司机""坏老人"污名是怎样形成的（节选）

北京青年报

重庆万州公交车坠江事故发生后，"女司机逆行"的说法与事故发生的消息几乎同时出现在网络和微信平台上，很多人对女司机口诛笔伐。如果因为女司机是无辜的而且被错怪，承受了不该承受的责难，首先应该道歉的不是依据报道给予批评的读者和网友，而是最初消息源的发布者，以及发布新闻且为其贴上"女司机"标签并有意突出和放大的相关媒体，包括传统媒体、新媒体和自媒体。

无论是对女司机肇事的特别关注，还是对整个女司机群体的调侃，即使够不上性别歧视，也是一种与实际情况不符的不公。不仅这样的说法没有大数据的支撑，且许多数据还证明，无论是肇事的绝对量、相对量，还是事故的惨烈程度，男司机都远高于女司机。

现实生活中，与女司机被污名化类似的，还有"老人变坏了"或是"坏人变老了"的说法。与"女司机"相似的是，"老坏人"或"坏老人"之说也完全没有大数据的支撑。

判别人类社会文明程度的重要标志之一，就是是否在性别、年龄、种族、地域等方面存在偏见和歧视。公众的态度和反应固然是重要的，而媒体更不应忘记自己应负的责任和道德担当。无论是正规媒体还是自媒体，也无论是传统媒体还是网络平台，都不要为了流量和阅读量，有意臆造一些与实际不符且有歧视倾向的热点和概念，而读者和公众也应该多一些理性、客观的判断和认知。

思考与讨论

在众多媒体对这起新闻事件的报道中，最吸引你的报道是哪个？你觉得哪篇报道最深刻？你有更好的报道角度吗？

第一节　新闻角度的内容

一、新闻角度的概念

新闻角度是记者挖掘和表现新闻事实的角度。由于新闻价值在事实内的蕴藏是不均匀的，因而只有选择好角度，才能够准确鲜明地表现出事实有新闻价值的部分。[①]

角度的选择，首先取决于事实本身的特点，同时也与记者的报道方式和报道意图有关。尤其要注意的是，新闻的真实性始终是第一位的。要坚持全局意识，不能因为一味追求独特的角度，而忽略了事实中有新闻价值的部分与其他新闻价值相对较弱部分的关系，从而造成失实。

二、选择新闻角度的重要性

新闻报道成功与否，角度的选择至关重要。面对新闻事件，如果记者报道角度平平，那么内容也会平淡无奇，再大的新闻价值也会被埋没；反之，如果新闻角度选取巧妙贴切，则会让新闻由平凡变新颖、由单调变生动、由浅薄变深入，让新闻价值得到更加充分的彰显。[②]

一个新闻事件，往往有很多个角度可供选择。就像前文的案例，既可以从事件本身发展的角度，也可以从人性的角度，还可以从媒体的角度等进行报道。所以，要想呈现出最有价值的报道，需要记者有很强的新闻敏感和用户思维，才能慧眼独具，在新闻事实中找到最佳的报道角度。既能深刻反映报道对象的本质，又能贴近受众认知，就是好的新闻报道角度。

1. 角度选择是否得当与新闻价值的大小直接相关

新闻角度选得准，就能抓住事物的特征，就会使新闻价值倍增。反之，选得不准，就会削弱新闻价值。

案例

某地发生火灾，同城三家报纸分别进行了报道：

A 报：

成品家具被烧毁

本报讯　昨天上午，×× 市南郊汇新路某家具厂内一库房内发生火灾，库房的成品家具全部被烧毁，经济损失惨重。

当记者赶到火灾现场时，仓库已经被烧得只剩下几堵面目全非的墙壁，库房内浓烟滚滚，空气里到处都漂浮着黑灰。消防战士戴着空气呼吸器和防毒面具，手持水枪从多处向着火处扫射，有的战士用铁钩推倒墙，压灭仓库里的明火。

据几名工人介绍，上午 9 时 30 分左右，这个库房突然起火，由于里面存有约 500 件成品家具，火势蔓延十分迅速。当他们过来救火时，大火已经将整个库房吞没，房顶上

① 黄海、杨琴：《寻找最佳新闻角度　提升新闻价值——都市类报纸新闻作品赏析》，《新闻前哨》2020 年第 11 期。

② 白昌华：《选好报道角度　放大新闻价值》，《晋中日报》2021 年 11 月 4 日。

冒出的火焰足有几米高，院子里堆的海绵和地板也被引燃，众人根本没有办法靠近。

据了解，库房起火后，市消防六中队和消防特勤一中队闻讯赶来，共派出 8 辆消防车，数十名消防官兵。由于路口约 50 米长的路上堆着建筑垃圾，消防车无法开进来，战士们只得将水带连接起来，接了 400 米长，随后战士们用水枪向里面扫射。经过紧张灭火，中午 12 时 10 分左右，大火被扑灭。目前，起火原因正在调查之中。

B 报:

这场火灾让人痛

心痛 估价 60 余万元的 600 套家具化为灰烬

更痛 无消防设施，火灾现场仍有工人吸烟

本报讯 昨日，位于 ×× 市南郊新小寨村的万邦家具厂突起大火。由于该家具厂内无消防通道，大火燃烧了近 3 个小时才被扑灭，估价 60 余万元的 600 套家具在火灾中被烧毁。

据了解，昨日上午 9 时许，工人们发现家具厂着火了，厂房内都堆满了各种木制家具和原料。10 时许，×× 市消防支队六中队、特勤一中队先后到达火灾区，但因家具厂内无消防通道，消防车无法靠近现场，加上不能确定电线是否断电、房间内是否有爆炸物等，消防队员不能直接进入厂房灭火，严重阻碍了扑救的正常进行。基于此，消防人员只好铺设了两条 300 余米长的消防水管，从消防车上引水，分两组进行灭火。

中午 12 时许，大火终于熄灭。记者看到该厂房外墙上都喷着防火消防标语，但厂房内没有任何消防设备，在失火现场，还有家具厂的工作人员在吸烟。

C 报:

消防通道不畅影响扑救 价值 50 余万家具被烧毁

本报讯 × 月 ×× 日上午 9 时 30 分左右，×× 市南郊 ×× 路“×× 办公家具厂”9 间库房发生火灾。由于该处消防通道不畅，消防官兵只能将两条近 400 米长的大消防水带拉到火场展开扑救。但最终还是造成了库房内 600 余件价值 50 余万元的成品办公家具化为灰烬。

据了解，消防官兵上午 10 时许接到报警，10 时 20 分赶到现场。由于火势过大，特勤一中队与消防六中队联合出动，共派出 8 辆消防车，30 余名消防官兵。但因现场消防通道不畅，致使消防车无法靠近火灾现场，消防官兵只能连接两条近 400 米长的消防水带展开扑救。当时房顶已经坍塌，库房内正在燃烧的家具和海绵造成的火苗高达三四米，情况非常危急。由于消防车距火场达 400 米远，致使水压不能保证水枪的有效射程，从而使扑救工作难度增大，持续时间较长。11 时 39 分，为了防止火势继续蔓延，消防官兵采用“包饺子”的方式把库房残壁掀倒将大火“裹”起来。直到 12 时 10 分，大火才被完全扑灭。

（资料来源：道客巴巴）

分析上述案例，三家报纸都有自己独特的报道角度，但在媒体竞争日益激烈的今天，在追求独特的报道角度的同时，更要注意新闻价值的体现和传播效果的好坏。A 报是一条单纯的事件性报道，仅仅说明了火灾造成的经济损失，但没有深挖火灾背后等原因和对世人等警示教训；C 报从消防官兵的角度，突出了灭火的难度，但也没有说明火灾发生背后的原因；只有 B 报在报道火灾损失的同时，揭示了发生火灾的原因是“厂房内没有任何消防设备”，而且工作人员消防意识淡薄，“在失火现场，还有家具厂的工作人员在吸烟”，让读者触目惊心，立意更高一筹。

2. 不同角度讲不同的话，有不同的报道效果

由于事物本身具有多面性，因此对同一新闻事实可以从不同的角度进行报道。不同的角度就有不同的针对性，所产生的新闻价值也就不同，因此表达的思想意义也就不同。

案例

大快人心！作案 200 余起，南昌这个疯狂盗窃电瓶的团伙栽了

前段时间不少南昌市民发现自家的电动车电瓶居然一夜之间就被偷了！这实在太猖狂。近日，南昌青山湖警方开展抓捕行动，成功打掉一个长期流窜南昌各地区作案的特大盗窃、销赃电动车电瓶团伙。

10 月 24 日上午，南昌青山湖警方向媒体通报该起案件。通报称，南昌青山湖公安分局刑拘了以喻某华为首的犯罪嫌疑人共计 10 人，摧毁 5 个盗销窝点，追回被盗电瓶 1 000 余个，破获盗窃电瓶案 200 余起。

话还得从今年 8 月份说起，南昌青山湖公安分局对辖区内电动车电瓶被盗案件进行梳理，发现有一伙人戴着伪装驾驶摩托车在南昌市疯狂盗窃电动车电瓶。

9 月 22 日晚，南昌青山湖公安分局刑侦大队兵分四组展开抓捕行动，抓捕过程中，由于遭到嫌疑人驾驶摩托车、汽车拒捕冲撞，多名民警腿部、手臂、膝盖多处受伤、骨折。

面对猖狂的嫌疑人，民警们英勇奋战，最终将 10 名嫌疑人一举拿下，当场缴获大量电瓶及作案工具。

经审讯查明：该犯罪团伙以喻某华为首（男，39 岁，南昌人），纠集高某强等一群有前科的犯罪嫌疑人，流窜在南昌市各地区沿街扫荡式偷盗电瓶。喻某华主要负责收购赃物，提供窝点、作案工具，并将偷盗来的电瓶以 40～80 元不等的价格进行收购，事后转卖至旧货市场及二手车市场。

目前，该案 10 名涉案嫌疑人均以涉嫌盗窃罪刑拘，该案仍在进一步深挖中。

下一步，青山湖公安分局将面向社会向受害人报案人进行积极对案，适时召开发赃大会。

（资料来源：江西网络台）

小偷按订单偷盗　下订单“客户”成共犯被判刑

缙云一小偷为了方便销赃，竟然根据“客户”需求，按订单偷盗。昨天，这名小偷经 ×× 县人民检察院移送起诉，最终被判处有期徒刑六年，并处罚金 45 000 元。

而下单的“客户”也没能幸免，被法院判处有期徒刑六个月，缓刑一年，并处罚金 8 500 元。

这名小偷叫丁某。2008 年 8 月的一天，丁某在县城盗得一辆电动车。后来，丁某找到买家同村的陈某。

陈某明知是赃车，还是花了 300 元将车子买下。不过，车子外观比较旧，陈某不太高兴。他告诉丁某，要其再去偷辆新点的电动车，卖给自己。

丁某一下“醒悟”了，与其偷了车再去销赃，既危险又不能保证销赃顺利，还不如根据“客户”的要求进行偷盗，既有针对性，又少了销赃的麻烦。

过了十来天，丁某根据陈某的要求，偷了一辆崭新的电动车，以 500 元的价格卖给了陈某，后经 ×× 物价部门鉴定，该车价值 1 750 元。

两人的合作还没有结束。2008 年 10 月的一天，陈某得知丁某正在为寻找目标发愁时，便向丁某透露，县里一家公司的食堂里存有不少香烟。

后来陈某还带着丁某到现场踩点，但他提出要求，得手之后要分给他一些。后丁某在该处盗得香烟数十条，价值 2 700 元。

然而，公安机关根据举报，很快就将丁某抓获。

根据我国相关法律规定：与盗窃犯罪分子事前通谋，事后对赃物予以窝藏或者收买的，应以盗窃罪论处。陈某因此成了盗窃共犯。

（资料来源：青年时报）

分析这两篇报道，内容均是破获电动车偷盗团伙，第一篇是从警方破获盗窃团伙案件的角度，虽然大快人心，但受众的关注度和影响力相对有限；而第二篇从“客户”的角度，报道覆盖的人群更广，具有对普通群众的教育意义，受众的关注度和影响力自然也更大，报道的价值也越大。

3. 角度选得好可以出独家新闻

互联网时代，媒体要想通过打时间差获取独家新闻几乎不可能了。因此，选取全新的角度发掘事实的新闻价值，获取非时间差的独家新闻，是记者们努力的方向。

案例

两篇关于“网络妈妈”（挽救网瘾少年）报告会的报道：

网络妈妈报告会今日举行（节选）

今天上午，来自全省的近千名妈妈在南昌聆听了一场别开生面的网络妈妈报告会……报告深深打动了每一位观众的心，大伙用热烈持久的掌声来表达对网络妈妈的敬意。

网络妈妈未能“网”住与会妈妈（节选）

教育孩子先得从教育自己做起，要孩子好先得妈妈好，许多问题看起来表现在孩子，其实根子还在父母。

面对这种会议性的报道，大部分记者选择的都是第一种常规的报道方式，平凡不出错，但也激不起大的水花，体现不出太大的新闻价值。在第二篇报道中，记者尖锐地指出孩子的表现根源在父母，主题深刻，其新颖独到、别具一格的角度，是记者深入观察、潜心思考的结果，是另一种意义上的独家新闻。

第二节　新闻角度的选择方法

一、如何寻找新闻线索

要找到好的新闻角度，首先必须找到好的新闻线索，没有线索，角度就无从谈起。新闻线索，也称采访线索、报道线索，是指为新闻采访报道提供有待证实、扩展和深化的讯息，给新闻记者提示新闻的所在，新闻采访的方向。新闻线索不等于新闻事实，是记者发掘题材的一种凭据。它比较简略，要素不全，没有事物的全貌和全部过程，常常只是一个片断或概况。①

在现如今的媒体环境下，记者队伍逐渐高学历、年轻化，而年轻记者如何在短时间内积累经验、如何找到有价值的新闻线索，是新闻行业一个很重要的课题。

以下摘自北京青年报、法制晚报等媒体编撰的《采访手册》，也是记者获取新闻线索的有效“法宝”。

1. 新闻敏感 24 小时

现实生活中，新闻无处不在，更多的新闻发生在办公室以外。一名合格的记者要具备敏锐的新闻嗅觉，随时保持新闻敏感，时刻想着这件事有什么不一样，是否能成为新闻选题，也许在平时逛街、购物时的一个新发现，就是一条有价值的新闻线索。

案例

2017 年 12 月 15 日，是个普通的星期五。操记者下班回到家，做完饭，洗完碗，已近 10 点。她躺在沙发上看手机，浏览到某兄弟央媒的公众号，瞄了一眼当天晚上 6:47 推送的新闻：《快讯：新一届共青团安徽省委领导班子产生　孔涛当选团省委书记》。

这本来是一条再平淡不过的换届会议新闻，但是看到最后一句，她的心咯噔了一

① 张文洲：《如何从身边寻找新闻线索》，《新闻世界》2012 年第 7 期。

下！因为在这条枯燥的会议新闻的最后，她发现了“苏明娟”三个字！——苏明娟（兼职）当选为副书记！

在我国，希望工程公益广告上“大眼睛女孩”的照片几乎家喻户晓，但很少有人知道这个“大眼睛女孩”的名字叫苏明娟。

图 3-1 “大眼睛女孩”苏明娟图片

看到这个消息，操记者起身打开家中电脑，迅速浏览各大新闻门户网站，发现没有一家媒体关注到这条新闻，没有一家媒体把这个团省委副书记苏明娟与“大眼睛”联系在一起。

职业敏感告诉她：抓到了一条独家大新闻！不到一个小时，操记者就写好了稿件，题目是《你还记得“我要读书”的大眼睛女孩吗？刚刚，她当选团省委副书记》，正文连标点符号共 831 字。全文夹叙夹议，开宗明义点出苏明娟的身份，表明了对她当选团省委副书记的祝贺，也客观表达了善意的看法。

稿件发出后，人民日报、人民网、新浪、搜狐、网易、澎湃新闻等各大媒体纷纷转载，在社会上引起了强烈反响。①

正是因为作者时刻保持新闻敏感，才敏锐地发现了这一重大新闻线索，成就一篇有价值的新闻稿件。

2. 馅饼专砸勤快的人

我国著名记者穆青曾总结他的工作秘籍——“勤跑、勤学、勤思”。新闻的特性决定了记者要勤奋，记者要站在社会改革发展的最前沿，时刻关注生活的变化与进步，脑子里时刻装着众多新闻素材和话题。

勤跑动有两层含义：一是在接获选题后在各事发现场间有目的地跑动；二是在没有明确选题时，在新闻高发区“扫街”，寻找挖掘新闻。

① 操凤琴：《“大眼睛”苏明娟“当选”：独家新闻发掘记》，《中国记者》2018 年第 5 期。

但同时要注意的是，一些年轻记者很勤奋，但用力不当。他们急于表现、证明自己，喜欢选择所谓的重大选题，而对生活中的小事不感兴趣，陷入了“小事不爱写，大事写不了”的尴尬局面。实际上，新闻报道不应以稿件长短论英雄，不必以版位分高低，只要问题抓得准，精心采访、写作，小稿子同样能做出大文章。

案例

第13届中国新闻奖获奖作品：

看个“咳嗽”要掏1 065元

本报讯（记者李红鹰　实习生吴芳）7日，武昌杨先生带着2岁的女儿到市儿童医院看病，没想到看了个“咳嗽”就要花1 000多元。因此，他于昨日投诉到本报新闻。

据称，杨先生被导医引到专治哮喘的陈教授诊室，陈教授问了几句，让他先带女儿去验血，发现孩子对常见的31种物质的过敏反应均呈阴性。

陈教授根据孩子患过湿疹，判定孩子是过敏体质，便在病历和处方单上分别开了处方。杨先生见药开得很多，病历上字又看不懂，便问孩子得的什么病，陈教授说：“按我开的药吃就行了。”

一核价，药费加治疗费765元，加上验血费300元，共1 065元！有医疗人员小声提醒杨先生：“你的药是开多了。”杨先生返回诊室问陈教授，陈教授称这是一个疗程的药。

杨先生回家后发现，一种叫“贝亚宁”的药上写着：过敏性体质慎用。杨先生不解：既然孩子是过敏性体质，为什么还要给孩子开这种药呢？细看病历他又意外发现：陈教授开给药房的处方里写的是“贝亚宁6盒、臣功华芬愈美颗3盒、力欣奇4盒……”，而病历上没有“贝亚宁”和“臣功华芬愈美颗”这两味药，“力欣奇”也只写有2盒。再深入解读药品说明书：6盒“贝亚宁”可用5个半月！

面对杨先生质疑，陈教授昨日解释：“贝亚宁”是一种免疫调节剂，虽然是“过敏性体质慎用”，但她是在给孩子开了脱敏药的前提下开出这种药的。

至于为何病历上处方药品数量比购药处方单上少，陈教授的原话是：为患者家长的经济承受能力做考虑。

该院负责人就此表示：陈教授的行为肯定是有差错的，院方会根据院内质量管理条例对其进行处理。

最后，应杨先生的要求，院方将杨先生手上的价值210元的“贝亚宁”退掉。

（原文载于2002年8月7日《武汉晚报》）

这篇短短几百字看似普通的报道，能够获得中国新闻奖，是因为这篇报道反映了当时社会的乱收费现象。因此，无论是新记者还是老记者，只要勤跑、勤思，就有可能找到有价值的线索和选题。

3. 不要放过每个细节

新闻现场往往蕴含了很多关键细节，如果记者能找到它并深入挖掘下去，就能呈现不一样的新闻报道。

比如，某一年冬天，在北京市海淀区万泉河发生一起妇女落河的事件，路人纷纷下河施救。记者赶到现场后，发现其中有一名见义勇为者穿着军裤和病号服，十分特殊。经过采访，发现他是一名在附近309医院治病的军人，出来散步时发现此事，冒着加重病情的危险，跳入冰河。这个细节的加入，使一个普通的突发事件多了一层人性的深度，增加了作品的吸引力和感染力。

4. 学会逆向解析现象

很多现象，从正面看平淡无奇，但反过来向源头一追踪，却可能发现重大选题。

案例

2016年12月，中国电科产业园项目宣布落户广东肇庆。这本是一个很普通的活动稿，但因为记者懂得逆向解析现象，深入挖掘这一世界500强企业在当地投资的原因，写出来的稿件就比一般的活动稿要深刻、有价值得多。

全文如下：

特写：干劲十足、充满活力的肇庆打动世界500强企业落户

《南方日报》2016年12月20日

12月3日，中国电科产业园项目宣布落户肇庆，投资方是世界500强企业中国电子科技集团公司。中国电子科技集团到年轻的珠江三角洲城市肇庆投资，是肇庆追商抢资的一个成功例子。

中国电子科技集团公司是国有重要骨干企业，拥有15万名员工，55%是科技人才，其中有院士11名。公司十几年来均保持20%以上的年增长率，2015年营收超过1 600亿元，首次进入世界500强行列。如此优质企业是各个地方政府争相“招揽”的对象。

2013年起，肇庆市就把中国电子科技集团公司列入招商重点对象，双方频频接触。不过，中国电子科技集团公司在广东战略的布局首选广州和深圳。

今年，中国电子科技集团公司的新布局逐渐明晰：“十三五”期间，将在广东投入230亿元建设“一体两翼”产业发展平台。得知中国电子科技集团公司广东战略还未最终落实时，肇庆市党政领导班子在6月的一天飞赴北京，拜会中国电子科技集团公司高层，表达真心希望中国电科落户肇庆的强烈愿望。肇庆的诚意和优势引起中国电子科技集团公司的高度重视。

今年7月下旬，得知中国电子科技集团公司将与广东签约的消息后，肇庆市委主要领导再次率队前往北京拜会中国电科高层。其时恰逢周末，且对方另有公务活动安排，肇庆代表团为此等足三天时间。

三天时间里，肇庆招商代表团按照中国电科的发展规划和项目需求进行反复研究，针对性提出肇庆与中国电科合作的优势所在、具体计划、优惠政策等详细内容。

会见当天，几份厚厚的工作计划和配套方案摆在中国电子科技集团公司总经理等人

面前，使他们备受感动，“实事求是讲，我们原来确实没有在肇庆投资的计划。但通过你们的详细介绍，真没想到原来肇庆那么美、那么好，真没想到你们干事情那么有激情、有干劲，真没想到你们招商引资那么执着和坚定”。

经过几番周折、多方努力后，特别是在广东省主要领导的多次关心支持下，中国电子科技集团公司项目终于落户肇庆。

（记者　马喜生　林晓琼　吴文颂　段建新　王雯倩）

5. 多交朋友发展“新闻线人”

多个朋友多条路，在记者负责的线口、社区或领域广交朋友，将会为其带来用之不竭的消息源泉。

新闻线人又称为“新闻报料人”，是指在媒体编制外，兼职或专门用新闻眼光关注身边所发生的事件，并通过为媒体提供新闻线索来获取报酬的人。① 新闻线人的出现是媒体激烈竞争和有偿征集新闻线索的结果。除了少数的专职新闻线人，大多数新闻线人是普通的人民群众，他们来自社会的各个阶层和各种领域，是离新闻最近的人。

新闻线人的出现，扩大了新闻线索的来源，减轻了记者搜集新闻线索的负担。② 但同时也要注意，新闻线人的动机和目的多种多样，尤其是以获取利益为目的的职业新闻线人，不排除为了经济利益夸大或者捏造新闻线索的可能。③ 还有些新闻线人为了泄私愤而恶意“报料”，带有明显的偏激情绪和倾向性色彩。记者在使用新闻线人提供的线索时必须准确甄别。

6. 扩充知识勤于思考

记者是一个“以万变应万变”的职业，由于采访对象是多变的，受众是广泛的，这就要求记者的知识面必须广而博。记者的知识越丰富，视野越开阔，在现场采访中触发新闻敏感的机会就越多，在遇到一个新闻事件时就能够越快速地将报道引向重点。

随着时代的飞速发展，新观念、新事物、新知识、新技术不断涌现，新闻工作者要顺应时代的潮流，不断丰富、更新自己的知识，培育社会责任感，这样，当新闻线索来到身边时，才能准确判断它的价值，正确地加以利用。

7. 尝试寻找第二落点

近年来，即时性成为移动互联网时代全媒体传播的显著特征。一个重大事件发生后，信息可瞬间扩散至整个互联网。以纸媒为代表的传统媒体在抢占新闻“第一落点”上已失去优势。因此，在信息同质化的背景下，通过挖掘新闻报道的“第二落点”来满足用户需要，已成为传统媒体在激烈竞争中脱颖而出的技能。④

---

① 张磊：《〈云南信息报〉传统纸媒与新媒体融合发展实践研究》，云南大学硕士论文，2016 年。

② 晓芩：《新闻涌现新种职业——“线人”》，《出版参考》2004 年第 7 期。

③ 周龙：《网络信息在职务犯罪侦查中的运用研究》，《净月学刊》2014 年第 3 期。

④ 董捷：《抓好“第二落点”实现“人有我优”——以〈苏州日报〉相关报道为例》，《城市党报研究》2022 年第 1 期。

第二落点是指在新闻第一时间之后，寻找、挖掘新闻的更多内涵和外延。也可以理解为，在新闻事件“第一落点”完全共享的情况下，各媒体可以八仙过海各显神通，在寻找和挖掘更多的事件背后的新闻上下功夫。这样由第一落点延伸出的新闻差异化，就会在各媒体立足各自需求和受众关注点而进行的挖掘中显现出来。而这种差异化，考验的就是新闻工作者的聚焦能力和媒体观点的呈现力。①

案例

2019 年 8 月 26 日，国务院同意设立面积达 119.97 平方公里的中国（江苏）自由贸易试验区，涵盖南京市、苏州市、连云港市三个片区。其中，苏州片区 60.15 平方公里的面积超整个江苏自贸区总面积的一半。当天，苏报集团旗下新闻 APP“引力播”第一时间发布了这一新闻，在微信朋友圈引发“刷屏”。很快，国家级、省级驻苏媒体和全市各级政务微信也发布了这一信息。从时间上来说，苏报集团对这一重大新闻事件“第一落点”的优势只保持了几分钟。

进入“自贸区时代”对苏州到底意味着什么？会迎来哪些发展机遇？围绕对新闻事件的解读，苏报集团继续深挖信息。8 月 28 日，《苏州日报》头版推出纵深报道《以制度红利谋定“一区四高地”》，从专家解读、苏州自身优势和自贸区基因等角度出发，为用户描摹了苏州自贸片区的建设轮廓，该报道很快被“学习强国”平台采用。在 9 月 1 日苏州自贸片区挂牌成立当天，又推出了综述《以首创性探索打造自贸区建设“苏州样板”》，在各类同质化报道的“千军万马”中推出了一系列深度解读产品，受到广泛关注。

全媒体时代，信息发布的即时性让媒体在新闻事件第一落点上不再有优势。借助于独特视角寻找第二落点，同样可以生产出优质的新闻产品。

8. 不要轻言“这事报过了”

在新闻采编过程中，记者经常会遇到一些似曾相识的线索，这时不要急于说“这事报过了”，而是应该认真研判这个线索究竟是旧闻，还是在老事件的基础上有了新发展，抑或是对前面事件的彻底颠覆。在研判的过程中，就有可能发现一则大新闻。

案例

1998 年，河南商丘人贾东亮作为一名副团职转业军官，主动放弃到大城市工作的机会，来到广东省广宁县的一片荒山办起了生态农场。

在贾东亮刚到广宁时，当地的市级党报就对他的事迹进行了报道。后来，当记者提出再次采访贾东亮时，有编辑指出这件事已经报过了，没有必要再报。

但记者经过调查发现，经过多年的艰苦努力，贾东亮创办的八一生态农场已经从杂草丛生的黄泥坡变成了水果飘香、鱼鸭欢唱、生猪满圈的花果山、生态园。他还成立了

① 刘小岩：《寻找新闻“第二落点”》，《记者摇篮》2014 年第 3 期。

八一生态农场创业党支部，先后启动了“致富工程”“手牵手工程”“送温暖工程”，采取“帮、扶、带”等方式，出钱出力出思路，帮助乡亲们一起脱贫致富。而他本人也获得了一系列荣誉，成为了党的十七大和十八大党代表，荣获“全国农业劳动模范”称号，被表彰为“全国模范退役军人”。

这样一座新闻“富矿”，完全有继续跟踪不断报道的价值。在接下来的十几年里，国家、省、市各级媒体对贾东亮的事迹进行了持续跟踪报道，使得“东亮行，我也行”的东亮效应，在南粤大地掀起了一股创业热潮。他的创业事迹被制成党员电教片、拍成电影《梦想庄园》在全国播放，被撰写成长篇报告文学《空降农民》全国发行。

可以说，如果记者当初因为这件事已经“报过”就放弃追踪，就不会有后来在南粤大地家喻户晓的模范代表人物。

9. 动态事件一追到底

媒体工作者常常会忽略身边的一类新闻资源，就是对一个动态性的事件，报道完一个阶段性的动态后就放到一边，缺乏一追到底的毅力和耐心。而能沉下心、追到底的记者，往往能成就大新闻。

案例

2019 年 11 月 1 日，第二十九届中国新闻奖评选结果正式揭晓，浙江日报 2018 年 12 月 1 日刊发的报道《浙江为“最多跑一次”改革立法　审议通过全国“放管服”改革领域首部综合性地方法规》(以下简称《浙江为“最多跑一次”改革立法》)荣获文字消息类一等奖。

纵观该届中国新闻奖获奖篇目，一等奖作品共 60 件，其中文字消息仅有两件，《浙江为“最多跑一次”改革立法》能够上榜实属不易。这是一条从会议上“挖”出来的好新闻。虽然全文只有 960 余字，但两名记者前后“跟”了近一年时间。

该报道的作者最早得知浙江要为“最多跑一次”改革立法，是在 2018 年初。当时，浙江省人大常委会和省政府年度立法工作计划安排初定，《浙江省保障“最多跑一次”改革规定》(以下简称《规定》)位列其中。作为省人大和原省法制办的跑线记者，他们立刻觉得这部法规不一般，随即将这一新闻线索向报社部门领导做了汇报。大家一致认为，这条新闻具备“冲奖气质”。首先，《规定》一旦出台，将开创省级层面为国家重大改革立法的先河，属于全国首创。其次，“最多跑一次”改革是浙江全面深化改革的“金名片”。2018 年 1 月，中央深化改革办公室建议向全国推广浙江经验，后来在 3 月的十三届全国人大一次会议上，“最多跑一次”被写入《政府工作报告》，其重要性不言而喻。再次，“最多跑一次”改革与民生息息相关，立法后将惠及更多企业和群众，绝对“自带流量”，接近性自不必说。

面对这样可遇不可求的新闻线索，在原浙江省法制办起草《规定(草案)》过程中，记者时时关注立法进程，并参与立法听证会，采访、收集相关素材。2018 年 6 月 26 日，十四届浙江省委深改小组会议对《规定(草案)》做了审议并原则通过；两天后，浙江省政府常务会议通过了《规定（草案）》。记者采访了浙江省法制办原相关负责人，首次全面梳理《规定（草案）》的特点、重点、亮点。而当《规定（草案）》以浙江省政府议案形式提交省人大常委会审议后，记者们也同步转移"阵地"，及时采访浙江省人大常委会相关负责人。2018 年 7 月，浙江省十三届人大常委会第四次会议初审《规定（草案）》，记者到会全程旁听并采访专家，掌握立法的最新动态，边跟进边学习边积累，自己也成了立法的"半个专家"。

2018 年 11 月初，记者得知《规定（草案）》计划在当月底的浙江省十三届人大常委会第七次会议上通过。此时，距离会议召开还有两周多时间。法规通过的消息，不仅省内媒体关注，中央媒体同样关注。各级各类媒体机会均等、同台竞技，谁工夫花得多、功课做得深，谁就能更胜一筹。

2018 年 11 月 30 日下午 4 时多，《浙江省保障"最多跑一次"改革规定》经浙江省十三届人大常委会第七次会议审议全票通过。几乎同一时间，浙江新闻客户端和浙江在线发出消息《第一次！浙江为"最多跑一次"改革立法》并进行推送，其中客户端点击量达 33.9 万；由数字编辑部制作的新媒体产品《小浙漫评 |"最多跑一次"改革　浙江立法了》以漫画和述评相结合的方式在客户端呈现。按照移动优先策略，让主流媒体借助移动传播，迅速形成了立体声。

2018 年 12 月 1 日的浙江日报，"最多跑一次"的元素特别醒目。除刊发消息，还配发评论《立法，为重大改革保驾护航》，立体化报道这一浙江省乃至我国立法进程中的里程碑事件。《浙江为"最多跑一次"改革立法》报道刊发后，人民网、新华网、央广网、新浪网、搜狐网、今日头条、凤凰新闻、腾讯新闻等 59 个门户网站、微信公号及微博进行转载，有效点击量近百万。2019 年 3 月，在十三届全国人大二次会议的"代表通道"上，浙江为"最多跑一次"立法再次受到中外媒体关注。浙江为"最多跑一次"立法，开启了省级层面为国家重大改革立法的新路径。同样，《浙江为"最多跑一次"改革立法》报道，为省级党报如何做好重大事件报道提供了成功经验，也为全媒体时代纸媒如何打造新闻精品做出了新的探索。①

10. 切忌扎堆相互串题

记者到一个新闻发布会会场，或一个突发事件的现场，经常会遇到自己的同行，虽然大多都是相熟的朋友，但这时切忌相互串题。同行之间的竞争不可避免，在集体采访时，如果轻易串题或泄露自己获得的独家线索，别人就可能在此基础上做更细节的挖掘和更深度的思考。

二、选择新闻角度

有了新闻线索，不同的记者会有不同的解读。有经验的记者会去思考从哪个角度报

① 翁浩浩：《做精内容，全媒体时代纸媒突围之道》，《传媒评论》2019 年第 12 期。

道更能呈现事实真相，更能揭示事物的内在含义，更能引发读者的共鸣，达到更好的传播效果。

1. 根据新闻事件本身的性质选择新闻报道角度

遇到全国、全省、全市性的重大事件时，要采用全方位的报道视角，站在全局的高度，突出报道的宏大性、全面性和权威性。比如党代会、“两会”开幕等重大主题报道，一般都采用这样的报道视角。

案例

高举中国特色社会主义伟大旗帜　为全面建设社会主义现代化国家而团结奋斗
中国共产党第二十次全国代表大会在京开幕（节选）

习近平代表第十九届中央委员会向大会作报告

习近平指出，从现在起，中国共产党的中心任务就是团结带领全国各族人民全面建成社会主义现代化强国、实现第二个百年奋斗目标，以中国式现代化全面推进中华民族伟大复兴。前进道路上，必须牢牢把握重大原则：坚持和加强党的全面领导，坚持中国特色社会主义道路，坚持以人民为中心的发展思想，坚持深化改革开放，坚持发扬斗争精神。

李克强主持大会，2 340 名代表和特邀代表出席大会。

本报北京 10 月 16 日电　凝心聚力擘画复兴新蓝图，团结奋进创造历史新伟业。举世瞩目的中国共产党第二十次全国代表大会 16 日上午在人民大会堂开幕。

习近平代表第十九届中央委员会向大会做了题为《高举中国特色社会主义伟大旗帜　为全面建设社会主义现代化国家而团结奋斗》的报告。习近平指出，中国共产党第二十次全国代表大会，是在全党全国各族人民迈上全面建设社会主义现代化国家新征程、向第二个百年奋斗目标进军的关键时刻召开的一次十分重要的大会。大会的主题是：高举中国特色社会主义伟大旗帜，全面贯彻新时代中国特色社会主义思想，弘扬伟大建党精神，自信自强、守正创新，踔厉奋发、勇毅前行，为全面建设社会主义现代化国家、全面推进中华民族伟大复兴而团结奋斗。

人民大会堂雄伟庄严，万人大礼堂气氛热烈。主席台上方悬挂着“中国共产党第二十次全国代表大会”的会标，后幕正中是镰刀和锤头组成的党徽，10 面鲜艳的红旗分列两侧。二楼和三楼眺台上分别悬挂着“高举中国特色社会主义伟大旗帜，全面贯彻习近平新时代中国特色社会主义思想，弘扬伟大建党精神，为全面建设社会主义现代化国家、全面推进中华民族伟大复兴而团结奋斗！”“伟大、光荣、正确的中国共产党万岁！”的横幅。

在主席台前排就座的大会主席团常务委员会成员有习近平、李克强、栗战书、汪洋、王沪宁、赵乐际、韩正、丁薛祥、王晨、刘鹤、许其亮、孙春兰、李希、李强、李鸿忠、杨洁篪、杨晓渡、张又侠、陈希、陈全国、陈敏尔、胡春华、郭声琨、黄坤明、蔡奇、胡锦涛、李瑞环、温家宝、贾庆林、张德江、俞正声、宋平、李岚清、曾庆红、吴官正、李长春、贺国强、刘云山、张高丽、尤权、张庆黎。

大会由李克强主持。上午10时，会议开始。全场起立，高唱中华人民共和国国歌。随后，全体同志为毛泽东、周恩来、刘少奇、朱德、邓小平、陈云等已故老一辈无产阶级革命家和革命先烈默哀。

李克强宣布，党的二十大应出席代表2 296人，特邀代表83人，共2 379人，今天实到2 340人。他对列席大会的党外朋友和有关方面负责同志表示热烈的欢迎。

习近平代表第十九届中央委员会向大会做的报告共分15个部分：一、过去五年的工作和新时代十年的伟大变革；二、开辟马克思主义中国化时代化新境界；三、新时代新征程中国共产党的使命任务；四、加快构建新发展格局，着力推动高质量发展；五、实施科教兴国战略，强化现代化建设人才支撑；六、发展全过程人民民主，保障人民当家作主；七、坚持全面依法治国，推进法治中国建设；八、推进文化自信自强，铸就社会主义文化新辉煌；九、增进民生福祉，提高人民生活品质；十、推动绿色发展，促进人与自然和谐共生；十一、推进国家安全体系和能力现代化，坚决维护国家安全和社会稳定；十二、实现建军一百年奋斗目标，开创国防和军队现代化新局面；十三、坚持和完善“一国两制”，推进祖国统一；十四、促进世界和平与发展，推动构建人类命运共同体；十五、坚定不移全面从严治党，深入推进新时代党的建设新的伟大工程。

（《人民日报》2022年10月17日 第01版）

2. 从贴近民生的视角选择新闻报道角度

在新闻报道中，无论是时政报道、经济报道，还是社会新闻报道，都要善于从普通群众的角度去思考和选择报道的内容和主题。多从基层生活中出现的新问题和群众日常生活的变化中，发现具有普遍意义或对全局有指导和启示意义的新闻。①

案例

民生视角看“中国制造”——来自威高集团的样本观察（节选）

大众日报记者　王爽　付玉婷　常青　彭辉　宋弢

你可能不知道这家企业，但它肯定在你的生活中出现过。

高端输注耗材、血液设备及耗材、药包材等，国内市场占有率为70%左右，骨科材料、血液净化、心内耗材等系列产品，国内市场占有率为30%左右。数字有些抽象，但一具体到心脏支架、血液透析、种植牙、人造骨……这些近年来越来越耳熟能详的字眼，足以让人立即想到与这家企业各种情形下的交集。

创建于1988年的威高集团，坐落在威海高新区，是我国最大的无源（不需要电源）医疗器械企业，2020年中国企业500强排名第375位，制造业500强第176位。在世界医疗器械前15大细分市场中，威高进入了11个领域，是全球品种最齐全的医疗系统整

① 黄亮：《学会用“平民意识”创作》，《记者摇篮》2012年第6期。

体解决方案制造商之一。

说起中国制造，人们惯于想到的是航空、卫星、高铁这样的大国重器，常常无意中忽略“中国制造”在我们生活中的重大意义。正因如此，当我们走进这家不事张扬却与国人生活息息相关的企业，才能真切感受到中国制造给我们带来的巨大民生福祉——这也是我们谈论威高时的最佳视角。

守护造福庞大的人口群体

曾是“奢侈品”的心脏支架已经低于万元，并且仍在持续降价；曾成本 100 元 / 支的胰岛素注射现在 20 元 / 支；血透患者透析一次从 1 500 元到如今一次 300 元……

这些变化，都指向一家企业——威高集团。

30 年前开始创业的威高，朝乾夕惕，孜孜矻矻，如今已涉足 1 000 多种医疗器械、20 多万种规格，一点一滴填补着中国医疗器械的空白，为中国患者带来希望。

这些年来，与国外一流厂商面对面竞争，国家药品集中采购中，威高每每大比例中标，并拥有了一定的定价权，大大减少了国家医疗负担。

2017 年，李克强总理到企业视察，得知企业建立的透析中心采用自主生产的整套血透设备，单次治疗费用降低 1/3。总理竖起大拇指称赞说，你们不仅为医改、医保做出贡献，更为人民健康做出贡献。

企业之大者，为国担当。作为医学进步不可缺少的组成部分，器械的一点儿进步，为无数患者带来的是病痛的减轻，甚至是起死回生。所以回归到民生视角观照威高，更让人心怀感动。

尿毒症等肾病发展到血液透析阶段，病人还能够生存多久？有一位日本老太太，41 岁开始血液透析。威高创始人陈学利见到她时，她已带病度过了半个世纪。

这归结于血液透析技术的提高与普及。在威高做血透产业之前，中国没有一台可以与欧美日相媲美的临床血透机。

但情况因威高而改变：血透机共有 50 多个品种，从高、中、低通聚砜膜透析器，再到血滤器、透析液（粉）、血浆分离器等超百种细分产品。威高历经 20 年，一步步完成产品与服务全覆盖。

自 2010 年建立第一家血液透析中心，威高现已建成 130 家，病人存活率接近 100%，且 80% 恢复了劳动能力。到 2030 年，威高透析中心可以直接治疗 20 万名患者，同时通过与医院合作，覆盖到 100 万人，这些病人将获得 15 年以上的生存率。

陈学利见证了这令人惊喜的变化：他遇到最小的透析患者，是个 14 岁的小姑娘，透析用的是 16 号针，比牙签还要粗。他仍记得治疗后小姑娘宁死都不让再扎一次的撕心裂肺的哭叫。这些年来，随着威高产品进步，治疗痛苦大大减轻，效果逐步提升，当年的那位小姑娘，现在已为人母。

无源医疗器械，有赖于医务工作者亲手操作，体验感至关重要。从这个角度来说，医师如果是武者，那威高就是当之无愧的“铸剑师”。成为医者最好的伙伴和帮手，也是威高福祉的应有之义。

在威高骨科材料股份有限公司，一半以上的工程师专攻工具，随时会根据医生的想法，做适合中国人的工具。以刚刚获得国家科学技术进步奖二等奖的“足踝外科精准微创治疗关键技术体系建立与推广应用”项目为例，体系内包含12项前沿手术技术。而要匹配这一系列前沿微创技术，相配套的工具和设备也必须做到最前沿。威高与临床一线深入配合，针对足踝外科精准微创手术所需的手术工具进行配套升级，让器械与医生达到“人具合一”。通过3D打印技术制作出的具有生物学功能的个性化假体，于2016年成功应用于世界首例3D打印距骨植入手术。

疾病是最大的“自我主义者”，总把人生命中的所有机会占为己有，威高在与疾病的争夺中成长，守护、造福庞大的人口群体：现在，威高携手20万医务工作者，直接为中国2 000万患者服务；2030年，将携手300万名医务工作者，为3 000万名中国患者服务。

擦亮医疗器械领域“中国制造”成色

由于种种原因，我国医疗器械长期处在近乎被遗忘的角落。1989年，刚创办企业、也刚知道什么是GDP的陈学利，专门去查医疗器械产业所占比例，结果只是医疗大项中没有具体数字的一个小项。

“要帮助更多的中国人，就需要‘中国制造’；要做到这点，就只有把技术搞上来，真正擦亮‘中国制造’成色。”威高自创业始就致力于在医疗器械领域提升“中国制造”成色。

以人工关节为例，因永久植入且损耗严重，只有生物相溶性好、耐磨损的超高分子量聚乙烯能满足要求。但这种材料的高效率高品质制造一直是世界性技术难题，只有一家国外公司能够生产。也正因如此，这种从树皮中就可以提取到的低成本材料，一问世就卖到了每吨20万美元，这些年更是“打着滚”上涨，已经到了150万美元。

“为突破人工关节产品线，威高花了近6年时间。先是收购了一家企业，之后又专门投资1亿多元建设生产车间，对毛坯锻造、轴模、抛光、琉璃膜等各种工艺挨个实验，逐渐从外观深入到对内部流程和生产线的了解，最终研发成功。”骨科产业集团研发总监孙久伟介绍。目前，威高已完成两轮性能测试，并开始内部小批量供货。

长针、短针、粗针……在威高展厅里，这些密密排列的针头乍一看没什么不同，细细探究，“只要功夫深，铁杵磨成针”在这里真实地变成了“有物有真相”：

以前针头是锥子形状，扎进去后肉就直接撕开了，痛感明显，现在生产的针头表面斜面，五面研磨，直接切进去，只有轻微感觉。因为对钢的韧性和硬度有着很高要求，还有面的研磨技术、针的内部冲洗技术，这个针以前中国做不了，现在威高能够生产。打吊瓶的留置针，注射后抽出，聚氨酯套管却留在体内，下次就不必再扎针眼了，对于长期需要输液的病患，大大减轻了病痛。眼下因疫苗大“火”起来的预灌封针，不像普通针管，从西林瓶中抽出药液再打，而是生产过程中药物就已经封入针管，可以直接注射。在特殊时期，其高效得到了充分展现：耗费时间只有普通针管的1/3左右，以往用普通针管的话药瓶残留大约10%，现在打10支就节约了1支。在国内，当前只有威高一家可以生产……

如今，威高 80% 以上的产品是高新技术产品。打造威高研究院、国家创新中心平台、北京及长春研发中心三大平台，与 30 多家知名大学、科研院所开展产学研合作，建立了 30 多个研发机构，截至目前，全球临床医疗器械产品线 300 多大类，威高占到 1/20，其中在多数无源医疗器械领域都能做到“人有我优”。

加速度还在继续：威高启动了 2 000 多名涵盖多层次人才的创新布局，相关“威高计划”有 26 个在研项目及 10 个战略前瞻储备项目……

3. 用以小见大的思维选择新闻报道角度

面对一个新闻事件，一般来说，都要选择小角度切入，用小角度去表现主题。比如写项目建设、城市建设、生态建设等大题材，都可以用小角度切入，然后通过小切口逐步放大事物的概貌轮廓，进而达到以小见大、窥一斑以见全豹的效果。小角度切入，可以让新闻更细腻、挖掘更深入，更容易抓住受众的心。

案例

农家账本里的“幸福账”

春节期间，杨凌处处洋溢着浓浓的年味。每年这个时候，家家户户在迎接新年的同时，也忙着盘点上一年的“收成”。

在杨凌区大寨街道寨西村的一个草莓采摘园里，白雪茹手上捧着一本黑皮账本，认真地盘算着每一笔收入。别说，看着自己的记账本，一年的“收成”让她乐开了怀：又是一年好光景。

462 元、622 元、803 元、1 957 元……一行行的数字记满了白雪茹皱的记账本。从 2016 年种植草莓开始，这个小本子就一直跟随着白雪茹。日期、天气、每天收入……每一条、每一点，都见证了一个普通农民家庭的“小康路”。

白雪茹是杨凌本地人，她与老公梁东昌一起搞作物大棚已有 20 多个年头。经过多年积累，逐渐摸索出了一条管理、致富之路。由于对土质、施肥、温湿度等种植环节把控严格，白雪茹种植出来的草莓味道香浓、个头饱满，口感、品质均属上乘。

“我们种了两个草莓大棚。每年 9 月开始种植，11 月下旬陆续上市，到 12 月底会进入盛果期，成熟期可一直持续到次年 5 月，一个大棚一年能收入三四万元。”白雪茹介绍说。

白雪茹的草莓采摘园正对杨凌现代农业创新园，每到采摘期，都能吸引不少游客前来光顾。“来我这采摘的大部分是老顾客和周边游客，元旦那几天，草莓一斤卖到了四五十元，收益还是不错的！”言语间，白雪茹难掩喜悦。

除草莓外，白雪茹还种植了一个大棚的水果西红柿，这让她的记账本上又多了一笔收入。“我跟陕西金棚种业深度合作，只要有好的品种，就引进到棚内试种，目前已引进了 20 多个品种。像冰淇凌西红柿、彩色圣女果，口感都不一样，都深受顾客的喜爱。”

说着，白雪茹指了指棚内的西红柿。

党的二十大报告提出，要发展乡村特色产业，拓宽农民增收致富渠道。近年来，杨凌因地制宜，大力发展特色农业产业，培养了一批致富能手，打造了一批独具特色的乡村致富产业，吸引了越来越多的“新农人”投身乡村振兴建设。

“新的一年，我要不断提高草莓品质和产量，争取早日换一本新账本。”采访期间，白雪茹又迎来了一波采摘游客，而她的记账本上，又将增添一笔收入……

（公众号“杨凌资讯” 记者：谷幸 李煜强）

这篇报道一改以往以政府所采取的积极措施以及所取得的相应的经济成果为报道重点的方式，选择大棚种植户白雪茹的记账本为切入点，采取全新的报道方式，对白雪茹大棚种植所获得的效益进行了详细的报道，通过发展乡村特色产业促进农户经济收入的增加、家庭生活水平的提高的作用得以生动、形象地展现。由此可以看出，选择较小的报道切入点，列举有代表性的事件，可以引起受众的共鸣，达到良好的宣传效果。

4. 以求新的态度选择新闻报道角度

人们观察事物时，受其生活经历的影响，往往有特定的思维角度，从而决定了其对事物所做的分析与看法。记者在报道新闻事件时，往往因习惯而选取某一角度，并因此形成特定的报道方式。这种报道方式反映了事情的基本性质，对受众认识事物是很有帮助的，但从新闻传播的角度来看，受众接收同样的信息多了，该信息就对受众失去了吸引力。因此，记者在报道某方面情况时，适当地变换一下分析角度很有必要，一方面可以避免受众心理的单调感，另一方面又能给受众提供一个未曾认识到的新领域。①

案例

作为农业大国，农民问题始终是中国建设的根本问题。淘宝村可以直接助力包括“三农”、扶贫、民生、经济发展与转型、城镇化等经济社会主要战略目标的实现，它已经成为影响中国农民命运的一股不可忽视的新兴力量，在中国农村经济发展史上具有里程碑意义。为此，当时在广州市花都区某电视台工作的资深媒体人刘景义一直把“淘宝村”作为好新闻的选题苗子加以“培养”。

通过搜集资料发现，媒体有关报道淘宝村的新闻很多，但大多角度雷同，没有太大的新意。当时，刘景义正准备参加一个破除传统企业电商之困论坛暨花都区电子商务商会淘宝联盟授牌仪式，一个全新的报道思路迅速在脑海中形成：

淘宝村圆了农民致富梦——淘宝村在全国迅速遍地开花——淘宝村出现冒牌仿制和竞相杀价现象——无序竞争使得淘宝生意一落千丈——成立淘宝联盟抱团取暖闯市场。

他敏锐感觉到，花都区淘宝村的发展现状和存在问题，正是全国一些淘宝村发展过程中的一个缩影，于是引发了他对全国淘宝村发展前景的深度思考，并打算做一个新闻评论，标题叫作《淘宝村热的冷思考》，而从这个角度报道淘宝村的新闻当时还没有。

① 王志、梁敏俐：《试析新闻报道的主题创新》，《新闻界》2003 年第 6 期。

后来，用“淘宝村”这个选题采访拍摄的新闻评论《淘宝村热的冷思考》，获得了2014年度广东省新闻奖三等奖。

5. 注重逆向思维选择新闻报道角度

新闻作品多是顺向思维，事实上，思维也可以是逆向的，可以对一个新闻点反向去寻找切入点，先呈现新闻事件的结果，再一步步追述发生的缘由，这样的布局往往会起到独具匠心的效果。比如，《晋中日报》2021年刊发的通讯《昌源河铁路大桥抢通记》，就以大桥抢通时的画面为切入点，随后进一步讲述大桥为什么会垮塌，垮塌后地方与铁路部门如何千方百计抢险，最终以最快的速度确保线路通行。①

案例

昌源河铁路大桥抢通记（节选）

晋中日报记者 张志丽

经过连续奋战，昌源河南同蒲铁路桥上行线抢通。

10月9日20时13分，一列满载旅客的火车匀速驶过刚刚抢通的祁县昌源河南同蒲铁路桥上行线路。与此同时，另一边的铁路桥下行线路，抢修现场亮如白昼，施工人员及大量机械连夜奋战，为下行线路的早日抢通争分夺秒。

10月6日10时许，受历史罕见的强降雨影响，昌源河南同蒲铁路桥桥台尾部路基被冲空、轨枕悬空，上下行线路全部中断。

南同蒲铁路是沟通晋陕两省的交通大动脉，也是纵贯山西中南部的重要客货运输通道，日均开行列车60对，其中煤炭运输列车30余趟。南同蒲铁路的及时抢通，对满足人民出行需求、保障全国能源安全和稳定全省经济发展有着重要意义。

险情就是命令，抢通就是责任。

中国铁路太原局集团有限公司及省、市、县各级，把汛情当军令、把现场当战场、把抢险当战斗，齐心协力推进抢险通车工程。

截至10月8日21时，经过连续奋战，南同蒲铁路桥上行线抢通。9日晚，记者在现场看到，铁路下行线工作面石料、沙料填充加固工作正在加快推进，下行线抢通指日可待。

6. 注重分析对比选择新闻报道角度

分析对比是处理新闻素材时常常用到的方法，通过分析对比打开思路、另辟蹊径，寻找到不同于常规的新闻着眼点。2021年3月19日《人民日报》11版刊发了一则报道《两万步带来“零距离”》，文章中的社区干部田雪侠，在当今动动鼠标、滑滑手机就能解决很多群众反映诉求的时代，还是坚持用脚步丈量，脚勤进千家、眼勤找问题、嘴勤

① 白昌华：《选好报道角度　放大新闻价值》，《晋中日报》2021年11月4日。

讲政策、手勤干在前，靠“勤”字真正做到了与群众“零距离”。文章用空间对比来设置悬念，切中要害，标新立异。

案例

两万步带来“零距离”

人民日报陕西分社记者 原韬雄

脚勤进千家，眼勤找问题，嘴勤讲政策，手勤干在前，靠“勤”字才能收获信任。

这些年到社区采访，云平台、智慧服务等基层治理方式让人耳目一新。借助新技术手段，在不少地方，基层干部有时候足不出户就能在线解决群众的问题。

可这两天，有位街道党工委书记却跟我聊起来：“轻点鼠标，问题上报更快、解决效率更高。宝贵时间省出来，个别干部却‘懒得’往群众身边跑了。”

这让我想起了此前遇到的西安市新城区东新社区居委会副主任田雪侠。坐下聊天时，她总是不自觉地捶着膝盖。一问才知道，这是多年社区工作落下的老毛病。田雪侠每天平均得走上两万步，处理完案头工作，就在社区里转。一些居民有困难、有问题、有诉求，总是愿意跟她讲讲，因此许多隐患得以早早排除。

前些日子，东新社区要进行老旧小区改造，因各种原因，工程一度很难推进。拆除防盗网时，有的居民反对施工队施工，社区干部们一时之间没有更好的办法。

田雪侠站了出来，她带着施工队，一家家上门走访。不提拆防盗网的事，而是问大家有啥需要维修的地方，管道老旧、墙皮渗水、下水道不畅……田雪侠一一记下，并对施工队说：“只要符合政策，能修则修，能改则改！”一趟趟跑下来，小区居民最关心的问题解决了，施工阻力也渐渐消除了。

居民们说：“田主任这些年是在咱社区立下了口碑，我们信她。”而对田雪侠来说，收获这份来之不易的信任，靠的是一个“勤”字。脚勤进千家，眼勤找问题，嘴勤讲政策，手勤干在前。一有空她就跑到群众家中去，拉家常、问需求，在交流中加深理解、增进感情。

这些年来，办公方式日新月异，信息网络连接千家万户。许多时候，“屏对屏”“键对键”就能完成工作。在田雪侠看来，动动鼠标、滑滑手机，解决的是群众明确反映的诉求。而社区发展的细节、隐藏的问题，还要用脚步丈量、用目光记录。

社区工作关乎千家万户的生活，多踏踏群众门槛、多跟居民拉拉话、多看看百姓“脸色”，才能找到解决问题的方法。勤到群众中去，摸清情况、做好服务，靠“勤”字才能收获信任，真正做到与群众“零距离”。

事实上，新闻视角的选择和运用并不是单一的，很多情况下可以是多种视角的综合运用，以求获得新闻报道的最佳效果。但无论如何，新闻价值都蕴含在新闻事实中，要找一个巧妙恰当的角度，将其他挖掘出来，最终取决于新闻记者自身的功力。因此，作为一名新闻记者，在实践历练中，要想拥有一双洞察秋毫的“新闻眼”，必须加强各方面知识的学习，同时要深入生活，善于观察，学会透过现象揭示本质，以捕捉最佳新闻角度，创作出有深度、有力度，能够真正反映时代特点的好新闻。

第三节　融合新闻报道的用户思维

上一节讲了多种选择新闻报道角度的方法，实际上核心内涵只有一个，就是用户思维。所谓用户思维，就是站在用户的角度来思考问题的思维，也就是说要站在对方的角度想问题，进行换位思考。媒体融合转型的背景下，新闻产品生产和传播过程中具备用户思维至关重要，必须用用户思维去深挖用户的真实想法，并以此为出发点生产新闻产品，进行有效传播，才可能产生点击量，也由此增强媒体的传播力和知名度。①

1. 确立用户思维是媒体适应新的传播环境的客观需要

如今，媒体环境复杂多样、竞争激烈，曾经单向获取信息的受众从“接受者”变为“传播者、接受者”的双重身份。早期的信息传播模式完全被打破，每个人都有适当的权利和平台去表达个人意志，传播和接受的地位平等。传播终端的改变，用户的媒介使用习惯、使用体验的改变，促使新闻生产必须调整思路，从单一的内容制作模式向系统性的产品生产模式转变，以适应新的媒介环境和用户需求。中国教育电视台总编辑胡正荣指出：“所有的信息、新闻、推送背后都要带着服务才有黏度。今天面对的用户，不仅需要消费信息，还要转发再生产信息、发现信息背后延伸的服务，而且必须和用户的生活联系在一起，需要全方位、智能化地与用户关联。”因此，只有媒体以用户思维去谋划新闻产品的采集、生产、传播，才能服务好用户。

2. 确立用户思维是媒体扩大影响力、增强传播力的现实选择

用户思维，就是一切要以用户为核心，解决用户痛点，满足用户的需求。当今时代，用户的需求是非常丰富多样的，这其中包含信息需求、娱乐需求、服务需求等。当一款媒体产品能够给用户提供良好的使用体验时，它一定是具备有效满足个体需求的能力，尽可能让用户参与其中、融入场景，才能够增强用户黏性，扩大其影响力和传播力。比如，近年来，短视频行业产品风生水起，而作为其中的佼佼者，“抖音”APP 得到了市场的最高认可，就连人民日报、新华社、央视新闻等央媒也纷纷在抖音上开通官方账号。分析抖音走红的原因，就是其操作简单、接地气，堪称“老少通吃”，这就是用户思维的体现。

3. 确立用户思维是媒体得以生存和发展的关键

如今，新媒体日益广泛地渗入社会生活的方方面面，逐渐发展成传媒产业领域的新发之力。然而，不可否认的是，传媒业发展至今，还没有任何一种媒体可以完全取代其

① 赵梦卓：《新媒体必须确立用户思维》，《吉林日报》2018 年 12 月 28 日。

他媒体，即便是新媒体如此急速、蓬勃发展的现在，报纸、杂志、广播、电视都有着各自的生存空间，这就说明现今没有任何一种媒体能满足用户全部的需求。因此，媒体必须确立用户思维，用用户可感可亲的方式去表达，让用户感觉近在咫尺、触手可及。

总而言之，“得用户者，得天下”是必然趋势。随着各类新媒体的不断涌现，不仅人们的生活方式被潜移默化地改变，世界传播新秩序也不断被重塑着。谁能立足用户需求，不断创新传播理念、内容、体裁、形式、方法、手段、业态、体制、机制，增强针对性和实效性，就能适应新形势下的传播趋势，构建和引领新格局。

思考与实践

根据本章节的内容，对下列材料思考 3 个报道角度，并从新闻价值的大小谈一谈哪个角度更好。

广佛肇高速公路需穿越鼎湖山国家级自然保护区试验区，建设方案几经修改。最初的设想是打隧道直接穿过鼎湖山，但会破坏鼎湖山的生态环境。为减少对鼎湖山生态环境的影响，市委、市政府对线路走向进行了多方案的比选和论证，最终确定绕开鼎湖山保护区核心区和缓冲区，缩短穿越鼎湖山外围试验区的距离。

第四章　新闻采访技巧及实操训练

思政目标

广泛涉猎人文、科学、艺术等各个领域的知识，具备全面的文化素养，在采访的过程中勤思考、善沟通。

学习目标

掌握采访中的提问技巧和需注意的问题。

案例导入

奥莉娅娜·法拉奇（Oriana Fallaci，1929—2006），是20世纪最为著名的新闻工作者、战地记者和小说家之一，她以尖锐、犀利的采访风格和独具个性的文学创作，在新闻界取得骄人的成绩，赢得了极大的国际声誉。

法拉奇采访过许多国际闻名的政治家和名人，例如邓小平、基辛格、穆罕默德·礼萨·巴列维、霍梅尼、维利·勃兰特、佐勒菲卡尔·阿里·布托、沃尔特·克朗凯特、穆阿迈尔·卡扎菲、费德里科·费里尼、阮高祺、阿拉法特、英迪拉·甘地、亚历山德罗斯·帕纳古利斯、马卡里奥斯三世、果尔达·梅厄、阮文绍、海尔·塞拉西一世、肖恩·康纳利、莱赫·瓦文萨等。她开创了崭新的采访方式，在新闻史上留下了浓重的个人色彩。法拉奇的每一次采访，表面上是犀利的提问，本质是在权威面前的平等姿态和独立人格。

法拉奇采访邓小平——开门见山，尖锐犀利

抓住核心问题，开门见山，尖锐犀利，是法拉奇提问的一贯风格。她经常在访谈的一开始就抓住关键问题正面出击，比如她采访我国领导人邓小平就是如此。这次采访被普遍认为是邓小平出色的、具备历史性的答记者问，邓小平的气度和言谈也为世人所折服。

法拉奇：四个现代化将使外国资本进入中国，这样不可避免地引起私人投资问题。这是否会在中国形成资本主义？

邓小平：归根到底，我们的建设方针还是毛主席过去制定的自力更生为主、争取外援为辅的方针。不管怎样开放，不管外资进来多少，它占的份额还是很小的，影响不了我们社会主义的公有制。吸收外国资金、外国技术，甚至包括外国在中国建厂，可以作为我们发展社会主义社会生产力的补充。当然，会带来一些资本主义的腐朽的东西。我们意识到了这个问题，但这不可怕。

法拉奇：那么，你是否认为资本主义并不是都是坏的？

邓小平：要弄清什么是资本主义。资本主义要比封建主义优越。有些东西并不能说是资本主义的。比如说，技术问题是科学，生产管理是科学，在任何社会，对任何国家都是有用的。我们学习先进的技术、先进的科学、先进的管理来为社会主义服务，而这些东西本身并没有阶级性。

法拉奇采访霍梅尼——成竹在胸，因人设问

在采访伊朗总统霍梅尼时，法拉奇特意穿上伊斯兰教妇女的装束——足踏木屐，身披长纱，并向霍梅尼提出了有关妇女着装的问题。

“请告诉我，你为什么要强迫她们掩盖自己，把全身捆在那些不舒服而怪诞的服装里面，让人工作和行动感到不方便？”

“顺便问一下，披上长纱，你怎么游泳？”

这些事先准备、针对性强、措辞犀利的问题，令霍梅尼无法摆脱，不得不做出反应：

“这你管不着，我们的风俗你管不着，如果你不喜欢伊斯兰教的服装，你没有必要穿上它……”

在霍梅尼理屈词穷、恼羞成怒的回答中，法拉奇的采访目的也就达到了。

法拉奇采访阿拉法特——穷根究底，紧追不舍

由于法拉奇提问尖锐，她的对手又都是政界精英，他们一般善于与记者周旋，对于法拉奇的提问往往虚与委蛇，闪烁其词，加以敷衍。但法拉奇在采访中决不姑息模棱两可的回答，她紧追不舍的发问经常把采访对象逼到不得不回答的境地。例如采访阿拉法特：

法拉奇：（我们假设约旦和黎巴嫩决定签订和平协定）面临这种局面，你们将怎么办？难道你们也向约旦和黎巴嫩宣战不成？

阿拉法特：我们不能在“假设”的基础上进行战斗……

法拉奇：阿布·阿玛尔，这是一种非常富于诗意，又充满外交辞令的回答，但您没有回答我所提出的问题。我问您的是：如果约旦真的不要你们的话，难道你们要向约旦宣战吗？

阿拉法特：（略）

法拉奇：巴勒斯坦的边界究竟在哪里？

阿拉法特：现在我们不提我们的边界问题……从阿拉伯观点来看，不可能谈边界……

法拉奇：……我重新问您这个问题：巴勒斯坦的地理边界在哪里？

她思路清晰，目的明确，就巴勒斯坦是否与约旦宣战、巴勒斯坦边界问题两次提问，决不给对手任何逃脱的机会。

法拉奇采访卡扎菲——反问作答，后发制人

法拉奇向往绝对自由，极端痛恨权力，或许正是因为如此，当她采访这些人物时，总乐于提出尖锐、尖刻，乃至尖酸的问题，甚至与采访对象争论起来，把提问变成正面攻击，使采访活动成为“一场探讨事实真相的战斗”（法拉奇《采访历史》）。

比如利比亚统治者卡扎菲，曾自诩为“一句话整个世界就能爆炸”，法拉奇对他的采访就充满了论辩的色彩：

法拉奇：你是怎样理解革命的？

卡扎菲：如果革命是由群众进行的，那么，它就是人民的革命。甚至，革命是以群众的名义由别人主使的，这仍然是革命。

法拉奇：1969 年 9 月，利比亚发生的事情不是革命，而是一次政变。（指出利比亚事件的实质）

卡扎菲：对！可是以后它转变成革命了……今天，在利比亚实际上只有人民当家作主。

法拉奇：是吗？为什么到处都能而且也只能看到你的照片？全国上下的每一个角落几乎都贴满了你穿军装的巨幅照片？（反问，抨击卡扎菲搞个人崇拜）

卡扎菲：我有什么办法呢？我能阻止或者禁止他们吗？

法拉奇：可以！事实上你禁止过许多事情，严格地说除了禁止，你没有做过别的事。因为你愿意接受别人的赞美、歌功颂德，所以你就不去阻止。你见过那些举着拳头尖叫或狂吼“卡扎菲”“卡扎菲”的群众吗？（抨击卡扎菲搞法西斯专政）

卡扎菲：我能做什么呢？人民爱戴我。

法拉奇：既然人民这么爱戴你，为什么你还要那么多护卫呢？（反问）我足足被武装士兵从头到脚仔细搜查了三遍才来到这里的。而您住所的门口甚至还有一门大炮对准街面。（抨击卡扎菲搞军事独裁）

卡扎菲：因为这里是军营。

法拉奇：既然人民那样爱戴你，你为什么还要住在军营呢？（反问）

卡扎菲：我大部分时间不是在这里的。在你看来，这些防御措施是为什么？

法拉奇：你害怕被谋杀。因为有些人曾经多次企图谋杀你。（揭示真相，后发制人）①

① 徐琼：《意大利著名记者法拉奇的提问艺术》，《新闻与写作》2006 年第 11 期。

思考与讨论

法拉奇是享誉世界的伟大记者，她的作品一直是国际新闻界研究和学习采写技巧的范本。央视《面对面》主持人王志曾说："如果说法拉奇站在珠穆朗玛峰，我们充其量就是到了拉萨。她是一代宗师，是不可逾越的高峰。"

从新闻采访的角度分析，你认为法拉奇的成功，最重要的是什么？

第一节　采访的前期准备

新闻界有一句行话：七分采三分写。采访在整个新闻生产全过程中的作用是基础性和决定性的。

一、采访的定义

采访是新闻工作人员出于大众传播的目的，通过观察和访谈等方法，对可能受到广泛关注且鲜为人知的信息的搜集活动。采访是新闻写作的前提，是一种特殊的调查研究。采访是采访者对客体事物的认识过程，是采访者运用自己的新闻观点、知识积累和思维方式，通过亲自观察、倾听，经过思索而做出分析判断的过程。

新闻采访要求采访者具有新闻敏感、应变能力和采访技巧，即能够在纵横交错的客观事物中敏锐地发现新闻，在稍纵即逝的机遇中迅速地捕捉新闻，在各种困难的条件下巧妙地挖掘新闻。①

二、采访的前期准备工作

采访不是简单的几个问题就可以做好的，需要记者具备丰富的理论知识和实践经验，在采访中能及时充分挖掘现场新闻事实，并用最准确的语言进行报道。

1. 广交朋友，是记者采访成功的第一步

记者只有深入基层、了解基层、广交朋友，广交知心、真诚的朋友，才能源源不断地获取信息，才会有写不完的报道题材。从某种意义上说，多交一个朋友，就等于多了一双耳朵，多一个获取信息的渠道，多开拓一条报道路子。

（1）放下架子交朋友。新闻永远是"人"的新闻，如果放弃了对人的深沉关怀，那么新闻将变得毫无价值。要想写出令人满意的新闻，就要挖掘采访对象内心深处的故事，而这样仅靠沟通技巧是远远不够的，还需要新闻工作者对采访对象发自内心的尊重和理

① 刘颖：《浅谈新形势下如何做好新闻采访工作》，《赤子（下旬）》2016 年第 11 期。

解。一个不懂感情、不懂沟通的新闻工作者，更多时候会被采访对象拒之门外，即使接受了采访，也是敷衍了事。媒体工作者在面对广大群众时，一定要有清醒的认识，自己不是什么“钦差大臣”“无冕之王”，而应该是人民群众的一员，只有放下了“架子”，真正将自己融入采访对象的生活和情感中，设身处地去想他们所想，问到他们的心里，才能达到预期的采访效果。①

案例

光明日报社新疆记者站记者王瑟在采写《汪克忠和他的大喇叭》这一新闻作品时，为了深入了解新闻当事人和事件的细节，在奇台县农村汪克忠老人破旧的屋子里，与他同床共眠，推心置腹，彻夜长谈，让这位本不善言谈的老人感受到亲近与理解，说出了很多心里话。老人的家人也不把记者当外人，道出了许多不为外人所知的家庭困难，这成为后来这篇新闻作品最打动人心的地方。该稿件刊发后，引起中央领导人的高度关注，直接做出重要批示，也正是这篇新闻稿件，强力推动了后来新疆大力实施的“村村通工程”。

古人说，莫逆于心，遂相与为友。要想抓到最有价值的新闻，不仅要沉下身子，迈开双腿，到田间地头、到社区人家、到厂矿车间、到百姓身边，用双脚“接地气”，更要用心与群众交朋友。

（2）保持联系交朋友。由于采访的广泛性，记者会接触到不同身份、年龄、职务、文化水平的采访对象，他们都可能是潜在的新闻线索源。这些资源不能靠临时“抱佛脚”，需要在日常生活中精心维护。

一些记者在采访时不用心，对接触过的人不留心，采访后更不把新闻当事人当回事，甚至很快遗忘，这样别人有事或身边发生什么事肯定不会想到向你“报料”。但如果记者在采访中真诚待人，以心换心，以情换情，在日常生活中也时常问候交流，采访双方自然会成为朋友。这样日积月累，就一定朋友遍天下，就会有源源不断的新闻源。

案例

上文案例中的记者王瑟，其采写的《育种，更育人》，就是与报道中的主人公——全国五一劳动奖章获得者、石河子大学教授曹连莆相知相识3年多的结果。刚开始接触曹连莆时，新闻还没有形成，但王瑟每次到石河子采访，都会去看看他，或打电话问候一下他的近况。在深入了解人物的性格特点及成就后，一个生动的典型人物就“不树而立”。获得新疆新闻奖一等奖的稿件《种粮大户单金华后悔莫及》，也是昌吉日报社记者在认识新闻当事人后，10多年时间一直保持联系，无意中得到线索精心采写的一篇佳作。

（3）关心帮助交朋友。在新闻采访中，广交朋友不难，但能在采访过后还一直真

① 冯燕：《好新闻源于诚交朋友——浅谈新闻记者如何和采访对象交朋友》，《中国地市报人》2014年第9期。

心、真诚、真意关心帮助朋友就不是一件容易的事。

新闻人物不是一成不变的，他们在生活中也有苦衷和烦恼，也有普通人的情怀，而每一次他们的生活变迁或思想行为变化又可能是一个新闻。所以，通过采访成为朋友后，依然关心他们的疾苦，倾听他们的呼声，在双向的感情交流中，达到心灵的沟通，这是人物采访的最高境界，且往往这些新闻人物背后的持续性新闻更具有感染力和震撼力。

案例

《光明日报》采写的典型报道《昆仑山上的生命之舟》，主人公姜万富是一个把青春无怨无悔奉献在昆仑山上的全国典型。他退休后回到了上海，然而现实情况是，在上海他们一家3口和母亲居住在一个仅有8平方米的房子里，生活十分困难，他却有苦难言。与他一直保持联系的记者在了解到这一情况后，通过努力让上海市委领导对此引起重视，给予姜万富一系列照顾。姜万富在感动之余，每天坚持志愿给居住的社区居民免费看病，他的事迹再次成为新闻，在全上海宣传弘扬。他本人也由此获得上海年度十大人物。

这类的例子还有很多，如何捕捉到这些新闻，正是新闻记者要下的功夫，要善于、诚于交朋友。

2. 既是“杂家”也是“专家”，记者必须有广阔的知识面

（1）新闻记者每天都要接触各行各业的人，面对不同的新鲜事物，只有不断学习，不断拓宽自己的知识面，在面对采访对象时才不会说“外行话”，才能通过事物的表面深挖出有价值的新闻内容和新闻背后的故事，增加新闻的深度，正确引导舆论。比如采访一个企业，记者必须了解当前有关政治、经济政策、行业背景以及企业的相关情况，要让采访对象觉得对面是一个“专家”，他才会愿意深入交流和探讨。

（2）记者采访前要对采访对象进行深入研究。有些采访活动不一定会给记者留有充足的采访时间。比如采访某个名人，其接受采访的时间通常很有限，就需要记者通过不同方式、渠道事先了解被采访人的经历、性格、嗜好、习惯、特长等，以便有针对性地提出问题。20世纪著名的新闻工作者法拉奇的成功就是建立在大量的准备工作的基础上的，她的每次采访都做足了事前调查。她在讲到其成功秘诀时曾说，她每次采访前都像学生准备大考一样，用上几个星期甚至半年时间进行资料准备和研究工作。比如她两次采访邓小平，在访问前“看了好几千克的材料”。由此可见，采访前的准备工作多么重要。① 如果不事先准备、仓促上阵，采访就会不到位，甚至可能会导致采访失败。

案例

曾获得奥斯卡金像奖的英国著名影星费雯丽，因扮演影片《乱世佳人》中的郝思佳

① 杨洋：《浅谈意大利著名记者法拉奇的采访提问艺术》，《重庆航天职业技术学院学报》2010年第3期。

一角而家喻户晓。一个记者去采访她，问道："您在电影中扮演什么角色？"费雯丽反问道："你看过这部影片吗？你看过那部小说《飘》吗？"记者回答："都没有看过。"费雯丽说："那就不必多谈了。"①

对采访对象进行深入研究，也有利于记者设计问题。有些人接受记者的采访次数很多，一听就能辨别出记者采访技巧和问题设计的高下，普通的问题很难引起他们回答的兴趣，只会敷衍了事。而有些人不习惯，或者不愿意接受记者采访，这就要求记者从采访对象的实际出发，选择其可能感兴趣的话题或角度来设计问题。

案例

美国已故的报刊评论员利布林有一次去访问一位著名的赛马骑师。此人一向不愿同记者交谈。许多记者都认为，让这位骑师开口，比让哑巴说话还难。但是利布林却让这位骑师滔滔不绝地同他谈了一个小时。见到骑师，利布林提出的一个问题是："您赛马时左镫皮带比右镫皮带多放几个眼？"骑师一听这个问题很内行，就兴高采烈地从马镫谈起他的驭马术。最后还对利布林说："我看得出来，你同骑师们一定混得很熟。"

其实，利布林并不精通骑术，与骑师这一行也很少打交道。他只是在采访前做了比较充分的准备，请教了一些行家，知道赛马的骑手为了克服在圆形跑道上产生的离心力，两个脚镫的皮带不能一样长，必须让左镫皮带比右镫皮带长一些，以便使身体重心稍稍内侧。对于这个细节，一般人不注意，而行家必定了解。利布林能够这样轻而易举地打开被采访者的心扉，并不是他特别聪明，而是因为他事前做了仔细的研究，找到了好的角度。

3. 采访提纲，精心设计是采访成功的"敲门砖"

采访提纲，是记者在采访前所草拟的任务大纲，其涵盖了采访活动的目的、采访过程的操作以及可能发生的情况。

一般来说，采访提纲包括两个方面，一是采访计划，二是调查纲目。采访计划，是指大体的步骤、方式，明确要采访的部门或人员名单，预期报道方式、创作周期等。调查纲目，是指所要提问的具体问题。

在实际采访活动中，记者更多的是列出调查纲目。因此，拟定一个好的采访提纲，关键是看所列出的问题是否到位，方向是否正确。

案例

某报社新闻业务培训班出过这样一道试题："某记者得知目前正在故宫博物院举办的展览会上展出了刚刚出土的我国 2 000 多年前的古酒，决定进行采访，你认为，这位记者应该怎样拟定采访内容？"

参考答案是这样的：

① 邓文桂：《让采访对象把新闻"说"出来》，《福建新闻界》2016 年第 1–2 期。

1. 古酒由何人在何地发现？如何发现？
2. 古酒如果是在墓葬中发现的话，墓主是谁？什么朝代？什么身份？
3. 古酒共有多少？装于什么容器？颜色和质量如何？酒中有何浸泡物？
4. 展出的概况；
5. 我国和世界上以前有无发现比这更古老的酒？
6. 古酒的发现有何意义？

上述答案中，前四条大部分记者基本上写了，但后两条，绝大部分没有写。然而，这后两条是很重要的。如果不清楚我国和世界上以前有无发现比这更古的酒，就无法掌握古酒出土的背景材料，这样古酒在出土文物中的地位就难以确定。如果不问古酒发现有何意义，就不能正确评价它应有的价值。

《中国企业家》杂志原执行总编辑张刚曾要求记者：如果稿子写 3 000 字，那么至少应该搜索或找出 3 万字的新闻资料、行业资讯来看。如果写一篇上万字的封面报道，看的资料就不能少于 10 万字。因为只有这样，记者才能对该事件、人物有大致的了解，才能找到独特而巧妙的思路，拟出与众不同的提纲来。

精心准备采访提纲，一来可以帮助记者消化所看的资料，带着问题去看资料，才会发现哪些问题是必须要问的，哪些是需要求证的；二来是给采访对象“最好的敲门砖”。采访对象跟记者的第一次接触，通常是通过提纲开始的，一份深入有独特思考的提纲，很容易打动对方。

案例

《杨澜访谈录》的嘉宾多是一些在某个领域有突出成就的“大家”，他们经常会接受媒体的采访。如何找准话题的切入点，让嘉宾愿意说，是采访者必须考虑的重要方面。

当代著名作家金庸是媒体的常客，从人生经历到创作体验等都是媒体感兴趣的话题。杨澜在采访金庸时，搜集了大量的资料，并阅读了十几本《明报周刊》，经过思考、归纳，形成了这样的采访提纲：对通俗文字的定位——金庸武侠小说中的历史眼光——澄清有关“为秦桧翻案”论的说法——祖父的“侠义”精神对金庸的影响——金庸年轻时的抱负——侠义思想在中国历史演变中产生的利与弊。在开始录制前，金庸要求看一下杨澜的采访提纲。由于前期做了大量的案头工作，所以看完之后金庸称赞“提纲写得不错”，接下来的采访也非常顺畅。①

采访提纲没有固定的模式，但值得注意的是，采访提纲只是起辅助作用，在实际采访中，不可盲目遵循采访提纲，在遇到值得深入挖掘的却又不在采访提纲预期之内的人物、故事时，应在不脱离主线的情况下灵活操作，随机应变。

① 贾恩方：《主持人的采访艺术——以〈杨澜访谈录〉为例》，《新闻前哨》2012 年第 5 期。

第二节　采访的基本原则

一般认为，记者的职务权利主要由两部分组成，一是基于本职工作所衍生出来的权利，比如报道权、采访权；二是基于工作性质对记者特别保护的权利，比如记者的人身权应该受到特别保护。

记者职务权利的理论基础和法律基础根据不同国家立法的特殊性而不同。就我国实际情况而言，记者职务权利的源头是宪法中的言论自由和公民知情权，以及各类部门法中的相关规定，比如《消费者权益保护法》中规定的消费者知情权，《民法》中规定的表达自由界限等。按照这个理论基础结合我国法制特色，记者行使职务权利时应遵循客观性原则、谨慎性原则、限制性原则、及时履行义务原则。①

1. 客观性原则

记者采访和报道的权利是宪法层面上言论自由和知情权的延伸，是代替民众行使宪法权利的一种特殊方式，这种职业上的权利是带有公共利益性质的特殊权利。

记者在行使采访报道权利之时应该遵循客观性原则，有以下几方面原因。

（1）只有客观报道才能真正保障公众知情权。记者站在事件最前沿，他们的采访是公民知情权的延伸，他们的报道和评论是公民表达自由的延伸，只有客观真实的报道和中立客观的评论，才有可能替代最大范围的公民行使这些宪法上的权利。片面报道、偏向性评论则是滥用权利，反过来会伤害到公民的表达权和知情权。

（2）只有新闻基本真实才能形成民事法律中的抗辩。现阶段我国并没有新闻法，记者职务权利的保护更多的是依靠民法体系中的“抗辩事由”完成的。公共利益、公众人物、连续报道、公正评论等相关抗辩事由，在一般情况下都可以作为记者职务权利抗辩事由，这使得记者在行使采访、报道权利侵害到他人利益的时候可以免责，或者减轻责任承担。但是，这些抗辩事由都是建立在新闻基本真实基础上的，如果报道的事实不真实，不是客观性报道，那么，这些民事法律上的抗辩事由将不能作为司法审判中的有效抗辩出现。

（3）采访报道客观性是记者职务行为没有过错的最重要事由。现阶段我国对新闻侵权的请求权基础在于侵权责任，而侵权责任构成要件中最为核心的就是过错责任。按照理论和实践中的普遍认识，新闻侵权属于一般侵权，适用过错责任原则，所以，在记者职务中衡量侵权纠纷的关键因素就在于是否有过错。报道是否客观是衡量记者行使职务之时是否有过错的核心。只要在报道中遵循客观公正的事实报道原则，即便是报道本身造成了一定人格利益或者权益的损失，但是因为没有失实报道的过错，这就使得记者和媒体无须承担责任。从这个角度说，在新闻侵权领域中，有损害不一定有赔偿，是否承担新闻侵权责任，主要在于报道者是否尽到了客观中立的报道责任，而不是看新闻侵权是否造成了客观损失，这就是以过错作为衡量侵权责任的核心理念。

① 朱巍、李媛：《记者行使职务权利四原则》，《青年记者》2012 年第 13 期。

2. 谨慎性原则

传媒大亨默多克的《世界新闻报》之所以一夜之间瓦解，并不是说它的报道缺乏新闻真实，也不是说它的报道延迟滞后，而是它的报道取得途径远超出了法律和伦理所能容忍的限度。

报道谨慎性原则，是强调取得新闻材料的手段合法，报道过程合法。现在新闻界有一个误区，就是强调报道材料的真实性和轰动性，而忽视或者排斥取得手段的合法性。这种误区在默多克的媒体中发展到了极端，大量骇人听闻的猎奇消息通过不正当手段获取并报道出来，虽然使得报纸发行量和影响日益增长，但损失的是新闻伦理道德，以及法律豁免的可能性，最终导致报社闭门停业。在法治发达的今天，形式正义的价值远远高于实质正义的价值，这已经得到社会各界普遍认同。这是因为，个案正义的价值往往低于社会普遍认同价值的地位。就报道谨慎性原则而言，记者要谨慎对待“隐性采访”和避免以非法手段获取新闻材料的非法采访。

隐性采访是指在被采访人不知情的情况下，擅自采访或者报道。隐性采访的弊端在于侵害了被采访人的权利，违反了新闻伦理道德。之所以要谨慎对待，而不是彻底消除隐性采访，主要基于记者权利最基本的核心是具有公共利益的性质，在公共利益的抗辩下，被采访人个体权利可能受到的侵害是可以被法律谅解的。但要强调的是，隐性采访只有在已经穷尽正常途径所能，而且该采访报道的内容涉及公共利益，非经隐性采访不能公之于众的情况下，才可以谨慎使用。所以，隐性采访程序的启动，以及隐性采访的内容都需要经过批准，在确认该事件属于公共利益领域，而且已经穷尽所能也无法进行采访报道之时，才可以获准行使，绝不能将这种采访手段常态化。

非法获取新闻来源的采访，简称“非法采访”，主要指采访手段是利用窃听、植入木马程序、入侵他人电脑、擅自利用司法资源公布保密信息、引诱采访等情况。无疑，这些手段都是非法的，即使最后得到的新闻信息都是真实的，也不能抹掉手段的非法性。非法采访严重违背了法治社会的基本理念，因此与隐性采访不同，非法采访是要完全禁止的。在记者职务权利领域中，采访权和报道权虽然得到法律的尊重，但是，非法获取信息的行为却要得到较为严厉的法律制裁，大多数情况下都会以刑事法律进行约束。

相关链接

1843 年 10 月 1 日，《世界新闻报》创刊于伦敦。在其发行的 168 年历史中，它登载了许多揭露有权有势之人丑闻的消息，也刊登了大量名人的花边新闻。而每周超过 280 万份的平均销量，也令其成为那时全世界读者最多的英语报纸。

后来，英国媒体曝出《世界新闻报》雇员贿赂警察，窃听失踪女孩、恐怖袭击受害者和阵亡英军士兵家属的语音信箱等丑闻，引发公众愤怒。《世界新闻报》于 2011 年 7 月宣布停刊。

3. 限制性原则

新闻自由所强调的是媒体的自由性，与报道的限制性原则是一个问题的两个方面。正如法国谚语所言，没有约束的自由就会演变成暴政。在新闻领域，这种“暴政”很可能演化成“多数人的暴政”，反过来就有可能颠覆新闻自由的根本出发点，到头来会伤害到社会整体利益。

报道的限制性原则主要包含以下几个方面。

（1）报道不得侵害他人人格权。这里所言的人格权是指精神性人格权，包括名誉权、肖像权、信用权、隐私权、姓名权等。限制性报道原则的理论基础在于表达自由的限制，其中，对他人人格权的尊重是最为主要的一种限制。

在报道过程中，虽然可用新闻性作为抗辩理由，但是新闻性所要求的是最小伤害原则，即在尽量保证被采访者基本权益基础上，再强调新闻性。所以，记者职务权利与他人合法人格权之间的冲突，法律多半以尊重后者权利为基本点。同时，法律为了平衡二者关系，又将公众人物和公共利益作为衡量人格权和记者报道权之间的考量因素。公众人物本身就与公共利益有关，其人格权保护受到一定限制，但是这种限制并不意味着记者的行为可以肆无忌惮，而是在涉及公共利益领域的事件和人物的侵权报道中，可以减免记者报道时所承担的责任。同时，这种报道必须是建立在新闻真实基础之上，否则，也不能做到完全抗辩。

（2）报道不得侵害未成年人利益。对未成年人的重点保护是世界各国新闻报道所遵循的基本原则。一般认为，在任何情况下都不得以侵害未成年人合法权益作为代价达到报道之目的。这就是说，关于未成年人的报道不得援引涉及新闻性、公共利益、公众人物等事由进行抗辩。如果客观事件必须涉及未成年人，播出时必须采取必要的措施，否则就应承担侵权责任。采取的措施包括化名、隐去肖像、变声等。对未成年人权益保护的缺失是我国近年来新闻报道中经常出现的问题，大量未经处理的未成年人信息出现在报道之中，这一方面说明我国民众的权利维护意识较为淡薄，另一方面也说明了记者对自己职务行为限制意识的缺失。

（3）报道内容的谨慎限制。在报道可能对国家稳定、社会和谐、经济运行等造成影响的相关信息时，需要格外谨慎。值得注意的是，新闻内容基本真实并不能作为上述报道的抗辩事由。从法理上说，记者的表达虽然拥有宪法上的权利，但是因为其表达影响范围的巨大，所以，应该承担相应的谨慎义务。尤其是在网络时代，面对新闻源的多元化和表达扩张的发散性，记者在行使职务权利时更需谨慎。信息来源于权威媒体同样不能作为抗辩事由，因为，权威媒体的消息在法律上不等同于权威机构的消息，只有后者才能作为抗辩事由。在面对那些重大信息之时，不能因为这些消息已经被某些权威媒体报道过而放松对基本情况进行审核的义务，只有权威机构的信息才可作为无须审核的依据。

4. 及时履行义务原则

记者在职务行为中，可能会出现一些侵害他人合法权益的事件，及时履行义务就成为维护自己权益、减少侵权责任的重中之重。一般来说，主要包括以下几个方面。

（1）转载侵权后的更正、道歉义务。按照现行法律规定，转载是新闻侵权中的不完全抗辩事由。转载侵权分两种情况：一是转载内容在形式上无法事先做出侵权判断，二是转载内容在形式上可以做出侵权基本判断。后者的转载行为不能免除责任，而前者则可以部分免除责任。如果转载者及时做出更正、道歉的表示，则可以与转载行为结合在一起，形成完全抗辩，从而转载者不承担责任。

（2）更正、道歉作为一种主动承担责任的方式，虽然不能改变侵权性质，但是在司法过程中，将作为减轻责任承担的一项重要考量，将最大限度地减少侵权责任的承担。

（3）对于网络媒体而言，根据被侵权人的“侵权通知”，及时采取必要措施可以免于承担侵权责任。根据我国《侵权责任法》第 36 条第 2 款的规定，对于网民上传至网络的侵权信息，网络媒体一般情况下不承担责任，只有在权利人通知后，怠于采取必要措施的情况下才承担侵权责任。可见，对于网络媒体而言，及时履行法律规定的义务是避免侵权责任的关键。

第三节　突发新闻的采访技巧

随着现代科学技术不断发展，传播媒介数量急剧增多，传播手段也更加先进，各种类型新闻都能够得到及时报道，而突发新闻具有不可预料、不受人为控制等特征，记者很难在第一时间对整个事件进行准确评估，需要保持高度敏感性和客观性，深入到现场了解突发事件基本情况，并采用一定技巧尽可能地搜集和掌握更多第一手素材，以提高突发事件采访效果。

一、突发新闻的采访难点

突发新闻主要是在无法预知情况下发生的新闻事件，如自然灾害、空难等。这类新闻所造成的影响十分巨大，新闻报道价值较高，新闻记者想要更好地进行突发新闻报道就要及时深入到一线了解突发新闻实际状况，并将有价值的新闻信息及时传递给社会大众，以帮助人们更好地了解突发新闻发生经过和最新进展。

受突发新闻不可预见特征的影响，新闻记者无法对事件危害程度、现场实际环境等进行科学评估，并且突发新闻关涉者也会因为事件突发和关系重大，在短时间内有可能不会接受采访，这就增加了记者在突发新闻现场的采访难度，具体表现为以下几方面。

1. 信息源获得较晚

因为突发新闻的突发性特征，并且受到地理位置差异影响，记者很难在第一时间赶到现场，同时针对突发事件相关部门也会在第一时间对现场进行封锁，记者难以进入到现场了解实际情况。

2. 目击者和证言缺乏

突发新闻发生时很多现场目击者都是新闻行为主体，在进行采访时极容易为了转移事件责任而出现三缄其口、故意引导等情况，这就要求新闻记者具备较高的敏锐性，对目击者提供的证言进行准确辨别，以确保新闻信息的客观性和真实性。

3. 准备时间较少

针对突发新闻，记者需要在第一时间赶到现场进行报道，整个过程往往缺乏时间做好充足的准备，这就要求记者采用一定技巧，对突发事件过程进行还原和快速报道。

二、突发新闻采访技巧

1. 多线并行，做好人员布局

突发新闻留给记者准备的时间比较少，为确保新闻采访工作顺利、高效进行，需要在开展采访之前做好统筹规划工作。一般情况下，记者获得突发新闻信息和线索多是由现场热心人提供，为此采访过程中文字记者、摄影摄像记者、后期编辑等要进行高度配合和协作，多线并行，以达到提高采访效率和保证新闻质量的目的。

2. 采访过程全面把控

在突发新闻现场采访过程中，要注意对以下技巧加以把握。

（1）尽快接近第一现场。尤其是针对突发事故新闻，相关部门会在一定时间内对现场进行封锁，记者想要得到第一手资料，就要在封锁现场之前赶到现场，通过与当事人、利益损害者等进行接触，对突发事故过程及影响进行了解，确保突发新闻的时效性。

案例

南方都市报记者徐文阁在2007年拍了一组城管“火烧违建”的照片，照片中的少年，用水瓢浇水灭火。记者在第一时间赶到新闻现场，拍到了最重要的照片，新闻事件的主题顿时深邃而震撼。如果没有这两张少年浇水的照片，整个新闻就失去了绝大部分意义。

图4–1　违法搭建的窝棚仍在燃烧中，一名孩子在曾经的家中拿水瓢试图灭火
（南方都市报记者　徐文阁　摄）

（2）选择合适人员采访。在到达突发事件现场以后，记者需要对事件现场做出快速分析，并选择最佳采访策略，以获得更加真实和准确的新闻信息。

在新闻现场众多人物中，记者应最先采访谁，可以借鉴现场采访中的金字塔理论，即“我们要找的人，正好呈金字塔结构，最重要的人，或许只有一个，次重要的多一些，再次重要的，更多一些”。往往离事实最近的人正站在金字塔的顶端，且为少数，记者需要寻找的正是金字塔顶端的人。

案例

2007 年，广州增城新塘一织布厂厂房顶坍塌，当时十多人在厂里工作，幸好高耸的织布机顶住了，使得大部分人得以逃生。全城媒体记者都采访了当场的伤者、目击者，并在事故现场徘徊。但是，都没能采访到工厂老板。显然，工厂老板是金字塔顶尖上的采访对象，他既在现场，又知道房屋结构，并可能知道事故原因。怎么联系他？《南方都市报》一名进行现场采访的记者想到，珠江三角洲的工厂通常会在工厂周围贴招工广告，于是他围着厂房周围寻找，果然找到了这个厂的招工广告，通过上面的电话，独家采访到该工厂老板。

案例

2007 年末，广州珠江，沙船撞轮渡，8 人死亡。各家记者奔赴现场，都无法靠近肇事沙船。而《南方都市报》现场记者了解到沙船编号，办公室记者在网上通过编号，查到公司名称，打 114 查到公司电话。从公司值班员口中套出船主电话。由于船主正在赶回事发现场途中，又再次从船主口中套出船长电话。船长介绍了事发过程和船上人员情况。第二天见报的时候，只有《南方都市报》独家采访到核心采访对象。

（3）站在对方的立场采访当事人。对突发事件当事人进行采访，当事人在回想事件过程中多会出现恐惧、抵触等情况，这时候记者也要充分尊重和保护当事人，遵循“有所抢有所不抢”的原则。在实际采访中也可以以安慰的方式展开询问，并且询问过程中记者也要注意不带入个人立场，避免当事人出现抵抗心态，从而降低突发新闻的采访质量。

比如汶川大地震时，有的记者在被救人员从废墟中被抬出时，立马上前举起话筒，询问当事人的感受，甚至将采访灯打到被采访者脸上（长时间在废墟内的受难者眼睛不能见强光），这样的采访就是不妥当的。在类似的采访中，不应因采访而干扰到被救人员接受救治。可取的方法是在不影响现场施救的前提下，如实将同期声拍摄下来，真实再现施救场面。

“有所抢有所不抢”的内核，即为记者的人文主义情怀，它甚至高过一条新闻本身的价值。①

① 王镭：《论新闻现场采访技巧》，《消费日报》2010 年 11 月 17 日。

三、突发新闻采访的注意事项

记者在对突发事件进行现场采访时，要注意以下事项。

1. 保持沉着心态

新闻记者只有保持沉着冷静，才能够找寻到新闻采访突破点，在面对采访难题时也能够及时转变思维，对新闻现场实际情况进行把握，甚至还能够借助声东击西的方式，对突发事件周围情况进行采访和报道，侧面上也能够对突发事件产生的影响进行客观反映，同时抢占突发新闻报道先机。

2. 注意保护自己

在对突发事件的采访过程中，因为现场存在很多不确定因素，有可能会对记者人身安全构成威胁，记者要注意自我保护，只有保护好自己才能够更好地开展采访工作。

3. 采访信息滚动发布

由于突发新闻的特性，记者无法在较短时间内全面掌握整个事件的完整信息，较科学的做法是对突发事件进展进行滚动式发布，这样既能够保证新闻的时效性，又能满足人们对了解突发事件整个过程的信息需求。

第四节　人物专访的提问技巧

人物专访，是记者请新闻人物就专门性的问题进行解答的一种方式，是记者带着目的对有关人士进行专门的采访。

人物专访的难度在于如何不流于平淡、体现人物的鲜明特点。采访的成功与否取决于是否有鲜明的人物、典型的事例、生动的细节。记者与被采访者的交谈沟通是最重要的一个途径。采得好、采得细，对人物就有较为深刻的了解和认识，就能够把握人物的性格特征，从而发现人物的闪光点和与众不同之处，才能更加准确地提炼主题。采访的好坏，记者提问的技巧尤为重要，问题提得好、提得准，有助于打开采访对象的话匣子。

目前，记者在提问中容易出现以下几点不足：

一是提问过大过空，让被采访者不知如何回答。

二是记者口头表达能力差，提问让采访对象不得要领。

三是记者的采访态度不端正，事先准备不充分，或自身学识有限，对对方的回答无法理解，使对方在心理上产生反感，从而与记者拉开了心理距离。

而被采访对象则容易出现下面几种情况：

一是主观上虽然配合采访，但却由于紧张或激动总是开不了口。

二是消极应付采访，虽然开了口，却总是偏离主题，或有意识地回避记者提的某些敏感问题。

三是被采访者一打开话匣子就信马由缰、不着边际，而记者不会控制局面，浪费了不少采访时间，看似采访到很多素材，有用的却不多。

那么，记者在进行人物专访的过程中，应该注意哪些问题？所谓“台上一分钟，台下十年功”，这在采访上也同样适用。

一、观察细节，营造轻松的访谈氛围

在被采访对象的心目中，记者就是一个陌生人。要面对陌生人吐露心声，需要记者营造出宽松的采访环境，消除对方的陌生感。对一些由于激动或紧张不能很快进入状态的采访对象，记者可以先谈一些与主题无关而又轻松的话题，让对方放松情绪，尽快缩短两人之间的心理距离。一盆花、一段经历，对一个问题的看法，或对方的兴趣爱好都可以成为提问的话题。

案例

某记者一次采访一位因公牺牲的警察的妻子，这位警嫂的心情总是平静不下来，于是记者就问了有关他们女儿的事情，从女儿的年龄、爱好，问到女儿对父亲的牺牲的看法，慢慢引到采访的主线上来，使得采访顺利进行。

除了语言上的沟通，观察也很重要。当采访遇到瓶颈的时候，不如先放一放，叫对方带着看看他的书架、花园、相册，或者沿日常散步的小路走一走，就像朋友那样聊聊天。对方进入自己的舒适区，一放松，很多细节就会自然流露，而这些单靠提问是难以获得的。

案例

白俄罗斯作家、诺贝尔奖得主阿列克谢耶维奇非常善于观察细节。她会花很多时间和被采访对象一起，逛街、剪头发、买衣服、看孩子的旧照……当对方褪下所有伪装，流露最真实的自己的时刻，哪怕这个时刻很短，阿列克谢耶维奇认为这才是最珍贵的“决定性瞬间”。

二、因人而异，提出高质量的问题

在人物专访中，受众最关心的是“为什么”，他为什么要做这件事？他是怎样想的？他的独树一帜的风格是怎么形成的？只有高质量的提问，才会得到相应的高质量的回答。

何为高质量问题？就是关键性的或者最能体现被采访对象特性的问题。有经验的记者在提问题时，有时开门见山、单刀直入，有时旁敲侧击，迂回包抄。具体采用哪种办法，需要根据被采访对象的情况因人而异。

1. 对话型采访"善"提问

对话型采访是在采访对象积极配合的语境下进行的，采访前可以营造一种和谐融洽的采访气氛，便于沟通与交流。这种采访常常从采访对象最关心、最熟悉、最感兴趣的事情和问题谈起。[①] 只要善于提问，就能从采访对象处获取更多更好的新闻素材。

案例

《长沙晚报》记者在采访著名漫画家丁聪时，就是从丁老的健康谈起，到丁老的爱好，随后讲到丁老的创作、对幽默的理解，整个采访过程十分融洽，让人"如沐春风"。

附全文：

丁聪不老

10 月小阳春的和煦阳光，洒满城市的每一个角落，颇有"春暖"的感觉。当我们在枫林宾馆拜访著名漫画家丁聪时，更有"如沐春风"的体会。一见面丁老急忙让座，他的夫人沈大姐为我们沏上从杭州带来的龙井茶。话题自然是从丁老的健康谈起。

丁老 1916 年在上海出生，今年已是 81 岁的老翁，却依然拥有一头真实的黑发，面色红润。我问丁老："您的养生之道是什么？以致 80 不老？"丁老乐呵呵地笑着说："这个，真是有劳了我这位'饲养员'！"说着用手指指夫人沈大姐。一句话说得大家哄堂大笑。

在家里，沈大姐是名副其实的"家长"，里里外外忙个不停。特别是画展期间，丁老因身体不适住院，沈大姐家里—画展—病房轮着转，硬是办到画展圆满结束。

我们像一家人似的聊着。我又问及丁老有何爱好，丁老朗声笑道："既不养猫，也不喂鸟。"沈大姐插话说："我也只种点草，容易伺候的。可他还要加上一个'毒'字哩！"丁老接话介绍：沈同志栽的是仙人掌类植物，浑身有刺。他幽默地补充说："凡属有刺的，当然都是'毒草'嘛。"房间里的人似乎都心领神会，相视大笑。

从 50 年前我年轻时起，就知道丁聪已是著名漫画家。抗日战争时期，他的讽刺漫画影响深远。1945 年，讽刺国民党政府官员贪污腐败的《五子登科》，以及不许老百姓说话的《"良民"塑像》，都给人留下极深刻的印象。他曾长时间从事多种画报的编辑和舞台美术设计。新中国成立后，曾任人民画报社副总编辑。1957 年以后，由于"众所周知的原因"而中断了他的创作，直到 20 多年后的 1979 年，才又重新创作讽刺漫画。其时，"小丁"早已是花甲老人，然而，他竟真正来了个"青春焕发"，不断有新作问世。

1980 年后，出版了《〈阿Q正传〉插画》《丁聪漫画系列》《古趣图》《今趣图》等等，新近又推出了《绘图双百喻》。这本书系陈四益先生写文，丁聪作画，原是《读书》杂志每期都登的图文，为该书作《序》的有王蒙、严文井、王朝闻、方成 4 位。此书虽系以古文形式写成，却句句道着今事，难怪读者如潮。

当我拿出《中国当代漫画家辞典》请丁老签名时，丁老笑着说："你别看这《辞典》

---

① 徐琼:《新闻采访的提问技巧》,《新闻与写作》2005 年第 12 期。

上有我的名字，这只是挂个名哩。也别看我总是第一，因为我这个‘丁’字笔画最少嘛！”他一边说着，一边在书上题字。写完我一看，他还真写上了“挂名顾问丁聪”呢。大家都说丁老太谦虚了。接着，我们又谈到怎样才幽默、如何才能引人发笑。丁老笑嘻嘻地说：“一个清正廉洁的官员做报告讲反腐败，人们觉得正常，不可笑；如果一个贪污受贿的人在台上大讲其反腐败，便产生了令人发笑的效果。但是，仅仅令人发笑是浅薄的，真正的幽默，是让人笑过之后要思考，想过之后要叹息，甚至要哭。幽默与讽刺，必须在笑声中藏着善意的机锋，去刺破恶，而且化解恶，这样才算是成功的。”

谈及丁老的笔名“小丁”，丁老的介绍是：小丁，简单好记、易写，国民党时期，不是成天抓壮丁吗？小丁，表示不是“壮丁”，是一个小男丁，亦即小人物之意。谈笑间，尽管丁老如一个小字辈一般欢快、活跃，我们还是尊称“丁老”，因为，怎么说也是面对一位 80 高龄的长者。

丁老绝无龙钟老态，更没有垂暮之年的情绪。他的创作是那么丰厚，当然是与他的生活积累和形象积累及至技巧磨炼有关，那种炉火纯青的境界，并不是谁都能达到的。

（资料来源：南方传媒书院）

2. 诱导型采访“巧”提问

老话说，功夫在诗外。采访也是如此。对回避采访的，可以提问对方感兴趣的问题，引导其配合采访。

案例

某记者在采访一位锐意改革的全国先进法院院长时，因该院长对宣传自己有顾虑，一度遭到拒绝。记者因为事先了解到被采访者古文造诣很深，对法家思想和军事很有研究，就问了他对于韩非子、荀子、商鞅和《吕氏春秋》的评价，一下击中了被采访对象的兴趣点。通过对商鞅“轻罪重判重罪不将至也”的看法，被采访者自然而然就谈到了他推进的改革。原本只限半个小时的采访时间，不知不觉延长到了五个小时。

采访中，还经常会遇到这样一种情况：被采访对象对自己曾经做过的事，尤其是一些细节习以为常，交流的时候往往蜻蜓点水，轻轻带过。这时，记者就要以敏锐的眼光迅速捕捉住这些细节，诱导其深入下去。

案例

在一次采访交警的过程中，记者提出让被采访对象介绍几个确保市民安全出行的事例，被采访对象均以“我感觉自己没做过什么”“这是我们应该做的”等简单回答，使采访一时陷入僵局。这时，记者注意到被采访对象办公桌上有一张照片，照片上这名交警正站在积满水的马路上，尽管衣服已经湿透，但仍然坚持站在那里。记者追问这张照片的背景，被采访对象介绍当时天降暴雨，城区积水严重，自己在执勤时发现下水井盖被冲走了，为了不让过往行人和车辆掉入下水井，他一直坚持冒着大雨站在下水井旁边，直到积水退去，下水井盖被安装好。有了如此生动的事例做引子，记者继续追问："既然雨这么大，积水又这么严重，你在执勤过程中又是如何保证市民安全出行的呢？"于是，帮助群众推车、捞车牌、背孩子走过积满水的马路，一件件典型事例又被记者挖掘了出来。虽然都是小事，但是有了这些生动的细节，人物专访就变得生动，也更具可看性。

（资料来源：记者摇篮）

诱导型采访的另一种方法是充当对手，激发对方的回应。这是一种激将法，记者故意站在被采访者对立的姿态，提出一个敏感甚至可能引起对方不快的问题，以激起被采访对象解释或表白的欲望，进而达到采访目的。著名记者法拉奇就经常在采访中采用激将法，直接尖锐的提问让被采访对象不得不正面回答她的问题。

3. 论辩型采访"严"提问

在面对一些被采访对象企图遮掩事实真相时，可以采取"严"提问的策略，单刀直入，先发制人，也可以明知故问，故意提出一个知道结论的问题，诱使对方的回答落入自己预设的圈套，达到后发制人的目的。

案例

在 2019 年 4 月 4 日晚播出的《问政山东》节目中，督办员李莎就病死猪田间乱丢的问题，8 次追问相关负责人。临沂市农业农村局负责人表示"应该了解""应该知道""立即整改"……最终语无伦次。

【视频】（字幕）春节前夕，临沂市沂水县村民在田间发现病死猪。

采访村民：今天正月十二三号左右，阴历的，在这里发现了一摞死猪，但是哪里拉来的呢？咱不知道。有五六十头，大的两百多斤，小的也有五六十斤的、四五十斤的，什么样的都有。

（字幕）根据我国相关规定，应当妥善处理的病死猪，当地无害化工厂却露天摆放，直接堆放在空地上。

【问政现场】督办员李莎追问临沂市农业农村局负责人（以下简称"负责人"）。

李莎：刚才短片中所提到说村民拨打过 12345，您知道吗？

负责人：对于这个问题，我们将认真地进行调查处理，下线以后，我们将马上派出工作组进行调查处理，举一反三。

李莎：就这个事儿，您了解吗？

负责人：这个事儿，应该我们了解。

李莎：是今天刚了解的，还是之前打 12345 的时候就知道？

负责人：下线以后，我们及时跟我们的畜牧部门进行一块调查处理。

李莎：好，那我想问您，这位负责同志，在咱们这里大片的死猪堆在这儿，这种现象您之前知道吗？

负责人：对这个问题非常痛心，我们……

李莎：您知道吗？

负责人：这个问题应该知道。

李莎：应该知道。

负责人：对。

李莎：之前您知道是吗？您是怎么管理的呢？

负责人：我们一个是认真审核、认真检讨，第二抓紧派出工作组，对存在的问题分析原因，会同当地部门彻底整改。

李莎：就是当时我们接到电话之后，其实也没有第一时间赶到现场是吗？

负责人：……

李莎：这个问题其实您并不是太了解，今天刚了解是吗？

负责人：是。

三、具体明确，不要漫无边际地提问

由于采访一般时间有限，记者的问题最好具体、明确。漫无边际的问题会让被采访者无从答起。比如，在采访某林业局局长时，如果问："你认为我们林业局的工作如何？"就会令被采访对象抓不到重点，不知从何说起。而如果针对当时的形势，问："你认为我们林业局在林权改革中有哪些独特的举措？"回答起来就容易得多，记者也容易从中得到所要的信息。

另外，在提问时要注意开放式问题和封闭式问题的选择。封闭式问题指的是能以"是"或"不是"等简短的语句来回答的问题，而开放式问题需要更多的话来满足答案。美国新闻学家麦尔文·曼彻尔认为，记者在采访当中，通常应该以开放式问题作为采访的第一个问题，这样被采访对象才能张口说话，在回答问题时不受拘束，可以轻松自如地漫谈。然后再由开放式问题逐步过渡到封闭式问题，以取得具体、明确的采访素材。①

四、善于倾听，往往能做出好的采访

学会倾听是记者重要的采访基本功之一。倾听是对被采访对象的尊重，是记者真诚的体现。同时，仔细倾听有助于记者了解事实真相，发现事先没有预想到的新闻线索，形成写作思路。

1. 及时给予回应

聆听对于采访者来说十分重要，只是单纯的听并不是聆听，真正的聆听是要对对方的话进行思考，有所回应，能够听出对方讲话的重点。采访者需要在倾听时态度诚恳，增加彼此之间的信任，从而获得更多的信息量。如果在采访的过程中经常打断被采访者的话，就会打断被采访者的思路，渐渐地被采访者则不愿意表达。采访者如果有想要提问的问题，或者有自己的看法，首先需要聆听完被采访者的话，思考被采访者的话语并且给予回应，再提出自己的意见。

① 谢骏:《提问的技巧（下）》,《新闻界》1995 年第 5 期。

2. 适当运用肢体语言

采访者在进行倾听的过程当中，可以通过肢体语言让对方感受到自己对于被采访者所说的话十分感兴趣，从而进行更有效的沟通。譬如在采访开始之前与被采访对象握手以示友好，为之后的采访奠定基础；在采访过程中应当在恰当的时候点头，让被访者知道自己的想法得到了他人的认同；当面对一些较为伤感的话题时，采访者可以将手搭在被采访者肩上，让被采访者感受到有人和自己站在一起，给予被采访者温暖；采访者在听到兴奋、成功的信息时也可以竖起大拇指，表示为对方感到开心。有效的肢体互动可以给予被采访者鼓励，从而获取更多的信息。

3. 与采访对象进行眼神交流

在倾听的过程当中，眼神的交流是不可少的。如果采访者眼神呆滞，会让被采访者感觉在自说自话，有不被尊重的感觉，所以在倾听过程当中采访者应当做好表情管理工作，眼神中要透露出对于被采访者所说的观点十分感兴趣，经过了缜密的思考。当然，在采访过程中也不要死死地盯住被采访者，这样被采访者会感到不自然，导致信息陈述不全面或者不够深刻。采访者应当把握眼神交流的分寸，既要让被采访者感受到自己的态度，又能够避免过多的眼神交流让被采访者感到尴尬。

案例

《朗读者》董卿采访白岩松（节选）

（根据视频整理）

董卿：接下来请出的这位嘉宾，在观众眼里，他严肃、犀利，充满思想的力量，但是在谈起故乡的时候，他会瞬间变得柔软，甚至不防备眼泪。他来自世界四大草原之一——呼伦贝尔大草原，就像诗中所写到“那草原的清香，让他到天涯海角都不能相忘”。接下来就让我们掌声请出朗读者——著名主持人白岩松。

董卿：岩松，欢迎来到我们节目当中。应该说你也是回家呀，《朗读者》在2016年还在酝酿的时候，岩松就是我们的策划人。

白岩松：所以我说别人是来朗读，我的第一任务是，我得来给董卿加油。

董卿：今天聊的主题是故乡，前几天你给我看了一张照片，我们和观众一起来分享一下。

【背景照片】白岩松：背后的这一片废墟，就是我出生一直到17岁的家。现在他已经是一片平地了，但是就在背后的这个家，我爷爷在这去世，我父亲在这去世，我姥姥在这去世，当然，我姑姑在这儿出嫁，然后，我和我哥哥在这儿考上大学。17岁之前整个这个世界，是我从这儿开始陆续看到的和了解到的。（董卿一直点头与眼神鼓励）

董卿：1985年，17岁那年离开了老房子，也就是离开了故乡，来到北京求学。

白岩松：走的时候欢蹦乱跳的。因为当时你的眼睛中只有前方，或者说你对未来充满着好奇，恨不得拜拜都懒得说。后来我岁数大了一点突然有一句话在我脑海中跳出来，故乡是什么呀？就是你年少的时候天天想离开，但是岁数大了天天想回去的地方就是故

乡。（董卿连连点头）

董卿：那你那时候到了北京，觉得它和故乡最大的反差是在什么地方呢？

白岩松：我进了大学之后，我的一个同学问我，你是哪儿的？我说我是内蒙（古）的。她下意识反应就是，那你是怎么来的？我觉得我幽默一下吧，我是骑马来的！然后那个女同学特认真地扑闪扑闪着大眼睛，那你得骑了几天啊？那一瞬间我意识到，我的家乡对于别人来说，是特别遥远的地方。

董卿：当你后来大学毕业，要留在北京工作了，那可能是真正地要和故乡做一个告别。

白岩松：我印象非常深，是在1993年，正好是目前50岁的话，生命一半25岁，回老家补办一个简单婚礼，（之后）坐火车要回北京。等火车即将要开的时候，我妈赶到了。我看着她急匆匆地过来，突然第一次明白，这一次我是真的要离开家了。（董卿点头，眼神共情）因为你回到北京，就会有自己的一个小家，那一瞬间感觉是原来风筝一直有个线在这儿，在母亲的摇把这儿，那一天剪断了。然后火车刚一开动，我就开始号啕痛哭。那一幕我估计我夫人懵了。

董卿：跟故乡的告别里边，会有一部分记忆是跟母亲的告别。

白岩松：当然。我妈一个人把我们哥俩带大。那天中午我路过厨房的时候，看了一眼。我发现其实我妈在那做菜的时候，自己在那掉眼泪，但是她一见我也假装没事人一样，我也假装没看见。很多年后我读到了一句话，它说“每一次离别，都是一次小型的死亡”，我觉得写得太好了。（董卿共情的眼神）

董卿：在离开故乡之后你会经常想念它吗?

白岩松：在离开故乡，一直到三四年之后，我在忙这个忙那个，《东方时空》创办，我以为故乡真的就是一个遥远的地方。大约是1996年？1997年？记不清了。因为我当时在《东方之子》栏目，我去采访斯琴高娃大姐，然后我们一群内蒙（古）的人就聚在了一起。腾格尔很自然地就把（钢琴）盖掀开了，就开始弹《蒙古人》。（董卿会心地笑）然后旁边正好是中央民族大学的中国著名的舞蹈家奥登格日勒，很自然地就开始跳，斯琴高娃大姐就开始哼。那一瞬间我就跟被雷打了一样。原来风筝线没断，一直还在。泪如雨下。（董卿眼里含泪）旁边的人好像特别地理解，就过来拍拍我肩膀而已，抱抱我，然后隔一会见他们也有的人在哭，大家哭得很痛快，哭得很舒服。现在回忆起来那一天对我来说非常重要。我再次确认我又回来了。

董卿：那个下午你突然感觉到故乡回来了。

白岩松：对。现在经常流行一句话，叫“走得太远别忘了当初为什么出发”，我说起码得先保证走得太远也别忘了当初在哪儿出生，对，你在哪儿成长。（董卿笑，点头）我觉得从那一天开始，我好像不再是一个惶惶不可终日，就是天天忙得稀里糊涂倒头就睡那样。回头的地方越清晰，向前走得恐怕就会越坚定。这可能就是故乡的意义。（董卿用力地点头）

图 4-2 《朗读者》董卿采访白岩松画面截图

这是一次十分成功的访谈，因为董卿认真地倾听，时时刻刻传达着与被采访对象的共情，让一向严肃的白岩松在谈起故乡时变得柔软。那些情到深处的自然流露，没有华丽辞藻的修饰，都是顺其自然的表达，让人觉得真实而亲切。不仅让观众对故乡有了一次新的认知，更感受了一场谈话的艺术。

五、采访的注意事项

1. 平视的心态，无论你对面坐的是谁

有句话叫“提问是记者的天职”。记者要不断地同形形色色的人打交道，每次面对一个新的采访对象，保持平视的心态非常重要。见到高官不仰视，见到普通群众不俯视，呈现在受众面前的人物才会是有血有肉、真实可信的。有些记者在采访较有名望的人物时，往往显得过于谦卑，这样就会使被采访者始终处于一个高高在上的位置，所展现出来的这个人肯定不可能是真实全面的。而对于普通群众，如果记者总是用一种居高临下的态度，被采访者也不会向其提供真材实料。做有心人，具有平视的心态，不卑不亢、落落大方，才是一名记者应具备的态度。

2. 不要把自己放在被采访者的对立面

近年来，新闻采访遭到拒绝的事件屡屡发生，不止一次在舆论监督节目中看到这样的场景：被采访对象或气急败坏地上前用手捂住记者的镜头，或装聋作哑不予理睬。如果报道仅仅满足于简单呈现这些场景，或许能说明部分问题，但成功的报道一定是要以实现让受众了解事实真相为最终目的。

记者遭到被采访对象拒绝，有时不仅仅是被采访者一方的原因，也可能是源于记者自身的疏忽甚至失误。比如前期沟通不够，或者某句话表达不当，导致对方误会甚至抵触。特别是对于一些处在被批评位置的被采访者，有些记者习惯以权威的姿态，高人一等地“讯问”对方，这其实是采访沟通的大忌。记者不能因为肩负一定的社会责任而赋予自己某种特权，即使被采访者是个囚犯，他也仍然有表达的权利，也渴望得到应有的尊重，而记者的客观公正就体现在给每个人说话的机会。①

案例

2000年3月5日下午，中央电视台《新闻调查》记者王志在江西省看守所对江西省原副省长胡某进行了近三个小时的访谈。胡某是新中国成立以来第一个被判处死刑的省级领导，因此备受新闻媒体的关注。但王志去之前，各家媒体记者几乎都无功而返，原因是胡某一直拒不接受采访。而最终王志代表的《新闻调查》成为唯一接受采访的电视媒体。据事后王志自己回忆，首要的原因就是平等、尊重。“在我的眼里他不仅是一个即将行刑的贪污犯，更是一个重要的采访对象，因为采访能不能完成，关键取决于他的意愿。当他从监狱向我走过来的时候，我提前从座位上站了起来；当他提出怕冷要穿一件军大衣的时候，我向监狱的看守转达了他的请求。”这些举动都让胡某感受到了记者对他的尊重。王志和胡某一见面，就握着他的手说：“我是中央电视台《新闻调查》记者，我们还是老乡，我也是湖南人，想和你聊一聊。”胡某痛快地答应：“可以。”胡某回顾了自己走过的51年跌宕起伏的人生道路的每一步，总结了自己犯罪的原因和教训，谈起了对耄耋老母的思念，历数了自己在江西做的工作，时而感慨万分，时而追悔叹息，时而潸然泪下，时而掩面而泣。用他自己话说是“人之将死，其言也善”。②

从这个案例可以看出，作为记者，在采访前，首先要提醒自己哪些身份绝对不可充当，比如“教师”“律师”“警察”“法官”；哪些行为绝对不可为，比如自以为是、居高临下。“平等”不仅体现在与被采访对象最初的接触上，也体现在整个采访过程中。

3. 谈吐举止要大方得体

记者虽然被称为“无冕之王”，似乎可以天马行空，不受什么约束，但是在实际采访中却有许多规矩要遵守，是有制约的。

（1）守时。守时是每一个普通人应当遵守的规矩，对记者尤为重要。记者采访不仅要守时，而且常常要提前到达。

（2）有礼。要把“有礼”贯穿于采访的全过程。与采访对象见面时，除握手外，还可用寒暄语“久仰”“久违了”“见到您很高兴”等，并做简要的自我介绍，必要时应出示有关证件；采访时注意礼貌用语，运用肢体语言时幅度别过大，说话语速要均匀，重点明确；采访完毕后要向受访者表示感谢，如果需要合影需征求对方同意。

（3）不打听隐私。记者采访时应注意，不要问与采访无关的问题。

（4）举止庄重。记者在采访中举止要得体，站立时手不斜插在裤子口袋中，坐着时不跷二郎腿，不要在采访过程中左顾右盼，频频接听电话、看手机、看手表。

（5）衣着得体。在不同的采访场合，要穿不同的服装。对衣着的总体要求是整洁、

① 郭静：《记者与被采访对象的沟通技巧》，《新闻前哨》2009年第5期。

② 李咏梅：《说话艺术在电视栏目中的主体地位》，《电视指南》2017年第15期。

合身、适时。同时，应当根据特定的采访场合和接触人群，选择相应的服饰。

4. 采访结束后注意核实信息

在结束采访时，最好要将事实、数字、被采访者的基础信息等核对一下，避免出现错误。同时当记者收起笔记本和录音笔时，耳朵还不能休息。因为被采访对象这时已经放松自己，也许会在这时说出一些关键性的话。许多记者就是在结束采访后与被采访对象闲聊时，搜集到最有价值的材料的。

思考与实践

1. 分析下面两个采访提纲，存在有哪些主要问题？

材料一：

关于当代人对“孔乙己的长衫”的看法的采访提纲

一、采访主题

当代人对“孔乙己的长衫”的看法。

二、选题意义

了解当代人内心真实的想法，共同探讨孔乙己与自己是否有相似的地方。

三、采访对象

学生和已经工作的人。

四、采访方式

街头采访。

五、采访前期工作

准备问题、准备工具。

六、提问

1. 您好，方便透露一下您现在的职业吗？

2. 读书 / 上班几年了？

3. 方便说一下您的学历吗？

4. 我们从 7 岁开始上学，读到大学，我们整整花了 16 年的时间，如果给你选择的权利，您还会选择花 16 年的时间去读书吗？会的话为什么呢？不会的话为什么呢？

5. 那从读书到现在工作，你有没有一刻怀疑过“读书到底有什么用，到底为什么要读书”？

6. 您读书所读的专业跟您现在从事的工作有什么关联吗？

7. 所以您觉得学历带给我们最大的收获是什么？

8. 你满意你现在的工作吗？会觉得现在的工作对您来说高不成低不就的吗？

9. 学历真的是我们青年“放不下的长衫”吗，或者您觉得真正困住我们的长衫是什么？

10. 您在毕业后出来工作会不会也觉得受到“孔乙己长衫的束缚”？可以分享一下您后来是怎么走出来的吗？

11. 如果不考虑薪资，不考虑学历，放下你内心真正困住你的“长衫”，你真正想做的工作是什么？或者真正想过什么样的生活？

12. 如果想要摆脱真正的“长衫”，您觉得需要做什么？

七、注意事项及备注

1. 做充分的准备，不要提已经日程化的问题和常识性的东西。

2. 根据采访对象的具体情况，在不改变原有计划的前提下做出更为深入的提问。

3. 注意核实里面的不确定的信息，以确保新闻的真实性和准确性。

材料二：

采访计划

一、报道背景

近年来，我国喝咖啡的目标人群越来越多，咖啡在中国市场经历着向下渗透的过程，从一二线城市逐步辐射至三四线城市。

二、报道主题

平价咖啡品牌为何能在各大校园内遍地开花？

三、报道目的

了解当代学生人群对于平价咖啡品牌的看法以及平价咖啡为何能在短时间内迅速崛起。

四、报道重点

平价咖啡品牌的崛起以及学生对于咖啡品牌的选择。

五、报道规模与进程

（一）人员配置：采访记者 ×××；整合编排 ×××。

（二）时间安排：×× 年 × 月 × 日。

（三）采访步骤：前往某大学平价咖啡门店采访其工作人员；在校园内随机采访同学。

（四）采访对象：某大学学生；某平价咖啡门店工作人员。

（五）采访方式：面对面采访。

（六）采访时间：×× 年 × 月 × 日。

（七）采访地点：某大学。

（八）报道安排：报道方式——报纸；表现形式——纸质图文。

（九）报道要求：注意采访口吻。

（十）采访问题：

1. 某平价咖啡门店工作人员：

①门店每天的订单量大概有多少？

②你认为对比同在学校的其他品牌咖啡，平价咖啡有什么优势？
③门店推出的优惠活动多不多？
2. 某大学学生：
①你会在对比价格之后选择购买更为平价的咖啡品牌吗？
②你认为高端咖啡和平价咖啡的区别在哪？
③你认为大学生对于咖啡的需求量大不大？

2. 以小组为单位，完成一个人物专访。
要求：①拟写采访提纲。
②采访时注重挖掘人物个性和内心，挖掘背后的故事。
③选择合适的采访环境和拍摄角度。
④录制 15 分钟以上专访视频。

第五章　新闻写作基础及实操训练

思政目标

1. 在新闻写作时坚持群众路线，会用群众喜闻乐见的方式，会用准确、客观、简练、通俗、适时的新闻语言。

2. 创新新闻报道的方法和手段，提高新闻报道的传播力、引导力、影响力、公信力。

学习目标

1. 掌握新闻写作的原则和基本要求。

2. 掌握各种新闻体裁的写作方法。

案例导入

2011年，在汶川大地震三年后，广东对口援建工作组全面完成援建任务，全部撤回。三年来，广东确定的702项、总投资82亿元的对口援建项目全面完成，从对口援建转向对口合作。

比较下面三篇报道：

三年援建任务全面完成
10万汶川儿女送别广东亲人

西江日报讯　5月20日一大早，汶川县高半山的村民把家里最好的腊肉、甜樱桃、土鸡蛋等装满背篓，风尘仆仆赶往县城、绵虒、银杏、映秀等地，与河坝村民一同，依依不舍地送别广东援建工作者。

这一天，广东14个对口援建工作组成员在全面完成三年援建任务后凯旋。上午，汶川县委、县政府举行了盛大的欢送仪式，广东省援建工作组组长陈茂辉及全体援建工作组成员，四川省阿坝州人大常委会主任王福耀，州委常委谷云龙，州委常委、汶川县委书记青理东，州人大常委会副主任王正富，州政府副州长刘文芝，州政协副主席杨绍林等出席欢送活动。

当天，在汶川县城，成千上万的群众挤满了街道两侧，援建人员一经过，他们就纷纷捧上土特产，献上羌红哈达，敬上青稞美酒。他们眼含热泪，告别心中已经像亲人一样的援建人员。

肇庆对口援建的克枯乡群众也在人群中，由于车队不经过克枯，他们中有不少人早上5点多就往县城赶，只为再见上亲人一面。拉着肇庆援建人员的手，克枯的父老乡亲热泪滚滚流淌，祝福的话语说不完。

在绵虒，在银杏，在映秀，道路两旁都站满了送行的人群。“一路顺风！”“常回家看看！”虽然车队已经驶远，送行的人群依然不肯散去。

“5·12”汶川大地震发生后，广东省14个对口援建工作组第一时间赶赴汶川，与汶川人民一起众志成城，奋战千日，在遍布瓦砾的废墟上，奇迹般地建起了一所所新学校，一栋栋新楼房，一座座新城镇。目前，广东确定的702项、总投资82亿元的对口援建项目已经全面完成，从对口援建转向对口合作。

当天，全体援建工作组成员带着汶川人民的深情厚意，乘专机返回广东。

克枯的樱桃又红了
汶川地震三周年再访克枯

又是一年5月，火红的樱桃映红了汶川羌山大地，而素有“樱桃之乡”之称的克枯乡，更是充满了丰收的喜悦。

樱桃成熟的季节，记者来到汶川大地震后肇庆对口援建的汶川县克枯乡，展现在眼前的，是崭新的城镇、明亮的学校、整齐的民居……之前的疮痍只能依稀分辨，让人体会更深的，是克枯人民积极向上的精神面貌，和对未来新生活的美好向往。

“老板，买瓶饮料！”“来喽！”听到招呼，正在一旁厨房忙活的杨春秀连忙走了出来。杨春秀的家在三年前地震时被震垮，如今在各级政府和援建工作组的帮助下，盖起了两层的小楼，一楼是小卖部，二楼自住。“地震前都是靠子女出去打工维持生活，现在开了这个小卖部，一个月平均也有1 000多块的收入。”杨春秀带记者走上二楼，沙发、电视机等家具、电器一应俱全。打开她孙子的房间，里面布置得温馨惬意，墙壁上贴满了偶像的照片。

“都是党的政策好，不管啥子都想到了，把老百姓真是关心到家喽。”杨春秀爽朗的笑声，让人感到地震的阴霾已经逐渐散去。

“现在的生活好喽，真正共产党政策好，不然咋子修得起嘛！”71岁的羌族老奶奶周贤芝总是闲不住，一大早就来到地里忙活。周奶奶一家地震前住的是土砖房，在地震时垮塌，震后利用政府的补贴，加上贷款，再靠亲戚朋友资助，现在修起了100多平方米的充满羌族建筑风格的两层小楼。今年，周奶奶种的十多株甜樱桃已经成熟，就在记者采访的前一天，以64元一公斤的价钱卖出了近20公斤。周奶奶说，预计全部卖出去后可以收入2 000多元。

5月19日下午，记者在村委会主任杨志文的带领下，来到海拔2 700多米的克枯乡大寺村，这里住着84户400多村民。震时被损毁的盘山公路，如今都已经铺设了水泥路，连大卡车都可以直接开上去。

满目青翠的大寺村，种植了600多亩的青、红脆李，这是肇庆援建工作组根据当地水土、气候等实际情况，指导当地村民种植的。村民余德清的15亩青脆李今年已经挂果，虽然没到丰产期，今年的收入预计也能有四五万元，而达到丰产期的青脆李收入更是可观。

饲养生猪、肉兔和土鸡，也是大寺村在援建组指导下发展的致富项目。走进村民张清品的生猪养殖场，准备出栏的猪苗叫得欢实。张清品从去年7月开始饲养生猪，目前猪场已经有60多头母猪，每头母猪每年可生产20多头猪仔，按照目前的市场价，猪苗每公斤可达16元。

"下一步我打算不喂饲料，进行绿色养殖，这样的价值会更高。"张清品已经做好了下一步的打算。

而在村主任杨志文的设想中，除了带领村民发展生产外，还计划开发大寺村的旅游资源。在这里，有满山遍野的野生杜鹃，有原始古朴的民居风貌，有郁郁葱葱的原始森林……"三五年之后，你们再来，肯定会看到一个不一样的大寺村。"杨志文信心十足。

走访的几天，记者了解到，如今克枯乡的每一个村庄都已经因地制宜发展起了各自的产业项目。按照肇庆援建工作组为克枯乡做出的产业规划，就是让每户拥有3亩以上的果树以及其他种养项目，每亩实现1万元以上的纯收入，从根本上解决老百姓今后的生产生活问题。如今看来，这个规划已经逐渐成为现实。

甜甜的美酒已经酿成，红红的樱桃已经成熟。凤凰涅槃，浴火重生的汶川克枯，正重新焕发勃勃生机……

此情绵绵无绝期

"地震能震倒我们的房子，但震不断我们的脊梁，是你们给了我们挺直脊梁的勇气！"

"天灾无情人有情，克枯发生了翻天覆地的变化，我们现在所有的一切都来自肇庆的援建。肇庆和克枯永远心连心。"

三年援建任务完成，工作组即将离开汶川、离开克枯。在5月18日上午举办的座谈会上，克枯村村主任耿玉洪难掩激动之情，向工作组深深地鞠上了一躬。

克枯小学校长高炬说他最应该感谢肇庆的援建。"工作组把学校的重建放在优先位置，在规划建设上花了很大的心血。"

"工作组的工作不仅仅是'立在地上，挂在墙上'。一个民族要发展，最重要的是民族的灵魂，凝聚灵魂的载体就是文化，而学校是文化的聚集体、集中地。在工作组的启发下，我们不仅仅教给学生课本上的知识，更加注重文化的挖掘和培养。"高校长用改编自李白的诗表达自己的心情："天长地久有时尽，此情绵绵无绝期。"

被亲切地称为"克枯佬"的工作组成员何文说出深情的8个字：感谢、谅解、常往、祝福。"感谢克枯父老乡亲对援建工作的支持；请亲人们谅解自己工作能力的不足；请大家多到肇庆走走看看，我也会抽时间多回‘家’看看；祝父老乡亲身体健康，明天会更好！”

“克枯人民的善良纯朴、积极向上、不屈不挠的奋斗精神，深深感动了我们。你们在灾难中挺起了脊梁，在废墟中站立了起来。任何困难都难不倒英雄的克枯人民，是你们的信心打动了我们，我们没有理由不努力工作，你们才是最可爱、最值得尊敬的人。”工作组组长温桂安的一番肺腑之言让在座不少人偷偷抹泪，“我们与克枯人民的心是连在一起的，今后我们会时刻关注克枯的发展，全力以赴为克枯人民做好服务”。

汶川县委常委郭素梅哽咽着说：“欢送广东亲人，我们的心情很复杂，既舍不得他们走，又不得不让他们走。三年前，你们带着悲壮的心情来到汶川；三年后，你们胜利完成任务，怀着豪迈的心情回家。克枯也是肇庆人民的家，希望肇庆人民常回家看看，善良、热情、好客的克枯人民期待肇庆人民的到来。援建恩情将在我们羌山永流传。”

思考与讨论

这三篇报道分别有什么特点？同样是报道汶川地震后三年援建成效，为什么要采用不同的写作体裁？

第一节　新闻写作的基本原则和要求

新闻写作是新闻采访的继续和延伸。它主要是指将采访中采集的素材，加工成一定形式的新闻作品，然后通过新闻工具传播出去。① 新闻写作的原则和要求是由新闻作品的基本特征决定的。

一、新闻写作的基本原则

1. 真实性原则

真实是新闻的第一生命。如果新闻不能坚持真实性，新闻就失去了它存在的价值。

新闻真实性是动态变化的。网络媒体的兴起改变了新闻形态，新闻报道速度更快，内容更加碎片化，呈现形式更加丰富。除原创新闻之外，复制、转载新闻因操作成本低廉、渠道便捷而越来越多地出现在公众视野，公众看到的新闻很多已经不是第一手信息，而是经过多次传播、加工的新闻产品。在连续变化的新闻事件报道中，媒体的更新不及时或放弃后续跟踪会造成新闻真实性具有阶段性的局限，可称之为“阶段真实”。有些

① 赫牧寰：《新闻学专业人才培养观念改革的思考》，《齐齐哈尔大学学报（哲学社会科学版）》2013年第2期。

媒体只收集信息而不亲自核实，这种“聚合性新闻”难以保证各方报道的真实性，可称之为“部分真实”。还有些媒体为了制造轰动效应，在报道新闻的角度上做文章，选取刺激大众神经的敏感角度，忽视新闻的整体真实和平衡原则，可称之为“片面真实”。这时对真实性原则的考量不能仅仅停留在过去单一的是非评断层面，需要全方位、多角度看待，以适应新闻形态的不断发展。①

除了人们常提的“假新闻”之外，近年来还出现了“反转新闻”这一新名词。“反转新闻”大致分为两类：一是随着深入调查，新闻全貌一步步展现，相互矛盾的细节浮现，舆论随之发生改变（如重庆万州公交车坠江事件）；二是最初被炮制出来的假新闻逐渐被识破。

案例

2月6日，上海家庭生活消费平台篱笆网下属的篱笆社区发布了一篇题为《有点想分手了……》的帖子，发帖人“想说又说不出口”称，作为上海女孩，自己不顾父母阻力来到江西农村男友家过年，看到男友家第一顿饭后决定逃离江西，并贴出所拍的晚饭照片。但此帖并未引起太多人关注。

次日，某博主将帖子以截图的形式转发至微博平台，成为故事的真正发酵点。

当天下午，官方媒体华西都市报的微博账号转发了该微博，并向网友提问：“这事儿，你怎么看？”成为第二个重要传播节点。

随后，@新浪江西、@江西头条新闻等媒体官微均转发微博，官方媒体纷纷进行转载报道，众多自媒体也逐渐加入讨论，使得该话题在网络中迅速蔓延。

在事件发酵6天后，澎湃和界面作为第一批大胆质疑的媒体，对事件的种种疑点进行推理，判定这是一则假新闻，但原因主要指向营销炒作。直到2月21日，江西日报公布了官方调查结果：自称“上海女孩”的发帖者并非上海人，而是上海周边某省的一位有夫之妇徐某某，因春节前夕与丈夫吵架，不愿去丈夫老家过年而独自留守家中，于是发帖宣泄情绪。而之后在网上自称“江西男友”进行回应的网友“风的世界伊不懂”，只是话题的碰瓷者，和徐某某素不相识。

由于春节期间的热点事件有限，加上话题本身迎合了贫富差距、地域歧视、“凤凰男”与“孔雀女”、婚姻观念等诸多社会问题，引起众多网友的共鸣，因此，这个故事在质疑声中仍旧掀起舆论热潮，登上了不少权威媒体的头条，也造就了许多自媒体的“10万+”。

由此可见，新媒体发展带来的新闻操作和传播层面的改变，“反转新闻”在便利条件下层出不穷，成为真实性原则在新媒体环境下要面临的新挑战。

在新媒体环境下坚守新闻真实性，需要媒体和大众的共同努力。新闻真实的完整实现是由新闻传播活动中的双重主体（传播主体和接收主体）共同完成的，是由新闻真实

① 邢曌：《新媒体环境下新闻真实性原则的发展和挑战》，《中国新闻出版广电报》2016年10月13日。

报道和理解真实、相信真实共同构建的。

首先，媒体目前仍是人们获取信息最主要的渠道，其对信息的把关在一定程度上决定着新闻真实性的实现程度。无论是传统的采编人员还是新媒体编辑，当新闻事件展露苗头，一定要理性看待，谨慎核实信息源，为大众识别真假信息，做真实报道。这体现新闻从业人员的专业水准和职业修养，维护新闻的真实性也是维护媒体的公信力。

其次，新媒体时代，全民记者盛行，人人都是信息源，网民已经成为数量最多、覆盖面最广的信息生产和传播的参与者。公民要提高自身的媒介素养，增强信息辨别能力和理解能力，理性地善用媒体资源，维护健康的网络环境与新闻环境。

2. 时新性原则

对于时新性的理解，即是要求新闻报道要做到新鲜、快速、简明。

（1）新鲜。新鲜包括两个方面，一方面是要“强化今日新闻”，即记者采访必须雷厉风行，随时处于待机状态，争取在“第一时间”赶到现场。另一方面则是要寻找新闻的“最近点”，也就是说在进行新闻报道时，要进行时新化处理，选择最近的时间落点。

案例

新闻素材：昨天，两名劫持者抢劫了主街 1841 号第一国民银行的 20 000 美元，他们还击伤一名警官。

时新化处理：在银行抢劫案中胸部中弹的警官目前正在医院抢救，生命垂危。

新媒体时代，“昨日”新闻已经失去了新鲜性，公众需要的是“当下新闻”。

案例

本报万城 6 月 14 日电（记者刘袭　林绍炜）　党员 6 年未过组织生活；预备党员 7 年无法转正；党费短则 28 个月未交，有的 64 个月未交——这一系列严重违反党章的怪事，发生在有着 36 名中共正式党员的万宁市港北镇英文村。记者今天从万宁市委组织部获悉，市委已派工作组到英文村调查处理。

该事件时间跨度很长，因此在报道时所选择的时间点应尽可能是与当下最近的，“今天获悉”即是时新化处理后的“最近点”。

（2）快速。新闻可以说是“一次性消费”，这主要是指新闻的主要价值和功能在于解决受众“不知道”的问题。一旦公众知道了，新闻的作用也就消失了。“一次性消费”的同时也带来了“排他性”。所谓“排他性”，是指同样内容的新闻，哪一条先到受众那里，解决了他的“不知道”，后续而来的那一条，就不再起什么作用了。因此，快速是坚持时新性十分重要的内容。

如何做到快，这是对新闻记者提出的较高要求：在任何条件下都能不受干扰，迅速写作；养成打腹稿的习惯，一边采访，一边在脑海中形成报道思路；能熟练使用各种新闻文体，根据采访获得的素材快速选择合适的文体；培养口述新闻的能力，能根据采访到的资料随时出镜报道新闻。

（3）简明。简明是一切题材新闻作品最显著的特征，也是最高级的写作技巧。对记者来说，更是语言文字方面的基本功。

怎样做到简明？

一篇稿子，只谈一件事，突出最重要、最新鲜的内容，如果一次采访涉及多方面的内容，可以写成几篇稿子，不要墨守“一次采访，一篇报道”的程式，不要面面俱到。

如果是有关系的几个问题，可以化整为零，写成系列报道、连续报道或者组合报道，这样每篇报道的篇幅就短了。

要勇于忍痛割爱，对与主题无关的内容，即使单独看再好，也要删掉。

总而言之，新闻报道要做到简明，就要用新闻语言写新闻，不要企图一次把话都说完。同时，短也是理论水平、业务水平的综合表现，只有对新闻素材理解透彻，才能一语破的、一针见血。

3. 思想性原则

思想性也可称为指导性，即媒介通过具体的新闻报道，以影响、指导受众的思想、态度、情感和行为，最终把他们引导到一定的目标上去。

（1）要寓思想性于信息传播之中。受众首先是为了寻求信息才接触媒介，继而接受媒介所要传播的思想；思想性是蕴含在事实之中的，是事实本身所具有的本质属性，并不是外加的、主观的东西。

（2）思想性应与针对性结合。要抓住群众普遍关心的问题进行报道，采用大众喜闻乐见的方式，不是为了指导大众而把思想性强加其中。

（3）思想性应与深刻性结合。如果对问题研究不深不透，对问题的表述如“钝刀割肉”，不能“言人之所不能言”，也会大大削弱思想性的分量。

二、新闻写作的要求

1. 要坚持以人民为中心

习近平总书记反复强调：“读者在哪里，受众在哪里，宣传报道的触角就要伸向哪里，宣传思想工作的着力点和落脚点就要放在哪里。”这就要求新闻工作者，一方面要切实转变工作作风，不断增强脚力、眼力、脑力、笔力，加强调查研究，真正做到俯下身、沉下心，察实情、说实话、动真情。另一方面要让人民的语言成为新闻叙事的重要方式，杜绝高谈阔论的空话和空洞煽情的套话，用符合人民群众文化表达、思维逻辑、价值理念的话语，让新闻作品“沾泥土、带露珠、冒热气”，生产出群众欢迎的精品力作。

案例

稳中求进开新局　提质增效谱新篇
学生工作系统召开新学期学生工作会议

3月7日上午，我校学生工作系统在行政楼报告厅召开新学期学生工作会议，党委副书记×××、学生工作处、团委全体人员、各学院党组织正副书记及全体辅导员参会，学生工作处副处长×××主持会议。

会上，×××以“六抓六强”为要点做2022年工作总结，列举了全体学工人员在教育管理、队伍建设、疫情防控、健康教育、团学管理、武装工作等六方面工作，充分肯定了全体学工人员在过去一年工作中所取得的成绩。同时，他从队伍建设、工作考核、工作规范、心理健康、活动品牌和校园文化等六方面对学生工作中所亟须解决的问题进行了剖析。

随后，×××以“六抓六建六进”为内容，就2023年重点学生工作进行具体部署，他提到：一要抓引领，建品牌，促进思政教育融合发展；二要抓考核，建队伍，推进辅导员职业化发展；三要抓导向，建机制，改进学生素质教育方法；四要抓党建，建系统，并进社区思政育人工程；五要抓改革，建平台，突进团学工作创新发展；六要抓体系，建项目，激进学生工作品牌建设，聚焦聚神聚力把新学期各项工作抓实、抓细、抓好。

2023年是贯彻落实党的二十大精神的开局之年，此次会议的召开，明确了新学期学生工作的具体要求和目标，提高了学工人员的思想认识，为推动学校以立德树人为根本任务，不断开创校风学风建设新局面，建设高水平职业技术大学贡献了学工力量。

一篇高校学生工作处的推文，通篇“官话”、废话，怎么可能让受众尤其是青年大学生听懂、爱听。说人民的话，一定是接地气的，是与目标受众息息相关的。

案例

我国最后一个不通公路的建制村车路双通
滴滴！阿布洛哈村来车了

“车来了！”6月30日上午10时许，冒着雨，驾驶员杨保安开着乡村客运小巴，沿着崭新的通村公路，驶入布拖县乌依乡阿布洛哈村，喇叭声引来招呼站内的村民阵阵欢呼。

人群中，66岁的省教育厅退休干部林强格外激动。过去17年，他曾先后20多次来过阿布洛哈，都是爬悬崖、过溜索，只有这次是乘车进入的：“梦想成真了！”

通路通车，对于群山深处的阿布洛哈来说，是历史性的时刻。这意味着中国大地上，公路将贯穿所有具备条件建制村，让它们更快融入国家经济大循环。

阿布洛哈在彝语中的意思是“高山中的深谷”“人迹罕至的地方”，村子坐落在金沙江畔西溪河峡谷中，三面环山，一面临崖，一直没有通公路。

脱贫攻坚，交通先行。2019年6月，阿布洛哈村通村公路被列入全省“具备条件的建制村通硬化路”范畴，正式开工建设。

项目起于拉果乡布歪村，止于乌依乡阿布洛哈村小学，全长3.8公里，其中包括3座隧道、1座战备钢桥，桥隧比近30%。

项目承建方四川路桥项目经理赵静介绍，公路全线位于高山峡谷地带，绝大部分路段都位于接近垂直的峭壁上，地质结构复杂，岩层破碎，施工难度极大，平均每天仅推进10余米，相当于在峭壁上“啃”出一条路来。

为此，省交通运输厅抽调技术骨干现场指导；四川路桥投入10余名博士、教授级高工，力量堪比修建高速公路特长隧道或特大桥；还首次从省外调运世界最大直升机米-26吊运机械设备。

2019年底，按“硬化路+缆车摆渡”永临结合方案，阿布洛哈对外通道打通，基本满足村民日常客货运输需求。如今，最后1公里左右永久性路段也全面建成。

当天开通的阿布洛哈村至拖觉镇客运班线全长35公里，是凉山州首条按“金通工程”标准实施并开行的乡村客运班线。“40分钟就能到拖觉。”杨保安说，他每天往返一趟，遇到赶场日就往返两趟。

“这也标志着四川100%实现具备条件的乡镇和建制村通客车，比计划提前3个月。”省交通运输厅公路局局长许磊介绍，党的十八大以来，全省累计投入资金1 734亿元，新改建农村公路17万公里，并于2019年底提前一年实现了具备条件的乡镇和建制村通硬化路。

客车开进村，让阿布洛哈村支书吉列子日开始谋划未来，其中一项就是发展乡村旅游。村民且沙色聪更实在：考个驾照，买个车跑运输，让日子一天天好起来。

（资料来源：《四川日报》）

这是一篇获得第三十一届中国新闻奖一等奖的作品。该作品从阿布洛哈村车路双通的现场讲起，将现场群众的欣喜、打通阿布洛哈村的不易、村民们对未来生活的期盼，娓娓道来，生动呈现了“最后一个不通公路的建制村通车”的里程碑式意义。这篇新闻作品不仅选题典型、意义重大，还用通俗、生动、实在的群众语言，反映出全国脱贫攻坚冲刺阶段节节胜利的可喜态势，为中国脱贫答卷的完成添加了鲜活一笔。

2. 要使用新闻语言

新闻语言不同于公文语言，也不同于文学语言、法律语言。新闻是以事实说话的，是对普通大众说话的，是在有限的篇幅内说话的，这就决定了新闻语言必须有自己的特点。

概括起来，新闻语言有准确、客观、简练、通俗、适时五个特点。

（1）准确。用语准确是新闻写作的第一要求。一是新闻事实要准确，二是要把新闻事实准确地表达出来。要做到不夸张、不走样、不造假、不滥用褒贬之词，要让人可信。

案例

某报道标题：某某某贪得无厌被处极刑

分析：贪得无厌不是量刑的标准，用词不严谨，不准确。

某报道中写道："杂交水稻是'嫁接'，产量就高。"

分析："杂交"与"嫁接"不是一回事，不能混为一谈。

某报道中写："因为他在中学学习成绩不佳，没考上大学，最后走上了犯罪道路。"

分析：没考上大学与犯罪没有必然联系，作者犯了逻辑上的错误。

（2）客观。新闻是有立场、有观点、有选择性的，但在语言的运用上要客观，多用中性词，少用含混不清、武断、片面的词语。要通过客观的文字叙述让受众接受新闻的内容，既不能主观臆断，也不能强行灌输。

案例

某记者到一地，看到有好几家大企业的大烟囱里冒着大团白烟，于是该记者写报道说，这里污染十分严重。而实际上，烟囱冒的都是纯白色的水蒸气。记者的报道是凭主观想象的、失去了客观性。

（3）简练。新闻报道的文字应当简练，多用简单句、短句，少用复合句、长句。

案例

在解放战争胜利阶段，毛主席为新华社写了一篇报道《我三十万大军胜利南渡长江》，全文如下：

（新华社长江前线 22 日电）　英勇的人民解放军 21 日已有大约 30 万人渡过长江。渡江战斗于 20 日午夜开始，地点在芜湖、安庆之间。国民党反动派经营了 3 个半月的长江防线，遇着人民解放军好似摧枯拉朽，军无斗志，纷纷溃退。长江风平浪静，我军万船齐放，直取对岸，不到 24 小时，30 万人民解放军即已突破敌阵，占领南岸广大地区，现正向繁昌、铜陵、青阳、荻港、鲁港诸城进击中。人民解放军正以自己的英雄式的战斗，坚决地执行毛主席朱总司令的命令。①

这篇 192 字的新闻报道平实无饰，却字字珠玑，用简练的文字，报道了一场大战和一个政权的倾覆，成为新闻史上的经典。

新闻以精练为贵，以冗长为病。鲁迅说过："简洁的文字，有着穿透读者心胸的力量。"古人所说的"文约而事丰"，指的是用简练的文字写出丰富的内容，这也是对新闻写作的要求。

① 刘美子、张紫赟、白斌、屈彦：《和我一起读课文里的新华社名篇：人民解放军百万大军横渡长江》，新华广播 http.xinhuanet.com/20211110/60f6b97f96934d0996b134b7e1dbdfad/c.html。

（4）通俗。新闻报道的读者呈多样性，有专家、学者，有干部、工人，有学生、农民，因此在写作上应尽量满足各种人群的阅读需求，减少专业性用语，少用方言，对一些难懂的名词要做通俗化处理，对一些古文要加注释。

案例

银河系发现能量巨泡

银河系中央发生着大事，而天文学家高兴地说他们不知道怎么回事。

周二，一群研究费米伽马射线太空望远镜数据的科学家说，他们发现银河系中央喷射出两个能量巨泡。

在一次新闻发布会和将在周三《天体物理期刊》发表的论文上，科学家说这两个巨泡从银河系上下各延伸出 2.5 万光年，蕴含的能量相当于 10 万颗超新星爆发。

“它们很大。”哈佛－史密斯学会天体物理中心、发现巨泡小组的领导人道格·芬克冰那说。

巨泡的来源还是一个谜，一种可能是它们产生于银河系中央不断死亡和诞生的恒星。另一种可能是，它们是已知在银河系中央的黑洞打的巨嗝，它们应该不是暗物质，也就是天文学家说构成宇宙四分之一、让星系不散架的神秘物质。

“哇，”普林斯顿大学一位天体物理学家大卫·斯皮格说，他没有参与此项工作，“我们还以为我们很了解银河系了。”斯皮格博士指出巨泡几乎和银河系一样大，但直到现在才被发现。

美国航天航空总署（NASA）天体物理负责人强·莫斯说：“这再次说明宇宙充满了惊奇。”

芬克冰那博士就是感到惊奇的人之一。一年前，他是加州圣芭芭拉卡夫里理论物理研究所格里格·多普勒领导的研究小组的一员。

这支研究小组说，他们发现银河系中央活跃着一片充满高能量粒子的神秘的雾。利用最新公开的费米望远镜数据，研究人员在减去了所有伽马射线源（伽马射线是电磁辐射能量最高的一种形式）之后，发现了这股粒子雾。

这篇报道中涉及许多专有名词和专业术语，如“暗物质”“伽马射线”等，如果作者不对这些名词加以解释，读者就很难理解，传播的效果就会大打折扣。

因此，只有以通俗的语言写新闻，才能为大众所接受，产生良好的传播效果。新闻语言如果不通俗，故作深奥，就会脱离读者。而要使新闻语言通俗，就要学习群众语言。群众中蕴藏着最丰富、最生动的语言矿藏，是新闻语言取之不尽、用之不竭的源头活水。许多记者坚持到群众中去，深入一线，学习、采集群众语言，写进报道中，取得了良好的效果。

（5）适时。新闻语言要体现时代性，而适时的意思包括两个方面：一是跟随时代而变化，二是掌握好变化的“度”。

互联网时代，新的词汇不断产生，有些显示出自身的特点，逐渐为人们认可并使用，如“点赞”“给力”“粉丝”“雷人”“山寨”“躺平”等。但有一些只是一时的喧闹，终将被淘汰，至于一些不入流的网络词汇，则在被禁止之列。对待网络用语，应理性使用，积极引导，发挥其正面作用，同时避免并消除其负面作用。

第二节　新闻报道的常见体裁

常见的新闻主要分为三大类：新闻报道、新闻评论、副刊体裁。新闻报道包括消息、通讯、新闻特写、新闻公报、调查报告、专访等；新闻评论包括社论、述评、编辑部文章、评论员文章、思想评论、理论文章等；副刊体裁包括散文、诗歌、小说、剧本、报告文学、回忆录、曲艺等。

在日常的新闻报道中，比较常见的新闻体裁包括消息、通讯、新闻特写、专访以及评论等。

一、消息

消息是目前最常见的新闻体裁，其报道事实比较单一，仅仅突出最新鲜、最重要的事实。

消息最明显的特征是“新”“真”“简”。所谓“新”，是指其内容必须是刚刚发生的、人民群众普遍关心且有较大影响的新情况、新经验、新问题；“真”即所写的内容必须完全真实、准确无误，其构成要素中的时间、地点、事件、人物以及引用的数字、例证都必须反复核实清楚，绝不允许虚构和失实；“简”指的是篇幅简短、语言精练。另外，“可读性”也是消息不可忽视的特征，也就是说，消息要写得生动，不要叙述得枯燥乏味。

消息的写作，还要注意表达方式的选择。通常情况下以叙述为主，兼用少量的描写或议论。在结构上，一篇消息包括标题、导语和主体三个部分。标题，应能指出消息的主要事实；导语，要用简洁、明快的语言来集中概括消息的主要事实，起点明主题的作用；主体，是消息的主要部分，必须紧扣导语所述，进行必要的补充和发展，从而进一步将主题阐述清楚。

消息中最常见的结构是“倒金字塔”式结构，即在写作消息时，把最重要、最新鲜的事实放在最前面，把次要的材料放在后面。

案例

中国人首次进入自己的空间站

本报酒泉6月17日电（记者余建斌、吴月辉、刘诗瑶）　记者从中国载人航天工程办公室获悉：6月17日9时22分，神舟十二号载人飞船在酒泉卫星发射中心发射升空，准确进入预定轨道，顺利将3名航天员送上太空。

神舟十二号载人飞船入轨后顺利完成入轨状态设置，于北京时间6月17日15时54分，采用自主快速交会对接模式成功对接于天和核心舱前向端口，与此前已对接的天舟二号货运飞船一起构成三舱（船）组合体，整个交会对接过程历时约6.5小时。这是天和核心舱发射入轨后，首次与载人飞船进行的交会对接。

在神舟十二号载人飞船与天和核心舱成功实现自主快速交会对接后，航天员乘组从返回舱进入轨道舱。按程序完成各项准备后，先后开启节点舱舱门、核心舱舱门，北京时间17日18时48分，航天员聂海胜、刘伯明、汤洪波先后进入天和核心舱，标志着中国人首次进入自己的空间站。

后续，航天员乘组将按计划开展相关工作，完成为期3个月的在轨驻留，开展机械臂操作、出舱活动等工作，验证航天员长期在轨驻留、再生生保等一系列关键技术。

《中国人首次进入自己的空间站》，刊登于《人民日报》2021年6月18日头版头条，呈现的是中国航天发展历史上的一个重要里程碑事件，是一则具有重大新闻价值和历史意义的新闻消息。这则消息的突出特点是“短、实、精、重”四个字。“短”：相比当天其他媒体的同类事件报道，该则报道仅459字，但片言居要，字字都有含金量，尤其是标题突出强调了“中国人首次进入自己的空间站”，聚焦新闻点，极其醒目，不仅将新闻价值体现得淋漓尽致，也突出了该条新闻所蕴含的历史意义，彰显了新闻报道书写时代、记录历史的功能。“实”：消息虽然字数不长，但内容信息量大，专业性强，表述准确，新闻要素齐全。从“神十二”发射，到顺利入轨，再到成功对接，航天员乘组进入轨道舱，包括后续工作，全部涵盖，体现了记者长期的专业积累和深厚的文字功底。“精”：这则消息是记者精心采访、精细写作，深入践行强“四力”（脚力、眼力、脑力、笔力）要求的充分体现。“重”：这则短消息刊发在头版头条，充分体现了其重要性。[①]

案例

舍弃八亿收入　换来鸥翔水美

“禁砂”三年，黄河下游最大湖泊东平湖生态效应显现

本报东平3月14日讯　“‘禁砂’三年，水质明显好了，再现鸥翔水美。”今天一早，陈飞带着施工人员来到东平湖西检查集水井。他们参与承建的7公里环湖路，每隔200米修建了一眼集水井，对污水集中处理。

以前采砂，现在护湖，三年间陈飞的身份来了个180度大转弯。2018年春，他有四艘大型采砂船，每天采砂超万吨。他介绍，东平全县最多时有2 000多艘采砂船，5万余人从事采砂工作。入夜，站在湖南边的高处北望，俨然一座采砂“不夜城”。现在的他，

① 王宇：《融合媒体时代媒体如何做消息——第三十二届中国新闻奖评奖有感》，《全媒体探索》2022年第11期。

已经“洗脚上岸”，吃起了“生态饭”。

东平湖既是黄河下游最大的湖泊，也是黄河流域重要蓄滞洪区和南水北调东线重要调蓄枢纽，生态价值巨大。但因为储砂量大，加上建筑用砂价格直线上涨，这里挖砂采砂与生态保护的矛盾曾经十分突出。早在十多年前，东平县就开始探索规范有序采砂的路子，先后成立了河道管理局、砂资源综合整治指挥部等，但因利益主体多、矛盾错综复杂，多轮整治收效不大。

2018 年 3 月，东平县对砂资源进行扎口管理，取得一定成效，也带来可观的财政税收收入——不过 3 个半月就收入 2.3 亿元！据此估算，一年可增加收入约 8 亿元！

然而，这种管理方式仍然跟不上日益提高的环保标准和要求。东平湖综合治理路子怎么走？县里面临重要抉择。经过多次调研、探讨，当地最终达成共识：保护生态、绿色发展才有未来，从 2018 年 6 月底起，停止一切采砂行为！

当年底，当地还主动还湖 300 万吨砂料。“这在当时价值 3 亿多元，不光采砂户不情愿，政府也很疼惜。短期看利益受损了，但长远看是为子孙后代造福。”东平县河道管理保护中心主任刘振鲁说。

包括砂场治理在内，东平县近年来开展了铁腕整治东平湖生态环境九大行动。经过综合整治，如今生态效应显现：湖水常年保持Ⅲ类水质标准，芦苇荡成了鸟儿的天堂，栖息着上百种水鸟；曾经的储砂园，变身设计年通航能力 255 万吨的港口作业区，发展起现代物流业……

“以前，全是采砂和养鱼的，家门口向南一眼看不到湖面。现在，晚饭后路上全是休闲散步的，咱的房子也成了湖景房。”银山镇卧牛山村村民王梁说道。

“东平湖不仅是东平县的东平湖，更是全省的、全国的东平湖。我们将锚定‘打造黄河流域生态保护和高质量发展示范区’这一目标，举全县之力打造东平湖区域生态高地。”泰安市委副书记、东平县委书记曲锋表示。

（《大众日报》 记者：王金龙、曹儒峰 通讯员：李娜、苏本善）

这是一篇获得第 32 届中国新闻奖消息类一等奖的作品。东平湖是黄河下游最大的湖泊，也是京杭大运河复航和国家南水北调东线工程的重要枢纽。党的十八大以来，以习近平同志为核心的党中央高度重视黄河流域生态保护和高质量发展，黄河流域生态保护和高质量发展上升为重大国家战略。山东省泰安市出台一系列政策和具体举措，推进东平湖综合治理。东平县曾经是贫困县，河砂资源是该县重要收入来源。全县最多时有 2 000 多艘采砂船，5 万余人从事采砂工作，财政收入一年可增加约 8 亿元。这里挖砂采砂与生态保护的矛盾曾经十分突出。最终，当地决定：不仅“禁砂”，而且退砂还湖，换来鸥翔水美，更换来了子孙后代的长远发展。连续几年，记者一直追踪该选题，积累了大量素材。为写好该稿件，记者又在当地蹲点调研，先后采访县委主要负责人、河道管理局、环保局、砂厂老板、村民、专家等数十人，深挖生态保护和高质量发展的典型意义，采写了该篇独家新闻。稿件内容丰富，层次清晰，有冲突，有细节，文字简练，短小精悍，是一篇有思想、有温度、有深度的新闻作品。

二、通讯

通讯，是运用叙述、描写、抒情、议论等多种手法，具体、生动、形象地反映新闻事件或典型人物的一种新闻报道形式。

通讯较消息的篇幅长，时效性略差，会有较多的细节刻画，表达方式也较为丰富，没有固定的格式。消息往往是为了尽快提供某一事件的概况，而通讯则会填充较多细节信息。

除了真实、时效的新闻性特征，一般来说，通讯还具有如下主要特点：

（1）生动性。通讯尤其是人物通讯具有一定的文学色彩。消息在表达上主要是平面的叙述，语言追求简洁、明快、准确。通讯则较多借用文学手段，可以描写、抒情、对话，可以用比喻、象征、拟人等修辞。通讯在报道真实的人和事的过程中，善于再现情境，给读者以立体感、现场感。

此外，通讯虽然一般以第三人称叙述为主，但在“见闻”“采访记”一类的通讯中，也采用第一人称。不过其中的“我”主要起见证人或采访线索的作用。[①]

（2）完整性。通讯须相对完整、具体地报道人物或事物的过程。其材料比消息丰富、全面，容量比消息厚实、充足。它要求详尽、具体地报道事件的经过、演绎人物的命运，充分展开情节，描写细节和场面。这些既是生动性的表现，同时也是内容完整性、具体化的要求。

（3）评论性。通讯须运用夹叙夹议的方法对人或事做出直接的评论。消息是以事实说话，除述评消息一般不允许作者直接发表议论。通讯则要求在报道人物或事件的同时，表露记者的观点与倾向。但通讯的评论不同于议论性文体的论证，它须时时紧扣人物或事件，依据事实做适时的、恰到好处的评价点拨，是一种通过描写、叙述、抒情等表达手段进行的议论。它的特点是以情感人，理在情中。

案例

英雄屹立喀喇昆仑

——走近新时代卫国戍边的英雄官兵（节选）

【题记】

我站立的地方是中国
我用生命捍卫守候
哪怕风似刀来山如铁
祖国山河一寸不能丢
——高原边防官兵喜爱的一首歌

喀喇昆仑高原，横亘西部边境。

① 韦家俊、陈红：《浅谈新闻通讯写作中如何增强现场感》，《安徽科技》2010 年第 10 期。

立春过后，大江南北暖意渐浓，高原深处的加勒万河谷依然严寒彻骨，大河冰封，群山耸立。

这里是祖国的西部边陲，也是守卫和平安宁的一线。来自天南海北的一茬茬官兵，扎进茫茫群山，挺立冰峰雪谷，用热血和青春筑起巍峨界碑。

2020 年 4 月以来，有关外军严重违反两国协定协议，在加勒万河谷地区抵边越线修建道路、桥梁等设施，蓄意挑起事端，试图单方面改变边境管控现状，甚至暴力攻击我前往现地交涉的官兵。

面对外方的非法侵权挑衅行径，我边防官兵保持克制忍让，尽最大诚意维护两国关系大局和边境地区和平安宁。在忍无可忍的情况下，边防官兵对暴力行径予以坚决回击，取得重大胜利，有效捍卫了国家主权和领土完整。

官兵们敢于斗争、敢于胜利，展现出誓死捍卫祖国领土的赤胆忠诚和一不怕苦、二不怕死的战斗精神，涌现出某边防团团长祁发宝、某机步营营长陈红军和战士陈祥榕、肖思远、王焯冉等先进典型，彰显了新时代卫国戍边英雄官兵的昂扬风貌。

巍巍喀喇昆仑，座座雪峰耸峙。

千里热血边关，遍地英雄屹立。

宁洒热血　不失寸土

面对人数远远多于我方的外军，我们不但没有任何一个人退缩，还顶着石头攻击，将他们赶了出去。

——陈祥榕对一次战斗的记录

英雄勇敢无畏，只因责任在肩。一线官兵常说，我们身后就是祖国，当国家受到侵犯时，唯一的选择就是冲锋向前。

2020 年 5 月初，外军越线寻衅滋事，李确祥和陈祥榕等紧急前出处置。李确祥问年轻的战友："要上一线了，你怕不怕？"陈祥榕回答："使命所系、义不容辞！"

他们赶到前沿后与对手殊死搏斗，坚决逼退越线人员。陈祥榕在日记中自豪地写道："面对人数远远多于我方的外军，我们不但没有任何一个人退缩，还顶着石头攻击，将他们赶了出去。"

诚既勇兮又以武，终刚强兮不可凌。面对严峻斗争考验，一线官兵越是艰险越向前，生死关头更凛然。

陈红军、陈祥榕、肖思远毫不畏惧、英勇战斗，直至壮烈牺牲。王焯冉在渡河前出支援途中，为救助战友牺牲。

祖国山河终无恙，守边护边志更坚。

那场战斗后，"宁将鲜血流尽，不失国土一寸"被很多官兵自发写在了头盔里、衣服上，刻印在青春的胸膛里。

赤胆忠诚　皆为祖国

我们就是祖国的界碑，脚下的每一寸土地，都是祖国的领土。

——摘自肖思远的战地日记

春节前夕，来自祖国四面八方的又一批新战士，走进喀喇昆仑腹地的军营，准备在新训后奔赴高原边防一线。

走上高原是因为理想，留在高原则考验信念。

他们首先要战胜的，是无法摆脱的高寒缺氧，满目的荒漠冰川，漫长的冬季封山，以及由此形成的遥远而荒凉的时空……

就在这样的环境下，他们必须时刻警惕，随时准备挺身而出，挫败一切侵犯中国领土的图谋。

官兵说，风与雪的洗礼、生与死的考验就像一个超级过滤器，足以滤去你心中所有的浮华，最后只剩下对这片土地清澈的爱。

这种爱，无关年龄，都是一腔“党叫干啥就干啥”的赤胆忠诚——

陈红军所在营官兵聊起营长时说：“他最喜欢的，似乎除了工作还是工作。”在一本书中，他特意标注了一段话：“党把自己放在什么岗位上，就要在什么岗位上建功立业。”

走上斗争一线前，王焯冉向党组织递交了入党申请书。他说：“这个时候递交入党申请书，就是希望组织能在任务中考察自己，在斗争一线考察自己。”

边防斗争中，他们用青春和热血践行了自己的誓言。

官兵一致　生死与共

对峙时干部站前头、战士站后头，吃饭时战士不打满、干部不端碗，野营时战士睡里头、干部睡风口。

——祁发宝所在团不成文的“规定”

海拔 5 000 多米的高原，“进藏先遣英雄连”连旗迎风招展。连旗下，全连官兵庄严宣誓：向王焯冉烈士学习，发扬“先遣精神”，坚决完成边防斗争任务……

一个英雄的集体，必然是团结的集体。回顾那晚的战斗，官兵们含泪讲述着一个又一个生死与共、舍命相护的故事——

看到祁发宝受到攻击重伤倒地，营长陈红军当即带着官兵，冲进“石头雨”“棍棒阵”营救团长。

听到有人喊“营长连长被围攻了”，陈祥榕迎着对手冲去，用身体和被砸坏的盾牌护住营长连长。

发现还有战友被围攻，肖思远再次冲向前去，拼死营救战友，用身体为战友遮挡石块、棍棒的攻击。

“团长顶在最前面阻挡外军，营长救团长、战士救营长、班长救战士。”回顾那场战斗，一名指挥员动情地说，我官兵上下同欲、生死相依是这次战斗以少胜多的关键所在。

边防斗争中，各级指挥员与官兵同住地窝子、同爬执勤点、同吃大锅菜、同站深夜哨、同背给养物资，平时铆在一线、战时带头冲锋，凝聚起以命相托的生死情谊和团结战斗的强大力量。

祁发宝所在团一直有一个不成文的“规定”：“对峙时干部站前头、战士站后头，吃饭时战士不打满、干部不端碗，野营时战士睡里头、干部睡风口。”

以身许国　青春无悔

穿上军装的那一刻，他就不再是一个普普通通的公民，身上肩负的是军人的天职，所以我也很为他感到骄傲。

——姐姐眼中的陈祥榕

几个月过去了，陈祥榕的姐姐依然对弟弟思念无尽。她坚强地说："当弟弟穿上军装的那一刻，他就不再是一个普普通通的公民，身上肩负的是军人的天职，所以我也很为他感到骄傲。"

肖思远牺牲后，16 岁的弟弟时常梦见哥哥端着枪威武的样子。他下定决心：到了 18 岁，接替哥哥入伍，把哥哥的精神传下去！

英雄从未走远，精神薪火相传。气温低至零下 30 摄氏度的高原上，一个个年轻的胸膛里热血澎湃——

在一线，官兵叫响"缺氧不缺精神、山高斗志更高"的口号，纷纷递交请战书要求上战场。

在一线，很多官兵主动推迟婚期、放弃休假，把执行边防斗争任务当成一辈子最为自豪的经历。

春节期间，华夏大地万家团圆、一片祥和；高原官兵枕戈待旦、高度戒备。见证着英雄官兵赤胆忠诚的加勒万河谷，山河如故、平静安宁。一块崖壁上，八个大字遒劲有力。

那是刚任团长不久的祁发宝带领战士们刻下的铮铮誓言，也是新时代英雄官兵捍卫祖国领土、不负先辈荣光的庄严宣示——

大好河山，寸土不让！

（《解放军报》记者：王天益、琚振华，《解放军报》记者：任旭、郭丰宽、李蕾参与采访）

2020 年 6 月的高原边防斗争中，涌现出以祁发宝、陈红军、陈祥榕、肖思远、王焯冉为典型的新时代卫国戍边英雄群体。《解放军报》2021 年 2 月 19 日在头版刊发此稿，首次独家报道英雄群体的感人事迹，披露高原边防斗争的大量真实细节，有效回应了社会关切，有力回击了外媒的不实报道和恶意诋毁。

作者作为战地记者前往一线，与高原官兵一起在复杂斗争态势、高寒缺氧环境下同吃同住、执行任务，持续采访三个多月，掌握了关于边防斗争的大量第一手真实感人素材，含泪写成初稿后，反复打磨，数次修改。文章从忠诚、英勇、团结、奉献四个层面生动描摹英雄群体的宝贵特质，结构清晰，逻辑缜密，语言凝练，故事和细节感人肺腑、催人泪下。

此稿以文字版、电子版等方式在《解放军报》、中国军网、微信公众号等渠道传播，稿件一经发布就被中央各重点新闻网站、各主流媒体网站和客户端、各门户网站转载，全网刷屏，当天在解放军新闻传播中心新媒体账号的阅读量超过 6 000 万次，网友们纷纷自发转发传播，12 个相关话题同时登上微博热搜榜。稿件先后被《北京日报》《天津日报》等 20 多家省市报纸自发转载，无数网友引用文章内容自发创作音频、短视频、海报、歌曲等网络新媒体产品，是广泛自传播的现象级作品。①

稿件刊发后，“清澈的爱，只为中国”感染激励了亿万国人，成为新时代中国青年家国情怀的深情告白。习近平总书记在2022年新年贺词中为之点赞，在庆祝中国共产主义青年团成立100周年大会上的讲话中指出，“清澈的爱，只为中国”，成为当代中国青年发自内心的最强音。

三、新闻特写

新闻特写是区别于消息和通讯的一种新闻报道体裁。它摄取新闻事实中最富有特征和表现力的片断，通过多种表现手法，进行具有强烈视觉及情感效果的着力刻画，从而更集中、突出地表现新闻事实和主题。② 其最主要的特点是具有强烈的现场感，在新闻报道中可配合消息出现，补充细节。这种体裁比较适合自身较为典型，外部表现力较强的事件。

新闻特写的写作技巧主要包括以下几方面：

（1）选准一个“镜头”（包括选准一个片断、一个情节），加以“放大”。

（2）抓住人物和事物的特点。

（3）抓生动的形象，捕捉人物、事物的动态、动势。

（4）抓有感情色彩的东西。情能感人，要善于把人的感情恰到好处地表达出来，让情融于事中，使情满而不溢。

（5）抓取新闻事件的高潮部分。

（6）运用较多的描绘手法，把已逝的情景写得栩栩如生，但必须严格遵守新闻真实性的原则，不能夸张、虚构，更不能合理想象。

案例

别了，“不列颠尼亚”

新华社记者 周树春、胥晓婷、杨国强、徐兴堂

在香港飘扬了一百五十多年的英国米字旗最后一次在这里降落后，接载查尔斯王子和离任港督彭定康回国的英国皇家游轮“不列颠尼亚”号驶离维多利亚港湾——这是英国撤离香港的最后时刻。

英国的告别仪式是30日下午在港岛半山上的港督府拉开序幕的。在蒙蒙细雨中，末任港督告别了这个曾居住了二十五任港督的庭院。

4点30分，面色凝重的彭定康注视着港督旗帜在“日落余音”的号角声中降下旗杆。

根据传统，每一位港督离任时，都举行降旗仪式。但这一次不同：永远都不会再有

① 孙海悦：《鲜明主题见证时代律动》，《中国新闻出版广电报》2022年11月24日。

② 吴燕：《“新新闻主义”的写作技巧》，《青年记者》2011年第20期。

港督旗帜从这里升起了。4 时 40 分，代表英国女王统治了香港五年的彭定康登上带有皇家标记的黑色“劳斯莱斯”，最后一次离开了港督府。

掩映在绿树丛中的港督府于 1885 年建成，在以后的近一个半世纪中，包括彭定康在内的许多港督曾对其进行过大规模改建、扩建和装修。随着末代港督的离去，这座古典风格的白色建筑成为历史的陈迹。

晚 6 时 15 分，象征英国管治结束的告别仪式在距离驻港英军总部不远的添马舰军营东面举行。停泊在港湾中的皇家游轮“不列颠尼亚”号和临近大厦上悬挂的巨幅紫荆花图案，恰好构成这个“日落仪式”的背景。

此时，雨越下越大。查尔斯王子在雨中宣读英国女王赠言说：“英国国旗就要降下，中国国旗将飘扬于香港上空。一百五十多年的英国管治即将告终。”

7 点 45 分，广场上灯火渐暗，开始了当天港岛上的第二次降旗仪式。一百五十六年前，一个叫爱德华·贝尔彻的英国舰长带领士兵占领了港岛，在这里升起了英国国旗；今天，另一名英国海军士兵在“威尔士亲王”军营旁的这个地方降下了米字旗。

当然，最为世人瞩目的是子夜时分中英香港交接仪式上的易帜。在 1997 年 6 月 30 日的最后一分钟，米字旗在香港最后一次降下，英国对香港长达一个半世纪的统治宣告终结。

在新的一天来临的第一分钟，五星红旗伴着《义勇军进行曲》冉冉升起，中国从此恢复对香港行使主权。与此同时，五星红旗在英军添马舰营区升起，两分钟前，“威尔士亲王”军营移交给中国人民解放军，解放军开始接管香港防务。

0 时 40 分，刚刚参加了交接仪式的查尔斯王子和第 28 任港督彭定康登上“不列颠尼亚”号的甲板，在英国军舰“漆咸”号及悬挂中国国旗和香港特别行政区区旗的香港水警汽艇护卫下，将于 1997 年年底退役的“不列颠尼亚”号很快消失在南海的夜幕中。

从 1841 年 1 月 26 日英国远征军第一次将米字旗插上海岛，至 1997 年 7 月 1 日五星红旗在香港升起，一共过去了一百五十六年五个月零四天。大英帝国从海上来，又从海上去。

该篇报道着重见人见事，挖掘现场背后的历史性瞬间和背后的厚重意义。记者以敏锐的观察力，在采访现场捕捉到了精彩的镜头、典型的场面，并给予形象再现。如文中写的：“在蒙蒙细雨中，末任港督告别了这个曾居住了二十五任港督的庭院”“面色凝重的彭定康注视着港督旗帜在‘日落余音’的号角声中降下旗杆”“停泊在港湾中的皇家游轮‘不列颠尼亚’号和邻近大厦上悬挂的巨幅紫荆花图案，恰好构成这个‘日落仪式’的背景”“五星红旗在英军添马舰营区升起”“查尔斯王子和第 28 任港督彭定康登上‘不列颠尼亚’号的甲板，在英国军舰‘漆咸’号及悬挂中国国旗和香港特别行政区区旗的香港水警汽艇护卫下，将于 1997 年年底退役的‘不列颠尼亚’号很快消失在南海的夜幕中”，这些场景描写，笔法细腻，视觉呈现感强大。

《别了，“不列颠尼亚”》表达了香港从古至今都是我们国土神圣不可分割的一部分，激发了伟大的爱国情怀，提升了民族自豪感，是中国新闻史上可圈可点的名篇佳作。

四、专访

专访，即新闻专访，又称访问记。是指对特定的采访对象进行专门访问的纪实性报道。根据其报道的内容，专访可分为人物专访、事件专访、问题专访和风物专访。专访作为一种独立的新闻样式，既区别于消息，又区别于通讯，还与特写不同。它比消息更具体、翔实、细致，而且富有现场感。与通讯相比，内容更集中，针对性更强。[①] 具体来说，专访具有以下几个特点。

（1）专一性。专访的特点在于一个“专”字，即专门的内容、专门的采访对象和专一的表现形式。在内容和选材上，是就一个事件或人物而进行的专题报道。无论写人、记事还是记言，都不面面俱到，而是突出某一侧面，这些侧面是记者根据报道的需要，专门选择的，目的性很明确，找谁谈，谈什么，事先都要心中有数。在采访对象上，它是专门对“人”采访的，而且是事先经过选择的“特定的被访问者”。即便有的专访是“记事”“记言”，也是通过对访问与此有关的“特定的人”来完成的。另外，它的表现形式是专一的，标题或行文要显示“访”或“谈”的字样。

（2）针对性和代表性。相对而言，专访比其他体裁更有针对性，选择的人和事及问题应具有明确的新闻背景、强烈的现实性，或者具有特定的新闻价值。专访一般选择有代表性的人物，主题往往是回答和解决社会上人们近期关注的某些事物或问题。

（3）特殊性。特殊性是指专访要素的特殊和特定性。专访至少要有三个要素：人物、记者、现场。“人物”，专指被采访的人，是构成专访内容的主角。“现场”，即采访现场，而不是指再现新闻事实的现场。专访“现场”是构成专访内容的重要陪衬，使专访增辉添色、生动真实。“记者”，指专访者，在专访的内容上起配角作用。

案例

回望百年话初心

——访李大钊之孙李宏塔、陈独秀孙女陈长璞（节选）

【习近平总书记在庆祝中国共产党成立100周年大会上的重要讲话同期声】

“一百年前，中国共产党的先驱们创建了中国共产党，形成了坚持真理、坚守理想，践行初心、担当使命，不怕牺牲、英勇斗争，对党忠诚、不负人民的伟大建党精神，这是中国共产党的精神之源。”

在庆祝中国共产党成立100周年大会上，习近平总书记首次提出伟大建党精神。

【电视剧《觉醒年代》陈独秀、李大钊相约建党片段录音压混】

“我们得建党，我们得有一个坚强的领导核心。”

“你想建一个什么样的党？”

“一个用马克思学说武装起来的先进政党，一个可以把中国引向光明，让中国人能够过上好日子的无产阶级政党。”

---

① 刘金凤：《专访的特点及采写技巧》，《军事记者》2015年第9期。

回望一百年前，陈独秀、李大钊等一批先进知识分子，同毛泽东同志等革命青年一道，创建了中国共产党，使中国革命面貌为之一新。“南陈北李，相约建党”成为史上佳话。

【李宏塔录音】“他当时宣传马克思主义，和陈独秀一起建立中国共产党，就想改变过去我们旧中国受欺辱，改变人民群众贫苦。”

【陈长璞录音】“我爷爷与大钊爷爷有相同的理想和信仰，就是为了我们中华民族的崛起。”

在建党百年之际，安徽台专访李大钊之孙李宏塔、陈独秀孙女陈长璞，请他们回溯历史，以孙辈和党员的双重身份，解读中国共产党两位主要创始人的家国情怀，从百年党史中感悟建党精神，践行初心使命，汲取奋进力量。

请听安徽台记者李娜、陈晨，编辑徐军采写的新闻访谈《回望百年话初心——访李大钊之孙李宏塔、陈独秀孙女陈长璞》。

【“七一勋章”颁发现场音】“李宏塔，共产党人革命传统、优良家风的传承人，始终艰苦朴素、严于律己，在每个岗位上都践行党的根本宗旨，当好人民勤务员，树立了党员领导干部忠诚干净担当的典范。”

【记者开场】

6 月 29 号，今年 72 岁，有着 43 年党龄的李宏塔站在人民大会堂金色大厅，接过“七一勋章”。祖父是李大钊，父亲李葆华曾任安徽省委第一书记、中国人民银行行长。出生在这样一个“高光”家庭，李宏塔始终以祖父李大钊为榜样，数十年坚守初心，传承红色家风。他当过兵、做过工人，而后又在共青团、民政等系统工作，曾任安徽省政协副主席。李宏塔说，“守常”是李大钊的字，也是自己一辈子的执着追求。

记者：作为全国 29 名功勋党员之一，获颁“七一勋章”，想听一听您本人有什么样的感受？

李宏塔：实际上，问这个问题，第一个问的是考核我的。中纪委和中组部来考核完以后，叫我谈一下感受，我马上就说几个字：不够格。我们党百年，波澜壮阔。建党初期 58 名党员，到建国的时候，多少先烈牺牲在战争年代。和平建设时期，我们也还是有牺牲的。我确实不够格。

记者：在您小时候，李大钊这个名字对您来说是什么概念呢？

李宏塔：（小时候）不太懂这些东西。当时只是讲，为革命牺牲了，今天幸福生活都是先烈（用）鲜血换来的，其中你的爷爷也牺牲了。

……

【片花】

【江水拍岸声压混】宜城安庆，历史悠久，人文荟萃。独秀山静静矗立于长江之畔，见证着百年沧桑巨变。

【陈长璞录音压混】“义无反顾地从事一系列的革命活动，始终奔走在救国救民的荆棘崎岖的道路上……”

“七一”前夕，陈独秀的孙女陈长璞正为安庆四中的学子们深情讲述祖父陈独秀，伯父陈延年、陈乔年的革命故事。年近七旬的陈长璞是陈独秀三子陈松年的女儿，中共党员，曾任安庆市文物管理局副局长，从 20 世纪 80 年代起，一直致力于陈独秀和家族史料的搜集与整理。

【陈长璞录音】“我接触老爷子的资料越来越多，自己本能地从内心升华出一种自豪。我就把老爷子定位在思想家、革命家。”

1879 年，陈独秀出生于当时安庆市怀宁县赫赫有名的“书香世家”。彼时的中国，山河破碎，积贫积弱。陈独秀积极寻求革命之路，从新文化运动的倡导者、五四运动的总司令，到成为中国共产党主要创始人之一。陈延年、陈乔年作为长子、二子，在父亲陈独秀的影响下，逐渐走上革命道路。

【陈长璞录音】“这种家风就是耳濡目染的一个传承过程。我的父辈们从小生活在家教严谨的环境里，他们从小就被培养成了善于思考、笔耕不辍、意志坚毅的优良习惯和坚强性格。”

采访中，陈长璞向我们回忆了祖父陈独秀和伯父陈延年、陈乔年的革命往事，讲述了陈家后人低调朴实的生活。

【片花止】

记者：陈老师，我们知道，近些年来您一直致力于陈独秀史料的搜集和整理，为什么会一直这样执着地做这件事情呢?

陈长璞：我心里想着，爷爷离开我的时候，我还没出生，跟他们在这个空间上没有任何接触，但是呢，这种感情就在血液里流淌着。包括爸爸跟我回忆的时候，他说，幺女，爷爷的眼睛炯炯有神，你这个精气神、眼神也像你爷爷。我哪怕是再疲惫，但是一提到爷爷和两个伯父，我的精神也就来了。我接触老爷子的资料越来越多，自己本能地从内心升华出一种自豪。

记者：是不是在这个过程当中，您对前辈的情怀、信仰，也有了更深的理解?

陈长璞：我原来好像就是把他看作是中国近代史上的一位名人一样。当时看了他早期的著作，确确实实能够感染我，包括新文化运动、五四运动（期间的）。我就把老爷子定位在思想家、革命家。

……

记者：我们在采访李宏塔先生的时候呢，他提到，作为中国共产党的主要创立者，他的祖父李大钊和您的祖父陈独秀有过整整十年的交往。那么，您如何看待两位先驱的革命情谊呢?

陈长璞：我爷爷与大钊爷爷有相同的理想和信仰，我认为这段感情是值得称道的。北洋军阀要逮捕陈独秀的时候，李大钊跳出来营救他，然后呢，把他从北京送到天津，从天津把他送到上海。在那种特定的环境下，他两人的这种友谊，应该说是非常深笃的，让我这个后人看到，我也非常感动。第三国际提出来让我们中国建立党组织，确实是他们经过商议的。所以，他两个人能够有十年的交往，这种友谊是非常真诚的，也是纯粹的。初心都是出于爱国主义，就是为了我们中华民族的崛起。

【结束语】

在采访结束前，我们向李宏塔和陈长璞二位老人提了同一个问题："穿越百年时空，如果可以和爷爷面对面，想对他们说些什么？"

李宏塔说，爷爷百年前的梦想，今天已经实现。他已把饱含一生荣誉的"七一勋章"捐赠给李大钊纪念馆，让红色精神代代相传。

【李宏塔录音】"纪念馆还有很多人来参观学习，有个勋章，能发挥更大作用，赓续红色基因嘛。"

陈长璞满怀深情地说，一百年前，爷爷和无数革命志士建立起来的中国共产党，已经从当年只有 50 多名党员发展到拥有 9 500 多万党员。如今，国家富强，人民幸福，这盛世如您所愿！

【习近平总书记在庆祝中国共产党成立 100 周年大会上的重要讲话同期声】

"过去一百年，中国共产党向人民和历史交出了一份优异的答卷。现在，中国共产党团结带领中国人民又踏上了实现第二个百年奋斗目标新的赶考之路。"

【音乐扬起并渐隐】

在庆祝中国共产党成立 100 周年大会上，习近平总书记首次提出伟大建党精神。回望一百年前，陈独秀、李大钊等一批先进知识分子，同毛泽东同志等革命青年一道，创建了中国共产党，"南陈北李，相约建党"成为史上佳话。

历史的机缘使"南陈北李"的后人和安徽产生了千丝万缕的联系，安徽台敏锐捕捉到这一点，经多方联系，专访到了李大钊之孙李宏塔、陈独秀孙女陈长璞。为完成好这篇报道，记者多次往返于北京、上海、合肥、安庆等地，采访了他们的家人和同事、党史专家、青年学生等，前后历时两个多月，为做好这篇访谈打下坚实基础。

作品紧紧围绕"回望""百年""初心"这三个关键词，从国家、民族、家庭、个人等多个维度感悟伟大建党精神，展现"南陈北李"家族三代中国共产党人的初心使命、家国情怀，既揭示了中国共产党精神谱系的历史源头与起点，又展现了伟大建党精神的核心内涵与历史延续。该作品选题独家，策划巧妙，既有高屋建瓴的宏大叙事，又有见人见事的生动细节。采访对象有严谨深刻的理性表述，也有真挚细腻的情感流露。节目中间几个片花的加入，丰富了有效信息的传递，也令作品具有了恰到好处的张力与活力。

五、评论

新闻评论，是媒体编辑部或作者对新近发生的有价值的新闻事件和有普遍意义的紧迫问题，运用分析和综合的方法，就事论理，就实论虚，有着鲜明针对性和指导性的一种新闻文体，是现代新闻传播工具经常采用的社论、评论、评论员文章、短评、编者按、专栏评论和评述等的总称，属于论说文的范畴。

简而言之，新闻评论就是对有价值的新闻事实和社会现象发表意见以指导实践的一种文体。

新闻评论的作用包括以下几方面：

（1）引导作用。运用马克思主义的立场、观点、方法，对现实生活中的新闻事实和重要问题做出分析，可以旗帜鲜明地表彰先进，针砭时弊，帮助群众明辨是非，区分先进和落后、正确和错误，为群众解疑释惑，使人们正确认识当前的形势，指明方向。

（2）监督作用。以正面宣传为主，坚持正确的舆论导向。新闻评论在舆论监督中处于一种显要的地位，在弘扬先进思想和精神的同时，还要不断揭露和抨击各种腐败现象和不正之风，对不良之风和现象形成强大的舆论压力。

（3）表态作用。代表一定的机构、组织对当前重要问题和事件发表态度、观点、看法。

（4）深化作用。对新闻事件发表看法、表明态度、指出症结、提出希望。通过对事实的分析，从思想、政策、理论高度提出问题、分析问题和解决问题。①

案例

决不允许“鸡脚杆子上刮油”

湖北日报评论员

1月29日，省委主要领导在省纪委十一届五次全体会议上讲话指出，基层“微腐败”问题不容小视，并痛斥某些人还在“鸡脚杆子上刮油”。

当前，群众身边的腐败问题和不正之风还层出不穷，涉及村（社区）的案件举报仍有增无减。有的群腐群“蛀”，有的“官”小“胃口”大，甚至对扶贫资金、拆迁补偿款、老龄津贴等下黑手。一些人“鸡脚杆子上刮油”“鹭鸶腿上劈精肉”，贪婪至极，可恶至极，影响很坏。

我们纵深推进全面从严治党，既要“打虎”，也要“拍蝇”，决不允许“鸡脚杆子上刮油”，啃食基层群众特别是困难群体的获得感。

党风廉政建设和反腐败斗争事关国家政治安全、事关人心向背、事关兴衰成败，是一场输不起也决不能输的重大政治斗争。民心是最大的政治。如果任由一些“苍蝇”乱飞，群众就会对全面从严治党的效果产生质疑，长此以往就会动摇党的执政根基。防止“堤溃蚁穴，气泄针芒”，必须坚决整治群众身边的腐败和不正之风问题。

要加强落实各项富民惠民政策的跟踪监督；深入整治民生领域突出问题，重点纠治农村“三资”管理、教育医疗、就业创业、食品药品安全、执法司法等领域以及老旧小区改造等方面腐败和不正之风问题；严肃查处贪污侵占、吃拿卡要等违纪违法行为；保持查处涉黑涉恶腐败和“保护伞”的高压态势，决不能让黑恶势力和腐败分子沆瀣一气、祸害百姓。

总之，要斩断伸向群众“奶酪”的各种黑手，让人民群众从正风肃纪反腐中得到更多获得感、幸福感、安全感。

① 张大伟：《广播新闻评论选题适用原则》，《网友世界》2014年第8期。

2021 年 1 月 29 日，湖北省纪委十一届五次全体会议召开，对全省党风廉政建设和反腐败斗争做出全面部署。记者在做好会议报道的同时，从会上省委主要领导讲话中“坚决整治群众身边腐败和作风问题”这一主题切入撰写了评论。评论直言基层“微腐败”问题不容小视，痛陈有的群腐群“蛀”、有的“官”小“胃口”大，一些人“鸡脚杆子上刮油”“鹭鸶腿上劈精肉”。为防止“堤溃蚁穴，气泄针芒”，必须斩断伸向群众“奶酪”的各种黑手，让人民群众在正风肃纪反腐中增强获得感、幸福感、安全感。稿件言辞犀利，对群众身边的腐败和作风问题大张挞伐。将俚语“鸡脚杆子上刮油”直接上标题，新颖且有深意。虽只有 594 字，却锋芒毕露，充分彰显了“坚持以人民为中心是全面从严治党的动力源泉”这一重大主题。①

第三节　新新闻文体

在传统的新闻写作领域，如消息、通讯、评论等新闻写作文体都有一套基本的结构方式和话语体式。遵照基本的结构方式和话语体式进行新闻写作的观点曾一度占据主流。

但是随着时代变迁，越来越多的新闻文体被创造和认可。早期的新闻文体变化还在新闻写作的范畴之内，比如深度报道、特稿、记者手记等。后来，新闻的生产方式逐渐由单一的“写作”过渡到了借助越来越多的技术手段的“制作”，诞生了诸如图表新闻、数字新闻、数据新闻等一系列新的报道样式。而近年来，关于日记体、口述体、锐评体等具备新传播特色的新闻样式获得了广泛关注。②

一、“新新闻文体”定义

互联网的发展日新月异，伴随着民众信息需求的大量增加，包括传统媒体和新媒体在内的多元传播主体也相应释放出了井喷般的内容生产能力。新闻文体百花齐放，众多新式新闻文体层出不穷，对受众喜好的迎合以及传媒技术的赋能不断深化和拓展着新闻文体的内涵外延，降低了新闻生产的门槛。专业化、技术化、产业化、规模化的新闻生产正在通过不可计数的自媒体从微观且可视的文体呈现上被解构。

目前，国内尚未有学者对涵盖了诸多新鲜样式的新闻文体进行统领性概括，无论称其为“融合”“杂糅”抑或“模块”，均无法完整诠释当前日新月异的新闻文体样式，因此有学者根据时间远近，模仿西方“新新闻主义”的命名方式，将其称为“新新闻文体”。③

① 《第三十二届中国新闻奖湖北省获奖作品风采》，《新闻前哨》2022 年第 24 期。

② 孙嬖闻：《新闻文体的创变趋势及现实原因》，《青年记者》2020 年第 13 期。

③ 冯帆：《大浪淘沙还是买椟还珠？——对融媒时代“新新闻文体”热潮的冷思考》，《青年记者》2020 年第 13 期。

二、“新新闻文体”的特点

1. 个性化

在新媒体语境中，传统意义上的新闻体裁意识已经不复存在，人们在文本生产中，没有统一规定的模式，基本上是跟着感觉走，按自己的兴趣写作，一人一个看法，一人一个样式，甚至一文一个样式。这种个性化的写作方式对新闻文体进行了前所未有的彻底解构。如日记体式，没有传统新闻体裁上的倒金字塔式，不讲究 5W、没有导语，只是记录所见所闻，信手而书。

2. 情绪化

当前出现的新闻文体多是个体生产的，带有个性化的特点。同时，这些个体之所以要生产文本，是要说出自己想说的事和心里话。他们的写作完全是情感驱动，从内容到形式都渗透着浓厚的情感色彩。如在交流式文本中，主、次部分和参与者之间交流的重要内容并不是客观事实信息，而是意见和情绪；他们想要达到的效果不一定是真相，而是情绪的共鸣和观点的共识。

3. 动态生成

当前的新闻报道尤其是新媒体的报道，将事件进展的时间逻辑链条砍断，做滚动式碎片化报道。在社交媒体时代，事实只是全部新闻事件的由头，文本生产者只要抓住由头加入主观看法，进行信息和意见勾兑，就可以形成所谓“后真相”特殊的文本。值得关注的是，这些文本带着潮水般的情绪，又推动着事件不断发展，新的事件和内容不断涌出，事件催生着情感，情感催生着事件，事件和情感都在做滚雪球式发展。它们相辅相成，形成一个动态的文本生产机制。

三、“新新闻文体”的类型

1. 深度调查体式

近年来，当发生重大突发事件时，媒体人总是在第一时间投身一线，深入调查，写出了许多优秀的深度调查性报道。这种报道有四大特征：表现手法上的文学性，观察视角上的探幽入微，报道品质上的真情实感，目的诉求上的直取真相。如在防控新冠肺炎病毒感染疫情战斗中，《财新周刊》派出了由 37 位记者组成的强大阵容，深入武汉、北京、香港、纽约等地全线调查，推出了系列封面报道，总计 4 万多字。还有《纽约时报》纸媒和网站于 2020 年 4 月 12 日头版头条刊发 6 000 多字调查报道《特朗普战疫失败的背后：他早该有所预见》，详细记录美国疫情暴发以来各级管理人员如何报警，而特朗普总统如何忽视的事实和大量细节。这篇调查报道一发表立即成为舆论热点，20 个小时内，文末评论已达到 4 611 条。有人认为，深度调查式报道有些像传统新闻的深度报道。但这种报道没有深度报道那么强烈的问题意识，它不懈追求的是深藏纷纭现象之下的事实真相。

2. 短视频体式

短视频是网络媒体平台中的一种传播方式，但同时它又展示为一种颇具特色的文本形态。短视频这种传播方式，决定了传播内容文本的特殊性。其呈现内容文本的特点是生动、形象、逼真。

3. 日记体式

新闻记者用写日记的方式报道新闻事实在国外早已有之，在国内也常有记者在战地和重大突发事件一线采写日记体报道。但这种表现形式是个别零星的，没有形成风气，也没有什么影响。近年来，日记体新闻时常出现，尤其是在新冠肺炎病毒感染疫情报道中，许多媒体如人民日报、人民网、大众日报等纷纷开办了日记报道栏目，一些自媒体人和关注时局的社会人士也纷纷坚持写日记，记录这一特殊时期的点点滴滴。

4. 数据图表体式

数据图表体式是近年来产生于媒介新闻实践领域的新闻文本形态，业界称之为数据新闻。数据新闻是基于数据分析和计算机技术的可视化新闻样式，在新闻叙事中使用数据呈现原本仅靠文字所难以呈现的内容；或者通过数据分析发现问题，进而挖掘出新闻故事。[①] 数据图表体式是大数据时代的产物。这一新闻体式具有以下特点：一是内容可视化。受众看到数据图表，就对新闻事实内容一目了然。二是形式简洁。复杂的数据往往让人眼花缭乱，而数据图表文本几个数字或一条曲线，将复杂的大数据简洁地呈现出来。三是具有科学性。文字文本或音像文本的新闻，都不自觉地带有生产者的主观感情色彩，而数据图表文本就比较理性，只用数据说话。

5. 交流体式

在新媒体中，一种“信息 + 意见”的文本形态正在广泛使用。如微博中的“主帖 + 跟帖、点赞”“微信消息 + 留言、点赞”等。这种体式的特点是主、次两部分相互依存，又相互独立；主部分以表述客观信息为主，次部分以表述主观信息为主，两者合而为一，完成信息的告知和舆情的显示。有时候甚至出现喧宾夺主的现象，次部分的效果价值超过主部分，成为影响舆情的重要内容。这种交流体式看似只言片语，不成章法，而整体观之，主次信息形成了一种阵势，它们既是舆情的重要内容，也对催生舆情升级有着重要意义。

上述的几种新式新闻文体，是目前媒体尤其是新媒体中较为常见的几种。此外，还有书信体式、随感录体式、媒体问政互动体式、表情包等。严格而言，这些“新新闻文体”还没有形成成熟的文体。

思考与实践

1. 根据下面两则新闻稿件，分析存在的主要问题。

① 刘永喜：《试论大数据时代数据新闻记者的数据意识及其培养》，《中国传媒科技》2021 年第 1 期。

材料一：

“纪念建党 100 周年文艺晚会”隆重举行

2021 年 5 月 18 日 7:30，纪念中国共产党成立 100 周年文艺晚会在体育馆盛大举行。晚会由文化与传播学院、建筑工程学院、体育学院共同举办，旨在庆祝建党 100 周年。党委书记 ×××，团委书记 ××，建筑工程学院党总支书记 ××，体育学院党总支副书记 ×××，文化与传播学院党总支副书记 ××× 等观看了本次晚会的演出。

本次晚会的举办，为三院增添了许多色彩。伴随着主持人的上台，拉开了此次晚会的序幕。本次晚会节目内容形式多样，丰富多彩。由体育学院武术队带来的开场舞将现场气氛推向高潮；由三院书记代表朗诵的《致敬伟大的中国共产党》，获得现场学生的一致好评；由西藏林芝班的学生带来的《金秋欢歌》，让现场的观众受到了民族文化的洗礼；最后的全体大合唱《没有共产党就没有新中国》为晚会画上了完美的句号。还有诸多节目也受到了到场观众的一致好评，掌声和欢呼声此起彼伏。

本次晚会在洪亮的歌声中落下帷幕，这场晚会为观众带来了一次文化的洗礼。观众脸上赞许的微笑，则是这场尽心尽力的演出的最好的汇报与评价。无论是台上的表演者，或是幕后的工作人员，都为本次晚会做出了巨大贡献。

材料二：

端午节放假不调休！

近日，×× 市人民政府办公厅发布以下通知，6 月 12 日（星期六）至 6 月 14 日（星期一）放假共三天。

这一消息发布网友们炸开了锅，纷纷在官方微博评论区下评论，发表自己对此的看法。

其中呼声颇高的便是“两天是周末，另外一天是周一”。

这一想法真是既简明扼要地说明了端午放假的实质（放假时间为星期六、星期日、星期一），又暗含着网友对该放假的看法。

工作的社会人士主要称“五一的调休实在雷人，这次的放一天假生物钟被调得真是有些许混乱”。上班族们痛苦声与不满声不断。

而处于大学阶段需要考英语四六级的学生则表示没差，仅是周末碰上了端午而已，赋予了周末端午的意义。怎么总是有一种莫名的心酸与无奈呢。

而相对于低年级一点的学生也留言表示“又是被无穷无尽的作业支配的一天”。

2. 结合本章节的内容，选取历届获中国新闻奖的新闻作品进行分析，包括体裁、特点、写作手法、表达方式、结构叙事等。

提升篇

第六章　新媒体报道的基本原则

思政目标

正确理解算法和流量，坚持正确的价值取向，让算法和流量为有价值的新闻服务。

学习目标

1. 了解新媒体报道的特点。
2. 理解新媒体报道的基本原则。
3. 掌握新媒体标题的特点和制作方法。

案例导入

2022 年 7 月 16 日，“浙江宣传”微信公众号发布了署名为“之江轩”的题为《嘲讽“小镇做题家”是一个危险信号》的推文，网友留言互动踊跃。附文：

嘲讽“小镇做题家”是一个危险信号（节选）

浙江宣传

最近，因为顶流明星考编事件，以及一些媒体的“神助攻”，“小镇做题家”这个词也被引爆网络。

明星考编是否合规暂且不谈，单单“小镇做题家”这个词背后所涉及的教育公平、阶层流动、就业难等问题，就很值得人们深思。

“小镇做题家”不是一个新概念。

它最早诞生于豆瓣，大致指的是那些出身于农村或者小城镇的学子，埋头苦读，通过高考实现了人生的进阶，却缺乏一定的视野和社会资源，即使靠多年苦读，也很难追平原生家庭和出身带来的差距。而“小镇”，则成了普通家庭或者寒门的代名词。

一开始，“小镇做题家”只是个别网友用来自嘲的称呼。

但不知从什么时候开始，这个词就异化成了很多人对寒门弟子的挖苦和嘲讽，说他们只会考试做题，思维僵化，不懂变通，情商低，疯狂加班导致内卷，十分不体面，等等。

同时，也有不少网友为“小镇做题家”打抱不平：“人家没偷没抢没干违法犯罪伤天害理的事，也没吃你家大米，怎么就要嘲讽人家呢？”“我们大多数人，都是‘小镇做题家’，又怎么了？”

笔者以为，“小镇做题家”确实不应被嘲讽。

古今中外，每个人出生后所处的环境、拥有的资源是不一样的，人生路上的竞争是客观存在的，求学和生活从来都不是轻轻松松的，这不能怪个人，个人也不能因为困难而放弃。

出生于“小镇”没有什么不光彩，中国有无数个“小镇”；通过“做题”来追求梦想、实现自我也没什么不好，“做题”是学习文化知识、检验学习成果的重要手段。

不管怎样，没有一种追求更好人生的努力可以被轻视。即使来自“小镇”，通过不断努力，人生的舞台依然可以很大。

所以说，从本质上看，“小镇做题家”这五个字其实有污名化之嫌，暴露了一些人的傲慢和偏见。

有梦想谁都了不起，每个努力拼搏的普通人，都不应该被鄙视和嘲笑。

人没有办法选择自己的出身，不是每个人一出生就含着“金钥匙”。可以想见，每一个奋斗不息的学子背后，都是昼夜不息的逆风奔跑。

这正是：

出身并非结局，奋斗才是主题；

生活充满彩蛋，你我皆需努力。

思考与讨论

为什么这篇文章能够火“出圈”？作为官媒，“浙江宣传”公众号为何能频频获得大众的认可？

第一节　新媒体的特点和优势

从一般意义上来说，新闻应当具有真实性、时效性、接近性、重要性、显著性、趣味性、可读性等特点。准确、鲜明、及时、生动、客观报道新闻，是媒体人应尽的责任。现今时代，以互联网技术为支撑的新媒体迅速扩张，成为新闻的主要载体。与传统媒体新闻产品相比，新媒体新闻产品有着自身的特点。研究并了解这些特点，对创作高质量的新媒体新闻产品大有裨益。

一、新媒体的特点

1. 内容丰富

新媒体蕴含海量信息，种类丰富，信息形态多样，囊括了文字、声音、图片、视频及多种形态的结合，这是传统媒体所不能比拟的。不过，信息的繁杂也带来了信息筛选与精准定位的问题，但随着网络搜索引擎技术与算法推荐技术迅猛的发展，用户可以通过不同的关键词来搜索信息，也可以在新媒体平台上自动获得平台推荐的个性化信息。

2. 发布主体的多元化

与传统媒体不同，新媒体的主导权向社会大众转移，每一个社会成员都可以借助新媒体平台发布信息，成为信息的发布主体。发布主体的多元化与大众化促使信息内容呈现日益多样化的趋势。

3. 传播迅捷

随着网络技术的不断发展，新媒体的传播速度不断提高，短短几秒，一条信息就可以传遍世界的每一个角落。另外，新媒体环境下的信息传播还具有很强的裂变性，可以达到“一传十，十传百”的传播效果，最终使信息获得大量曝光，促进信息传播者与接收者之间的互动与交流。

4. 内容碎片化

新媒体的内容主要呈现在智能手机或其他移动终端设备上，以碎片化的形式出现，符合当下用户的生活状态和浅阅读习惯。

正是由于新媒体报道具备以上特点，且新媒体形态日益增多，媒体传播的信息内容越来越丰富，消费者接收信息的渠道也越来越多，这对新闻内容的生产产生了巨大的影响。

一方面，随着信息交流和互动的逐步加强，各领域之间的壁垒逐渐被打破，这在一定程度上增强了媒介在社会生活中的参与度，拓展了媒介活动的可操作空间。另一方面，公众可以利用多种新媒体平台搜集自己想要的信息，并有选择性地接收信息，以此来展现自己的信息诉求和喜好倾向，其自主性和选择性不断加强。因此，媒体不能再采取强制性的传播形式，而要以受众为中心，与受众进行双向沟通，准确把握其兴趣、需求和相关意见，在生产新闻产品时与之相结合，做出符合受众和市场需求的报道策划。

二、新媒体的优势

1. 打破了媒介之间的壁垒

新媒体以数字技术为代表，与传统媒体相比，其最大的特点就是打破了媒体介质之间，地域、行政之间，甚至传播者与接受者之间的边界，[①] 使信息传播更加自由。

① 唐淑、范以锦：《新媒体话语表达的规范与创新》，《南方传媒研究》2018 年第 5 期。

2. 媒体个性化突出

传统媒体是大众化的，而新媒体则可以面向更加细分的受众。以前，人们只能被动地接受媒体所发布的全部新闻信息，再从中挑选自己想要看到的。现在随着技术的发展，个人可以通过新媒体订制自己需要的新闻，即根据每个人的需求不同，新媒体受众最终接收到的新闻信息既可以是相同的内容组合，也可以是经过技术筛选后与众不同的只有自己感兴趣的内容。

3. 受众选择性增多

在新媒体环境下，每个人不再只是信息的接受者，也可以成为信息的发布者。例如当你在看电视、听音乐、浏览网页新闻时，也可以为节目投票，可以把电视画面拍摄下来发布到网上，可以对你喜欢的视频、音乐和感兴趣的新闻进行转发从而让更多人看到。新媒体打破了传统媒体中只有新闻机构才能发布新闻的局限，充分满足了信息消费者的细分需求，让受众拥有更大的选择权。

4. 表现形式多样

新媒体形式多样，各种形式的表现过程比较丰富，可融文字、音频、画面为一体，做到即时地、无限地扩展内容。新媒体不但容量大，而且易检索，由于其可以随时存储内容，查找以前的内容和相关内容就变得非常方便。

5. 信息实时发布

新媒体可以不受时间限制，随时对信息进行加工发布。借助强大的软件和网络，人们可以随时随地将信息上传网络，不必再像传统媒体一样等待电视台的剪辑、报刊的印刷等，而是可以实现 24 小时在线时刻更新信息。

新媒体使媒体不再处于绝对的主导与强势地位，信息传播者与接受者的关系走向平等，人们可以发出更多的声音，反过来影响信息传播者，这对于媒体新闻工作者也是一种促进。

第二节　新媒体报道的原则和要求

正因为新媒体独具的特点和优势，在进行新媒体新闻作品生产时，应遵循其特有的原则和要求。

综观众多新媒体“破圈”作品，可以发现，它们都具有超出一般的网感。所谓网感，即网络敏感力或网络感知力，简称网络悟性。网感上佳者，既能洞察网民的需求，又能用网络语言表达自身主张，这对新媒体新闻作品生产而言极为重要。

一、共情共鸣——增强新闻作品的吸引力

传统消息写作中，最常见的是“倒金字塔”结构，把最重要的新闻事实放在最前面。但在新媒体传播语境中，这种“倒金字塔”结构可能面临着一种“再颠倒”的价值翻转。专业新闻人认为最重要的、必须前置的“新闻事实”，可能用户并不认为是最重要的，“金字塔”的那个最底层、最庞大的部分，已经发生了重大的位移。传统媒体的阅读，多是以“新闻和信息的获得”为主导的阅读。而新媒体的阅读，多是“陪伴性阅读”。对这类用户来说，情感满足占据了核心位置。能不能在情感上触动人心，能不能触碰到舆论的那个情绪“开关”，决定了一篇文章能否获得点击，能否被更多人阅读。在新媒体传播的“倒金字塔”中，最底层的是“情绪共鸣和情感认同”，然后是“服务价值”，最后才是“事实和新闻价值”。

就像案例中“浙江宣传”公众号发布的文章《嘲讽“小镇做题家”是一个危险信号》，一开篇就明确指出“小镇做题家”不应被嘲讽，谈到“小镇做题家”这个词背后所涉及的教育公平、阶层流动、就业难等问题，都能找到普通大众的情绪共鸣点。再比如抖音、快手、小红书等平台的成功，不仅在于“用户下沉”，更在于其“用户满足模式”的下沉，抓住了情感认同这种人性的核心和底层需求。情绪和情感被置顶，已经成了新媒体信息范式的经典结构。

案例

2022年5月30日，立足“说人话、切热点、有态度”办号理念的浙江省委宣传部微信公众号“浙江宣传”上线。多篇爆款文章刷屏网络，受到广大读者喜爱。其取得成功的“必杀技”之一，就是大力改进文风，探索话语体系转型，寻找与普通大众的情绪共鸣点。

从上线第一天开始，“浙江宣传”就特别重视改进文风。公众号创刊词《我们来了》一文中写道：“在表现形式和风格上遵循互联网传播规律，不绕弯子、不卖关子。”

“浙江宣传”特别重视想网民之所想，设身处地理解网民的想法和感受，做到平等、真诚地交流。比如《历史不会浓缩于一个晚上》这篇文章，开篇就写道：“愤怒完全可以理解，因为被点燃的是广大国人最朴素的爱国情绪。”有跟帖就说，感谢“浙江宣传”理解国人最朴素的爱国情绪。

新时代，如果依然用我做你看、我说你听的单向思维和姿态来做传播，必然难以“俘获人心”，更难说统一认识。群众关切什么？读者因什么而共情？怎样的文风更亲切、更容易拉近与大家的心理距离？这也是“浙江宣传”公众号一直在思考的。

“浙江宣传”发布的《主题宣传怎么避免“谁写谁看，写谁谁看”》《欧阳修是如何“改文风”的》等稿件，直接聚焦改文风之难点，也从每一篇稿件着眼着手，不搞长篇大论、不做官样文章，而是将心比心生产优质内容，留住更多关注、赢得读者认同。①

---

① 李攀、郑梦莹:《解码“浙江宣传”的文风之变》,《新闻战线》2023年第5期。

二、善讲故事——增强新闻作品的代入感

一个故事胜过一打道理，讲故事是最好的传播。因为即便是真理，也需要故事加持，才易于被人接受。通过讲故事的形式，经典得以流传千年，启迪人心润泽世界。作为新闻媒体，要善于讲故事，用小故事讲好大主题，让群众爱听、能信、真服。

“讲故事就是讲事实、讲形象、讲情感、讲道理，讲事实才能说服人，讲形象才能打动人，讲情感才能感染人，讲道理才能影响人。”新闻写作与传播，就是一个写故事和讲故事的过程。把真实的新闻写成生动的故事，用感性的方法传播理性的观念，让新闻报道更能吸引人、打动人、感染人。

1. 创意是“好故事”的流量

“好故事”是创新的产物。创新的故事应该是独家的故事、独创的故事、独到的故事。所谓独家的故事，不是靠运气抓到独家新闻，而是要通过创新创意，讲那些“人人心中有，个个笔下无”的故事；所谓独创的故事，就是通过策划实现故事新闻价值与传播价值的最大化；所谓独到的故事，就是故事的叙事视角要独到、独特。①

案例

获得第30届中国新闻奖融合创新特等奖的《新中国密码：15665，611612！》，是新华社客户端为新中国成立70周年策划推出的微电影，就具有独家、独创、独到的特质。

数字“15665，611612”，是歌曲《没有共产党就没有新中国》第一句旋律的简谱。这个策划创意让人拍案叫绝。这部微电影将这首“老歌”进行了新的改装，为其赋予了新的生命力，引导观众读懂中国共产党的初心和使命。《新中国密码：15665，611612！》一经推出，立即在全网形成刷屏之效，被众多媒体和公众号模仿，十多天时间，微电影海内外总播放量达7.28亿次，推送量17.58亿次。

2. 思想是“好故事”的最高境界

高度决定用户黏性，思想是故事的最高境界。故事如果没有思想意义，不仅浪费流量资源，更会失去忠实的受众。新媒体用新方法讲好故事，不仅要有思想的立场，还要产生思想的回响。正如习近平总书记在中共中央政治局第三十次集体学习时所强调的，要“更加充分、更加鲜明地展现中国故事及其背后的思想力量和精神力量”。

案例

2020年是决战决胜脱贫攻坚年，湖南省十八洞村，是习近平总书记“精准扶贫”重要论述的首倡地。芒果云客户端于2020年11月3日（习近平总书记提出“精准扶贫”重要论述7周年），推出创意互动产品《一张照片背后的这七年》，展现了7年来十八洞村发生的翻天覆地的变化。作品以当年习近平总书记到十八洞村与村民们座谈，提出

① 姜圣瑜：《新媒体“用新方法讲好故事”的理论逻辑与实践范式》，《中国记者》2021年第10期。

“精准扶贫”重要论述时现场所拍的一张照片为基础，寻访照片中的十几位村民们在 7 年里的生活变迁，通过 H5 的形式，结合 40 张照片、12 个故事、1 个短视频，从十八洞村的产业、教育、生活环境等方面，多角度、全方位地展现了十八洞村 7 年里的巨大变化。该产品抓住“变化”做文章，紧紧围绕“精准扶贫”这一重大主题展开，选择个体人物故事作为切口，呈现的是“变化”，揭示了“变化”背后习近平总书记“精准扶贫”重要论述在十八洞村结出的累累硕果。主题重大，立意高远，思想性强。推出不到 24 小时，总点击量超过 78.2 万次。①

三、树立权威——增强新闻作品的信任感

官方媒体是政府宣传的重要窗口，是连接政府与人民群众的重要桥梁。随着近年来网络的普及和发展，大众获取信息的渠道逐渐从传统的媒体转向随时随地传递信息的网络媒体，因此各传统媒体尤其是官方媒体纷纷转型。传统媒体转型有一个误区，总觉得要把自己身份放低来取悦用户，好像只有把自己叫“小编”，读者才会亲近。其实并非如此。作为有官媒背景的新媒体平台，只要受众认同生产内容具有权威性，同时能把新闻信息生动、通俗地表现出来，就是成功的转型。

一方面，官媒应走亲民路线，这是我国的国体政体决定的，我们党的宗旨是全心全意为人民服务，官媒作为政府与群众沟通的桥梁纽带，必须要扎根人民，立足人民，从上向下传达党的号召，从下向上表达民众心声，这是其立身之基。另一方面，官媒应该具有权威性，这也是由官媒的特点决定的。在纷繁复杂的网络空间，民众对官媒发布的信息信赖度最高，因此，官媒必须要立足于事实本身，向民众展示事情真相，才能保证社会秩序正常有序，这是其立身之本。

案例

“侠客岛”创立于 2014 年 2 月，目前全网粉丝人数已超过 1 000 万人，粉丝遍布全球。“侠客岛”能火的很大一部分原因，是背靠人民日报这块金字招牌。而用心呈现给读者最精彩的新闻报道、最精锐的时政解读，也让“侠客岛”积累了一大批忠实度、活跃度都很高的粉丝。每次发生热点事件，不少“岛友”都极为期待“侠客岛”的发声，不惜为了第一时间看到文章而守候到午夜时分。2018 年，中国新闻奖首次设立媒体融合奖项，“侠客岛”摘取了一等奖的桂冠。首届“两微一端”百佳评选中，“侠客岛”从 1 075 万个机构类微信账号中脱颖而出，位列微信创新力十佳榜单首位。在国际影响力上，西方主流媒体也经常转载、转引“侠客岛”的文章。毫不夸张地说，“侠客岛”也已经成为世界观察中国的一扇独特窗口。②

① 袁舒捷：《湖南广播电视台创意互动 H5 作品〈一张照片背后的这七年〉：在沉浸式场景中讲好脱贫攻坚故事》，《中国新闻出版广电报》2021 年 11 月 23 日。

② 李贞：《探秘“侠客岛”的“两会时间”新媒体成报道轻骑兵》，人民网 http://media.people.com.cn/n1/2019/0311/c40606-30967996.html。

【解局】有一种“发达”，叫美国说你发达

原创　云歌 & 点苍　侠客岛

2023-03-30　18:16　发表于北京

岛友们听说了吗，中国竟然被认定为“发达国家”了。

“殊荣”是美国给的——美国会众议院以 415 票赞成、0 票反对，通过了“中华人民共和国不是发展中国家法”。

“高帽”常见，这么离谱的可不多。

一

咱先看看美国众议院是怎么操办这场“抬咖大典”的——

美国《国会山报》称，相关法案要求美国务卿致力于在有美国参与的国际组织中剥夺中国的发展中国家地位，将中国的相关地位修改为中高收入国家、高收入国家或发达国家，反对在任何国际协议和条约中将中国继续视为发展中国家。为督促国务卿落实，法案要求其尽快制定相应机制，赶早不赶晚。

除了国务卿，法案还盯上美外交高官，要求他们在国际组织中阻止中国靠发展中国家地位获得优待。理由是，中国是世界第二大经济体，经济规模仅次于美国，既然美国是发达国家，中国也应如此。

摊派发达国家身份给中国的法案，由共和党众议员金映玉、民主党众议员杰里·康纳利联合提出。两党统一口径，投票现场也齐刷刷如同排演过：除 7 位共和党人和 13 位民主党人未投票外，其余众议员全投了赞成票。

有美议员说，美国这么做是为了“阻止中国伤害真正需要帮助的国家”。但明眼人都知道，能让两党两院同气相求，这事肯定对中国没好处。

目前，法案还没生效，还需经参议院通过并得到美总统签字才行。但美媒已频频放风：参议院也有相似法案待审，名字都差不多——“终止中国的发展中国家地位法”，立誓要“禁止中国以发展中国家身份参与有美国加入的国际组织”。

二

说到这儿，岛友们该发现蹊跷了。美国为啥非要剥夺中国的发展中国家身份？说白了还是要服务其对华遏制总战略。

先看经济。将中国定性为“发达国家”可剥夺中方在 WTO 等国际组织享有的关税减免、政策补贴、延长磋商期限等优惠待遇。美国一旦“捧杀”中国，就意味着中国对外贸易不再适用任何“特殊和差别待遇”，美国特定产品甚至可能以技术及价格优势对中国市场形成倾销。

不光如此，与发达国家相称的是责任。2022 年，美国会参议院批准一项气候条约修正案，承诺减少该国对氢氟碳化物的生产和使用。可就是这么一份气候条约，偏要加上一句八竿子打不着的“建议取消中国发展中国家身份”。言外之意，就是让中国多担责、多背债，少得应有权益。

再说政治。1964 年联合国第一届贸发会议将第二次世界大战后实现民族解放、走自主发展道路的广大亚非拉国家，确定为与发达国家对应的“发展中国家”。数十年来，中国作为其中最具全球影响力的成员，一直代表新兴经济体发声，反对霸权主义、维护世界和平。

美国制造中国“已发达”假象，无异于将中国踢出“发展中国家阵营”，同时将中国挡在美国及其盟友主导的“发达国家阵营”之外，逐步在外交领域孤立中国，方便自己“一家独霸”。

美方的小伎俩真能立住脚吗?

虽然国际上对发达国家标准没有统一定论，但不论在哪个国际组织里，中国都被明确列为发展中国家；联合国历年《世界经济形势与展望》报告均将中国认定为发展中国家；国际货币基金组织一直称中国为“新兴市场”和“发展中经济体”。中国是发展中国家，这是国际社会共识。

从数据看，2022 年中国人均 GDP 为 1.27 万美元，相当于发达经济体的 1/5、美国的 16.6%，国际货币基金组织认为，同期人均 GDP 为 2 万美元是发达国家的起码门槛，中国还有不小差距。

您瞧，国际组织都没认定，美国两党开个会就拍板定了，这就是美国的狡猾与霸道。这份“好意”，中国还真收受不起。

（文 / 云歌、点苍　编辑 / 九段）

四、多接地气——增强新闻作品的亲切感

官方使用富有幽默感，讲人话、接地气的新媒体全新姿态和语态来和用户进行平等对话，更有利于政务信息的高效传播。官方的新媒体平台，不仅仅是信息发布、政务公开或者为民解惑的渠道，更是一个形象展示的窗口。如果总是官话连篇，给人以高高在上的感觉，也会给民众造成一种生疏和隔阂的感觉。相反，足够开放，足够活跃，俯下身子和网友互动交流，才能够营造亲民的官方形象。

案例

2022 年 10 月 15 日，2022 中国应用新闻传播论坛暨应用新闻传播十大创新案例发布。“深圳卫健委”公众号榜上有名。

十大创新案例由中国新闻史学会应用新闻传播学专业委员会组织专家提名、遴选和评审产生。十大案例全景式呈现了专业媒体在主题报道、融合转型和技术应用等方面的探索成果，也涵盖了政务媒体和商业媒体的创新实践，为我国应用新闻传播研究和实践提供了新思路、新方法和新案例，具有很强的创新性、代表性和示范性。

其中，对于“深圳卫健委”公众号的推荐语是：作为卫健领域的垂直类公众号，深圳卫健委公众号“深圳卫健委”是健康传播领域全国政务宣传的“一股清流”，时而温暖，时而调皮，时而正经，每年都有爆款，每篇推文平均阅读量“10 万 +”，粉丝数已突破 1 800 万。“深圳卫健委”文风活泼调皮，内容通俗易懂、干货满满，擅长讲故事、

追热点、抖机灵，配图有趣，封面图和表情包被网友刷圈收藏。最难能可贵的是，“深圳卫健委”长期坚持以人为本，用网友的一条留言来说，“最懂打工人的心和魂”。创作团队“深小卫”有一个核心法宝就是“用户思维”，想市民所想，以市民爱看的方式，输出公众关心的内容，把服务型理念贯彻到底。

如推文《湿疹，到底要祛湿，还是保湿？》一方面借助网络热梗“一生养生的广东人”，用有趣的封面图吸引用户注意，增强情感连接；另一方面用普通大众听得懂、接地气的语言做好知识科普，让人觉得妙趣横生。

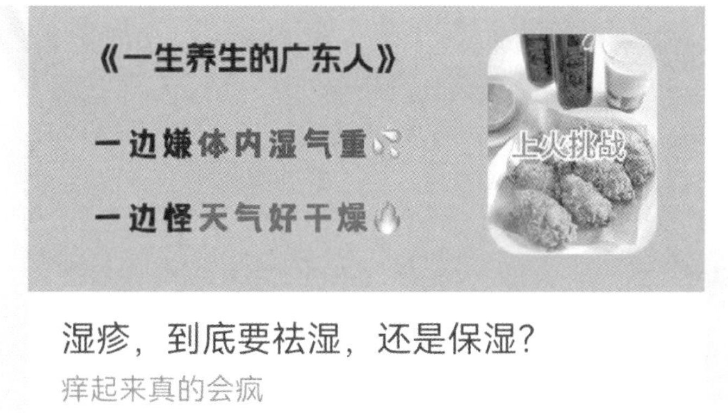

图 6–1　“深圳卫健委”公众号推文截图

好的网感是对人性的深刻洞察，又是对传播规律的主动顺应。传播中存在显著的好心情效应，即信息与好心情联系在一起时，会更具有说服力，且有利于形成积极态度。共情共鸣、善讲故事、树立权威、多接地气等，都有助于网民达到好心情状态，在他们选择性注意、理解和记忆时入眼、入脑、入心，不断提升新媒体传播力、引导力、影响力。

第三节　新媒体报道的注意事项

新媒体时代给新闻传播带来了无可比拟的优势，但同时它所产生的负面影响也不可忽视。在进行报道时，要特别注意以下几方面的问题。

一、别让算法“绑架”新闻①

互联网时代，点开一篇文章，它会迅速用大量相似的内容刷屏，连拒绝的权利都没有，生拉硬扯的内容推荐让人不胜其烦。

① 吕洪：《新闻莫被算法“绑架”》，《中国广播》2017 年第 9 期。

算法对新闻生产的确产生过积极的影响。一方面，它让内容生产者更加关注受众感兴趣的内容，更从读者角度思考内容创作，不再是自说自话、闭门造车；另一方面，它节省了消费者的时间成本，提高了阅读效率，有利于获得更丰富的资讯和知识。

但当一些热衷于搬运新闻、沉溺于算法的客户端在商业上取得成功之后，却给新闻的未来带来了很大的负面影响。搭上所谓算法的“便车”，一些原本信息量丰富的新闻客户端推荐的内容越来越单一，一些原本客观公正的内容生产者变得越来越偏激，一些新闻媒体原本宏大的格局变得越来越狭小。

尽管有人将新闻分发的算法上升到人工智能的高度，认为这是发展的大势，代表了文字的未来，代表了内容的未来，甚至代表了媒体的未来。但是，人工智能至今还无法突破非线性思维这一人类所独有的模式。用户点击一条惊悚的社会新闻，大多出于人类好奇的本能，但本能不是智能。不同的观点交锋甚至对峙之后，才更能获取思想和知识。对本能的自省和超越，是人性的一种进步。一些新媒体平台仅靠揣摩用户的点击量，反复推荐低质量内容，只能让人生厌。

案例

某短视频平台内容：

《女生过安检脱掉长筒靴，很社死》，总共 8 秒的剧情，过安检，脱靴子，社死；

《女子滑雪失控和男子撞满怀，“缘来”如此简单》，就是一个在滑雪场里最常见的，刹不住车造成的滑铲；

《大爷吃席站着喋喋不休，口水如喷雾溅到菜上》，就是拍摄者去吃席，旁边大爷说话时候喷了点口水……

这些视频内容上大多简短而空洞，让人不明白发布者是在表达什么，想要传达什么样的信息，但一查来源，发现这些所谓的“新闻”很多来自认证过的，带着“蓝 V 标”的“某某新闻”“某某日报”，很多都有百万粉丝。这样的做法，纯属为了数据和营收，无止境地迎合受众，其实是在变相地抹杀人们的知情权。

技术本质上都是单纯的，使之高下立现的是操作者的理念、情怀和洞察力。媒体也是一样，是被算法、流量和点击量绑架，只说受众想听的话，只写平台可能会推送的话题，只展示受众想看的那部分世界，还是坚持真实、全面、客观、独立，用态度和价值赢得尊重，用优质的内容塑造风格，才是媒体人应该深入思考的问题。媒体既不能对算法和技术视而不见，拒绝时代进步的大潮；也不能一味依赖，成为算法和技术的奴隶。媒体应该主动谋划、积极参与，加快转型、深度融合，在媒体融合的进程中，保持自己的风格和标准，守住自己的价值取向和独立精神，让算法和技术为真正有价值的新闻服务。

二、新闻玩“梗”需有度

随着自媒体平台的发展，“梗”凭借其趣味性和通俗性成为网友的一种通用语言。如今的网络空间，似乎一句话无“梗”，就难以融入互联网“冲浪”的氛围。

不可否认，“梗”以幽默的方式提高了人们对事物的可接受性，适当使用“梗”可以调节聊天氛围，增加娱乐趣味性，也能较为含蓄地表达个人的观点和态度，但并非“万物皆可成梗”。

1. **隔岸观火式幽默难认同**

案例

2022 年 6 月，据《法治日报》报道，不少短视频以“家暴”为主题创作所谓搞笑段子，甚至一些人通过“家暴妆”展现化妆技巧。

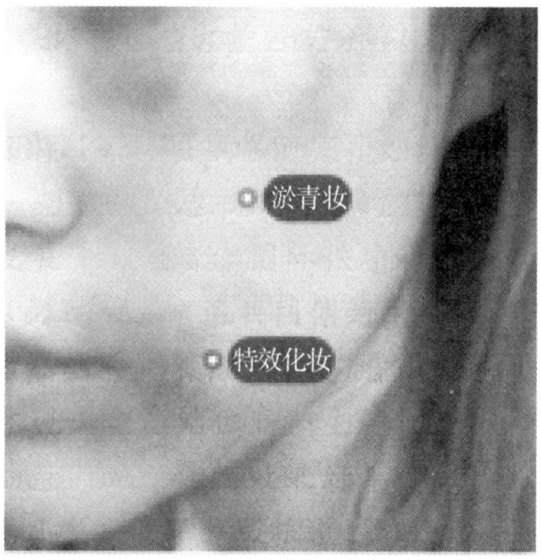

特效化妆之淤青妆容
无聊撸个妆
撸个家暴淤青妆 喜欢的点赞我出妆容教程哈

图 6–2

这种隔岸观火式幽默，将家暴行为等社会严肃事件通过短视频“玩梗”，有违公序良俗，或给社会大众特别是未成年人带来负面导向。

2. **事实未明慎接“梗”**

案例

2022 年 9 月 18 日，山东省德州市作家协会发布“廉洁文化主题文学作品征文获奖名单”中，《我的县长父亲》一文获得一等奖，这与喜剧电影《夏洛特烦恼》讽刺桥段中“我的区长父亲”作品名相似，使之成为“热梗”。

事实上，《我的县长父亲》描述了一位对待工作勤恳，对待祖国和人民一片深情的好干部，主流媒体都肯定了这篇文章。但网友在没有看过作者原文的前提下，用娱乐思维判定这一事件，纷纷指责作者和征文单位，既让作者寒心，也助长网络戾气。

3. 涉公共利益莫过度调侃

面对不同语境，应保持冷静思考，将严肃的新闻事件通过“玩梗”，把本该严肃讨论的问题娱乐化、低俗化、审丑化，会大大压缩理性讨论空间[①]，给社会大众带来负面影响。

案例

2023 年 1 月，在上海市青浦区市场监管局执法人员日常检查中，发现某咖啡店在销售饮品时使用的杯子上贴有“莲花清温咖啡”标签，并且在该店的外卖平台上，也有消费者晒出同款饮品。

图 6-3

这样涉及医疗卫生等公共利益的“玩梗”不利于公共健康和防疫大局，调侃需谨慎。

三、不做“标题党”

在新媒体写作中，标题占据了很重要的位置，一篇文章有没有让人萌生想要打开阅读的欲望，很大程度上取决于标题。许多人在写作前都会花费大量的时间钻研标题的写法，让标题更加有吸引力。但必须注意的是，千万不要成了“标题党”，也许当时文章的打开率很高，但是会给用户很糟糕的体验，无法长久下去。

何谓“标题党”？《标题党白皮书》里是这样定义的：“标题党”是网络上一小撮利用各种“颇具创意”的标题吸引眼球，以达到各种个人目的的网民的自发性组织。其主要行为简而言之即发帖的标题严重夸张，帖子内容通常与标题完全无关或联系不大。[②]

“标题党”现象出现的原因是多方面的，但从总体上来说，主要有来自客观与主观两大方面的原因。

从客观上来说，一是由于网络新闻不像传统媒体那样有严格而规范的采编程序，因而往往给人不可信的印象；二是互联网为任何人发表其意见开辟了一个无拘无束、不受

① 孙天骄、赵丽：《玩“家暴梗”引来流量失了德》，《法治日报》2022 年 6 月 14 日。

② 徐文静：《浅析网络新闻的“标题党”现象》，《重庆三峡学院学报》2009 年第 1 期。

限制的空间，这一事实可能会削弱它作为有信度的信源价值；三是网络新闻缺乏原创性和独创性，同质化现象极为严重，只有靠“标题”来吸引眼球。

而究其主观原因，一是网络新闻从业人员的素质远不如传统媒体记者的素质高，他们经常采用匿名者提供的消息和线索，加上一味求快，追求轰动效应，因此发布的消息也往往缺乏准确性，令人觉得不可信；二是新闻发布者或是受经济利益（或者是其他利益）的驱使，或是出于某种原因搞恶作剧而有意识地发布假新闻，造成了“标题党”现象；三是传媒人职业精神和工作规范的缺失，从一个侧面反映了激烈的传媒业竞争下人心的浮躁，职业精神尚没有在从业人员的心底扎根。

如果任由“标题党”泛滥，其危害是巨大的。

1. 损害媒体公信力，败坏社会风气

“标题党”的蔓延，严重背弃了新闻伦理和社会道德，蚕食着媒体的公信力和社会形象。而且，随着受众年龄的逐渐低龄化，“标题党”的错误做法很可能会被迅速传播、效仿，对广大受众价值观的形成和社会风气造成极大的冲击和污染。①

2. 误导社会公众对新闻事件的正确判断

现如今，大众被形形色色的消息包围，无法真实了解和接触事物发展变化，“标题党”对原本新闻事实的肆意篡改，甚至凭空捏造，会极大地误导受众，使受众对新闻事件产生错误的价值判断。

3. 扰乱媒体秩序，拉低公众媒介素养的底线

“标题党”的出现一次次挑战和考验整个社会的道德标准。网络媒体如果放任和助长“标题党”，也必将损害其自身的社会形象。

4. 对新闻当事人造成极大伤害

在速读时代，人们往往只阅读新闻标题，或者被新闻标题吸引而并未仔细阅读新闻内容。这样，曲解原意的标题必然导致网友对报道的错误解读，并引发广大网民不理性评论和跟帖，进而引发网络暴力，这对无辜的新闻当事人的声誉和心理都会造成严重伤害。

思考与实践

1. 针对下面一则材料，请分别从党报、都市报、微信、“标题党”的立场，拟一则标题，并分析这四者有什么区别。

宋朝徽宗时，皇帝昏庸、奸臣当道、官府腐败，贪官污吏陷害忠良，弄得民不聊生，许多正直善良的人被逼落草为寇，108 名好汉聚义梁山泊上打着替天行道之旗号，不随意伤害客商，不随意骚扰民众，只对付贪赃枉法、无恶不作之官僚、土豪大户。

① 马敏：《“标题党”的危害与防治》，《新闻论坛》2017 年第 1 期。

四大名著之一的《水浒传》正是以这个故事为原型创作的长篇小说。它形象地描绘了农民起义从发生、发展直至失败的全过程，深刻揭示了起义的社会根源，满腔热情地歌颂了起义英雄的反抗斗争和他们的社会理想，也具体揭示了起义失败的内在历史原因。

2. 针对“标题党”出现的危害，思考如何才能杜绝“标题党”。

第七章　短视频文案的写作

思政目标

1. 理解网络感知力。
2. 培养既能洞察网民的需求，又能用网络语言表达自身主张的写作能力。
3. 提升新媒体新闻作品的传播力。

学习目标

1. 了解优质短视频的核心表达。
2. 掌握短视频的创意表达和文案写作技巧。

案例导入

四川甘孜州文化广播电视和旅游局局长刘洪，化身笑傲江湖中的侠客为家乡代言。绝美风景＋俊美外表，让网友纷纷表示："满足了对侠客的所有想象。"

刘洪是一名土生土长的康巴汉子，自2021年走红后，他开通了短视频账号为家乡旅游助力。

图7-1　抖音账号截图

这些短视频都是刘洪利用工作间隙拍摄的。他说，甘孜州是丝绸之路南亚廊道和茶马古道的重要组成部分。侠客角色可以跨时空再现当年藏汉民族之间的文化场景，让网友更直观地感受甘孜的美。

宣传家乡旅游是刘洪数十年来的坚持。大学毕业后，他选择回到家乡雅江县工作。2002 年，刘洪任雅江县旅游局局长，为了推广家乡的旅游业，爱好摄影的他拿着相机拍家乡，给旅行社发传单做推广。他还想了很多办法推动当地旅游，带村民修路，亲自接待近 2 万名游客。2019 年，刘洪任甘孜州文化广电旅游局局长。他继续创新文旅推广形式，2021 年，甘孜州接待游客总量突破 3 500 万人，实现旅游收入超 390 亿元。①

思考与讨论

1. 刘洪局长视频的爆火，给你怎样的启发？
2. 融媒体时代，如何打破固有宣传思维和模式，进行新媒体的创意表达？

第一节　优质短视频的核心表达

作为互联网时代最主要的内容传播方式之一，短视频已经成为人们日常工作、生活的一部分。然而，优质短视频仍然是稀缺产品，互联网对于能引领价值导向的优质内容需求缺口仍然很大。对于身处融合时代的媒体特别是主流媒体而言，加强优质短视频的创作实践，既是内容生产转型的必然要求，又是彰显价值引领的难得机遇，更是重塑话语权的重要使命。②

一、优质短视频的定义

对于优质短视频的理解，传统媒体一般习惯于从电视新闻的角度出发，把它片面地理解为新闻专题或社教专题的浓缩版，虽然这也契合了传统的视听产品评价体系，但作品“同质化、说教式、网感弱”的问题一直存在。优质的短视频，可以从六个维度进行评价：鲜明的时代特征、深刻的思想内涵、向上的价值导向、独特的视听风格、鲜活的话语表达、广泛的社会影响。

① 《这位局长的侠客大片，火出圈啦！》，央视新闻 https://baijiahao.baidu.com/s? id=1735836986360381767&wfr=spider&for=pc。

② 冯旭东、沈雯：《做一支有趣有料的短视频队伍　余杭区融媒体中心“影像 24 小时”的创优经验》，《传媒评论》2022 年第 12 期。

二、优质短视频的核心表达

1. 坚持尊重规律，重构激发创造力的创作机制

传统媒体做短视频面临破和立的问题，一方面要颠覆已有的大屏思维，另一方面要适应小屏传播规律，在生产方式、表达方式上进行移动互联网改造。

当前，“90 后”“00 后”已经成为网络传播的主体人群。尊重传播规律，就是要生产更懂年轻人心态、诉求的年轻态产品。而所谓年轻态的作品，不仅是指被传播者和传播内容的年轻化，更在于产品表达方式上的年轻化、鲜活度和新颖性。

案例

余杭区融媒体中心 2019 年组建短视频部，后改为创研中心，主攻优质短视频创作。这个团队核心成员一共 5 个人，他们身上有两个明显的特征，第一个特征是从没干过电视新闻。他们的一个简单想法就是，要让短视频去电视化，没有电视新闻从业经历，可能更容易摆脱那些条条框框。第二个特征是年轻，团队成员平均年龄不到 30 岁，让年轻人去做年轻态的产品给年轻人看。

在日常运行中，团队不参与绩效考核，平时拿平均奖。因为好的作品需要花时间，也值得花时间去反复思考与打磨，所以这个团队每年重点创作的优质短视频数量在 15 条左右，产量非常低，但要求做一条、成一条，年底按照作品影响力和创优情况进行奖励。除了一些配合性工作，中心一不下任务指标，二不出命题作文，三不拘泥于朝九晚五的工作方式，这给创作团队创造了充分自由的创作空间和无限宽松的创作环境。没有了这些束缚后，这些成员对短视频创作产生了一种近乎疯狂的热爱。他们大量找优秀案例进行观摩分析，对优质题材的创作更是不计投入、反复打磨、追求极致，让创作潜能得到有效的激发。

2. 坚持精准选题，打造深度解读力的作品气质

信息化快速发展时代，面对庞大的新闻信息，要想实现良好的新闻传播效果，内容始终是新闻报道得以占领舆论制高点、先声夺人的根基与法宝。而要以内容取胜，就离不开新闻的选题。选题是整个新闻报道的前期基础性工作，对后期新闻报道的顺利开展和实施效果具有重要影响。

如何精准选题，主要把握以下三条标准。

第一条标准：“三小三大”，即小切口反映大主题、小人物展现大情怀、小故事映衬大时代。要求作品更多关注普通人，用平凡而鲜活的故事展示宏大壮阔的时代画卷，努力呈现个体经历与时代变迁、个人体验与集体情感的同频共振，让作品成为观察和解读时代的一扇窗口。其中，特别强调小人物的特定行为与大时代背景的关联属性，尽量拓展主旋律内容的创作边界。这种关联属性一旦建立，小人物就有了灵魂、有了精神、有了内涵，作品也就有了动感、有了生命、有了高度。

案例

2021 年 10 月，《生物多样性公约》领导人峰会在昆明举行，加强生物多样性保护迅速成为热点话题。如何阐释生物多样性保护的重大意义，余杭区融媒体中心创研中心的创作团队从多个选题中锁定了一个长期扎根余杭山区从事生物多样性调查的年轻群体。吸引他们创作的是这个群体的三个特点，一是年轻，有梦想有情怀有担当；二是务实，有曲折有故事有成效；三是独立，有独到的理解和感悟。《是谁路过我的相机》整个片子从“新发现国家一级保护动物黑麂”切入，到“众生平等，每个生灵都有一个自由的灵魂”的感悟收尾一气呵成，以年轻一代的视角来展示中国重视生物多样性保护的责任与担当。

图 7–2 《是谁路过我的相机》视频截图

第二条标准：人物必须个性鲜明，在思想、情感及表达上有不同于他人的特质。平凡人物的喜怒哀乐、内心冲突、情感挣扎，是表现人物形象最基本的元素，也是人格中最具传播价值的一部分。

案例

中央电视台拍摄制作的《相约在零点 37 分》，讲述了一对即将走进婚姻殿堂，却由于工作关系不能经常见面的铁路情侣的爱情故事。其中有人物，有情节，有细节，有冲突，有人情味。男女主人公挚爱情深、彼此守望、爱岗敬业、乐观向上，展现了满满的正能量，传达了社会主义核心价值观。片子在央视新闻及其各新媒体平台播出后，感动了亿万人，引发了观众和网友的强烈情感共鸣。

第三条标准：独特、有趣、有意思，存在互联网传播“破圈”的可能性。首先，是题材在创作语态和形态上存在独特、有趣的创新表达空间，也就是能赋予选题更多的互联网传播要素。其次，有意思的选题，先于有意义的选题。有意思比有意义更容易在普遍社会情绪上形成共鸣。有意义关注的是传播价值，有意思聚焦的是用户体验，是用户主动分享的底层逻辑。

案例

每年“两会”都是媒体报道的重头戏，也是各类媒体展现策划组织能力和报道创新的“竞技场”。对媒体而言，尤其是在“两会”这样的重大报道中，创意显得非常重要。中国日报社新媒体中心记者彭译萱在2019年3月“两会”系列作品《Vlog：小姐姐的两会初体验》强势出圈。“小彭Vlog”里那个留着可爱娃娃头短发，用一口流利英音向观众介绍所见所闻的记者小姐姐走进了无数观众的视野。

图7-3 《Vlog：小姐姐的两会初体验》视频截图

3. 坚持创意表达，实现更具穿透力的价值传播

和优质内容一样，创意表达也是优质短视频创作的核心竞争力。互联网用户大多热衷于个性化表达，他们每天刷短视频平台，看得多了，对同质化的产品容易产生审美疲劳。这就倒逼着主流媒体要有比自媒体更强的创意能力，去为价值观传播赋能。只有这样，新闻作品才能产生强大的传播力和穿透力。

案例

余杭区融媒体中心“影像24小时”

余杭区融媒体中心创研中心一直把“影像24小时”当作短视频研发的创意实验室，坚持“无创意、不传播”和“多实验、不重复”的创作理念，尝试对文案、画面、制作、音乐等短视频的各种构成元素进行重新组合，尽可能让每件作品呈现至少一个以上的创意表达。

①优质短视频能不能在发布时效上突破？该中心在人物自述式报道被媒体大量采用时，提出了Vlog即时创作发布实验。首批支援武汉战疫的医护人员即将返杭，中心成员隔空指导她们怎么拍视频，然后每隔一两个小时接收回传的拍摄素材，实行24小时不间断的接力制作，硬是从120多分钟的素材中剪出6分钟时长的视频。当一名叫徐梦薇的护士从返杭机舱传回最后一个画面时，一条名为《回家》的视频就同步生成，即时发布。等她抵达萧山机场再次开机，这条短视频已经刷爆她的朋友圈。

图 7–4　《回家》视频截图

②在拍摄手法上，绞尽脑汁推出一些创新性实验。比如，《有一种守护，在你看不到的地方》，全部采用 Gopro 运动相机拍摄的主观镜头剪辑而成，以强化普通人看不到的疫情防控视角；比如拍摄水上运动的视频《破风》，把能用的设备、能想到的角度全部用足，实现了全空间无死角的展示，给受众带来独特的沉浸式观赏体验。

图 7–5　《有一种守护，在你看不到的地方》视频截图

图 7–6　《破风》视频截图

③音乐是情感的催化剂，也是短视频传播的助推器。在所有元素的创意组合中，团队在音乐的选择上付出的精力最多，每一条短视频的音乐做到不重复不照搬，又要与主题表达相契合。在《我不是牛肉西施》中，编导开篇就将凌晨 1 点生鲜肉批发市场里光着膀子的屠夫、成批堆积的肉类与身材娇小、肤白貌美的姑娘形成视觉上的对比，再配上高雅、震撼、有气势的古典歌剧来强化这种反差和割裂，为人物出场设置了悬念。这些都是音乐的力量。

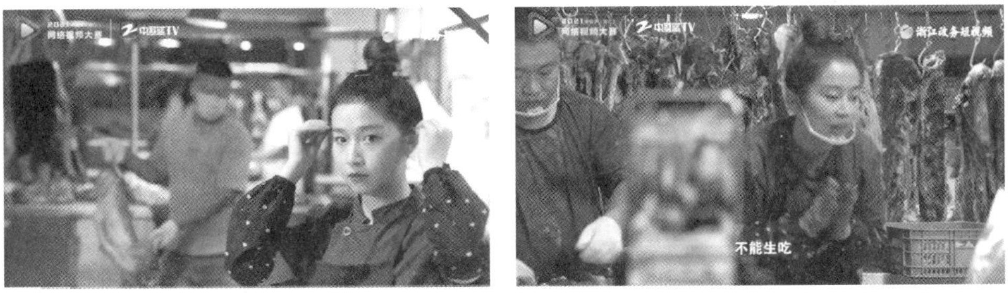

图 7–7　《我不是牛肉西施》视频截图

第二节　优质短视频创作的原则

近些年，各大互联网巨头和融媒体纷纷布局短视频业务，加之一些专业影视人创作交流平台的加入，短视频创作从最初一地鸡毛式的全民狂欢逐渐变得有规律可循。未来，短视频优质化发展将起到市场引领作用。

就短视频优质化方面而言，借助传统的资源优势、技术优势和采访优势，传统媒体特别是广电媒体可以大有作为。对于传统媒体而言，要生产优质的短视频，其核心就是电视新闻的短视频化。虽然传统电视新闻从长度上说其实也能划归短视频，但是因为它撷取纪实碎片的标准、过程、目的与新媒体上流行的纪实短视频有根本的不同，创作范式也有根本的不同。如何让一则传统新闻从新闻现场开始就分解为若干更便于全程、全面传播的碎片，打造多元立体动态的新闻“万花筒”，是传统新闻记者面临的新挑战。①

一、优质短视频创作的原则

1. 分享性原则

江苏卫视主持人孟非曾经说过，他发朋友圈的标准就是是否有分享的价值。这反映了大部分新媒体创作者的心态。如抖音平台上，充斥着大量游玩、风景、宠物、亲子、生活小技巧、突发事件等纪实碎片，选取的首要标准就是它的分享性：或给人信息（客观传递、夸大传递、误传谣传等），或给人刺激（吃惊、震惊、害怕、开心、愉悦等），或对人有用（启发、学习、模仿等）。

然而，有分享性的东西并不一定有新闻性，但有新闻性的东西一定有分享性，所以新闻报道先天具有分享的价值，是非常适合以短视频方式传播的，只不过新闻性需要集中、提炼、去伪存真并寻找碎片之间的联系，同时还受到价值导向、政治性和社会性的

① 沙向明、李洁：《打造视频碎片的万花筒——纪实类短片的碎片化对电视新闻短视频化的启示》，《传媒评论》2022 年第 10 期。

左右与影响。这就要求在新闻现场的记者具备两种思维模式：一种是迅速集中碎片的能力，一种是迅速将事件解构成碎片的能力。如央视新闻视频号，选取的都是具有分享性的新闻点，像新闻现场的瞬间、实用的知识、奇特的场景等。一个重大新闻也会被拆分成多个动态过程与侧面、背景和后续，每一个受众能想到的可分享的碎片点都被放大了，其传播效应贯穿了一个时期，并且进行了累进叠加，这是以前一两条面面俱到的传统新闻所无法比拟的。

案例

2023 年 3 月 20 日至 22 日，国家主席习近平对俄罗斯进行国事访问，央视新闻视频号连续发布了十多条短视频：

大国外交最前线上新！国家主席习近平将于 3 月 20 日至 22 日对俄罗斯进行国事访问。共同关注！

现场视频！习近平乘专机抵达俄罗斯首都莫斯科。

现场视频！习近平步出舱门，俄方在机场举行迎宾仪式。

习近平会见俄罗斯总统普京。

当地时间 3 月 21 日下午，习近平主席的车队抵达克里姆林宫，将出席俄罗斯总统普京在乔治大厅举行的欢迎仪式。

现场视频！习近平出席俄罗斯总统举行的欢迎仪式。

习近平：这次访问俄罗斯，将擘画未来一个时期双方合作的蓝图。

有着 800 多年历史的克里姆林宫，再次迎来中国国家主席。一起跟随康辉走进欢迎仪式现场。# 大国外交最前线

习近平：两国关系远远超出双边范畴，对世界格局和人类前途命运至关重要。

习近平：中方始终坚定站在和平一边，站在对话一边，站在历史正确一边。

普京在克里姆林宫为习近平举行隆重欢迎宴会。

现场视频！国家主席习近平在结束对俄罗斯联邦国事访问启程回国。

时政 Vlog| 金色大门、水晶吊灯、绿色饮料……时政记者在克里姆林宫看到什么有趣见闻。

遵循分享性这一原则，还可以从现有的电视新闻资料中寻找有分享价值的碎片进行短视频化，引爆新的新闻点。

案例

金华电视台《百姓零距离》2021 年在视频号推出短视频系列“金华影像”，选取 20 世纪八九十年代金华电视台早期的视频资料，进行重新剪辑包装推出，在金华人和各地网友之中掀起了一波波怀旧风潮，每一条的点击量都达到了 10 万 +。在学雷锋纪念日，栏目视频号推出 20 世纪 80 年代金华某小学的小学生们在一场大雨后互相帮助蹚水进校的生动视频，其中一个小胖子踩三轮车载着一群孩子前行的画面，成为爆款，引发了寻

找当年“小胖子”的行动，从而牵出一个新的温情故事，并且对“学雷锋”的新闻主题进行了深化延伸。这是一个传统新闻与新媒体短视频互相借力、互相催化和提升演变的案例。

图 7-8 “金华影像”视频截图

2. **互动性原则**

从上面这个案例也可以看出，通过新媒体，碎片的分享性有可能向互动性演变，这就引出了碎片撷取另一个更高层面的标准：互动性，即事先对碎片有影响预期，希望有评论、有反响、有传播甚至有二次创作。如一个经营农场的小伙，他分享的视频体现了很多的野趣，比如抓到黄鼠狼、发现蛇蛋等，让人对他身处的环境深信不疑，进而对他推出的产品产生信赖，延伸到买与卖的互动。所以分享的价值与互动需求是密切相关的，这也是普通人制作新媒体纪实短视频时首先会考虑的问题。而传统的新闻报道往往是单向的，也无法即时互动。要改变这个局面，就要认识到新闻短视频化是个动态过程，要时刻关注观众的反应，随时把撷取到的有可能引起良性互动的碎片，编辑播发出去，然后根据互动情况调整各个碎片编发的频率、频次，并进一步撷取新的碎片。

案例

浙江卫视 2021 年开展的大型融媒体新闻行动——“在浙里见美好——走进乡村看小康”，除了传统的连续报道、新闻评论、大型直播报道之外，充分发挥新闻短视频的互动功能。例如“在浙里见美好”新闻行动走进金华站的时候，同时用短视频在抖音、快手上向外界动态发布金华的“宝藏”小康村，引导旅游消费的热点和兴趣点，取得了广泛的社会效应，在新媒体领域也扩大了影响力。

图 7–9　“在浙里见美好——走进乡村看小康”视频截图

3. 可塑性原则

哪些碎片是有可塑性的？故事的张力、想象的空间、模仿的可能、特别的效果、置换的戏剧性等，都决定了可塑性。媒体承担了政治宣传和价值导向的责任，把这条标准运用到新闻的短视频化上，就对新闻工作者提出了更严格的要求：哪些碎片会更有利于主题的宣传和升华，哪些碎片不宜随便撷取发布和加工渲染，短视频创作者必须事先加以判断。比如 2020 年父亲节有一个短片，其拍摄者选取了 10 位不同的出镜人与自己的父亲面对面，问父亲有没有曾为自己感到骄傲。近距离的尴尬、不适，日常的疏于交流，有机会面对镜头表白的激动，都被真实而又细腻地捕捉到，多对父亲和孩子之间不同的互动，放在一起，产生了特别的效果，也让人对父亲这个角色有了更深入的思考和理解。这个短片作者看到的碎片可塑性，就是预设问题的张力与不确定性。

二、新闻短视频的加工技巧

在现实中撷取的碎片需要加工，因为它虽然来自生活，却只是某个时间空间的片段，简单粗暴的表达固然更为原汁原味，但往往无法准确传达分享人的意愿和感受，无法充分传播画面蕴含的信息，有些时候还会造成歧义，加上其短小的特性，要想让它吸引眼球，必须有亮点，有冲击力，所以新闻短视频的加工必不可少。由于新闻短视频的纪实性质，碎片的加工不能天花乱坠、漫无边际，更不能歪曲现实，只能是对现实的提升。

1. 画面的构图和光影运用

例如来自新片场的 8KRAW 联合制作的纪录短片《眼界 2020：你们看，这世界多美啊》，汇集了地球上各地的景点，记录了每一个让人难忘的瞬间，每个瞬间和景点只有仅仅几秒钟，但拍摄的角度、手法、光影运动、同期声和音乐的运用，都让人印象深刻。

图 7–10 《眼界 2020：你们看，这世界多美啊》视频截图

2. 细节放大

细节包括动作、画面局部和声音等。如借助专业摄像机拍摄的《0.000 01 秒的美》，用慢镜头放大人眼难以捕捉的瞬间，让受众看完之后连连惊叹。

图 7–11 《0.000 01 秒的美》视频截图

3. 碎片重组

即按一定的逻辑进行跨越时空的碎片重组。如由四川省甘孜州文化广播电视和旅游局联合时差岛拍摄的纪录短片《丁真的新年》，就是用丁真的旁白来重组现实碎片。

图 7–12 《丁真的新年》视频截图

4. 情境设定

即预设前提，提供碎片演绎的情境然后记录，如前些年引发热议的央视新闻《你幸福吗？》，不同的人面对同一个突兀的问题，在镜头前表现出非一般的真实。

图 7–13　央视《你幸福吗？》视频截图

相关链接

经典新闻短视频作品赏析

①短视频新闻：北京一处级干部当外卖小哥，12 小时仅赚 41 元："我觉得很委屈！"

扫二维码观看作品

作品简介：2021 年 4 月 27 日 23 时，记者发现一条短视频新闻《副处长变身外卖小哥累瘫街头》。深入研究后，确定以"12 小时赚 41 元"为新闻点进行二次传播。既呈现党员干部"深入普通群众"，也体现平凡的劳动并不简单，利用身份的反差、对普通岗位和寻常劳动认知的反差，形成关注点、讨论点、共鸣点。经过 3 个小时信息梳理、图文及视频稿件综合制作及审核，4 月 28 日 8 时 17 分，该文在北京日报微信公众号推送。8 时 43 分，北京日报微博推送该稿件，并申请话题进行投票、设置议题等综合传播。引发热烈讨论后，继续设置投票、反响、评论等多条互动传播内容，将话题进一步引入更深、更广的传播，在微博、微信朋友圈刷屏，成为现象级传播内容。

②短视频 MV：三星堆国宝大型蹦迪现场！3 000 年电音乐队太上头！

扫二维码观看作品

作品简介：这是主流媒体尝试用年轻化方式传播中华优秀传统文化的现象级融合报道作品。2021 年为中国考古百年，3 月三星堆遗址新一轮考古发掘"再醒惊天下"。川观新闻推出以《我怎么这么好看（三星堆文物版）》MV 为主体内容的融合报道《三星堆国宝大型蹦迪现场！3 000 年电音乐队太上头！》，引发全网关注。

该作品内容表达有新意。将三星堆文物原创手绘动画与最新发掘现场视频结合，搭配有幽默四川方言的电音神曲，融入赛博朋克特效，多元素融合反差萌，让古蜀文物在互联网上"活"了、火了。

技术应用有创意。动画师数字手绘 23 件三星堆文物，兼具艺术性与真实性。视频采用 AE、Animate 等专业软件制作骨骼绑定动画，借助 C4D 制作出超清粒子效果，配合达・芬奇调色，让文物在受众眼中更三维立体。

人文内核展敬意。视频再现 1986 年和 2021 年的三星堆遗址发掘现场，同时通过大型交互式专题《再醒惊天下》中的图文、直播、视频、H5等新媒体报道，全景呈现三星堆新一轮考古发掘成果、历史价值和人物故事。

③短视频：放大音量！听百年最硬核声音

作品简介：筛选神舟十二号载人飞船、天和核心舱、天问一号等火箭发射穿云破日声；山东号航母下海、奋斗者号深潜声、三峡工程开闸放水声；原子弹、氢弹爆炸声；天眼之父南仁东、天问一号总设计师张荣桥、袁隆平院士、屠呦呦采访原声等十余个中国科技创新最硬核的声音，以视频快剪形式，呈现在党的领导下将困难当阶梯用于登攀的中国科技奋斗史。视频发布后微博阅读量迅速达到300余万，被媒体和机构大量转发分享。

扫二维码观看作品

④微视频：50年了，看中国交出的答卷！

作品简介：视频紧紧围绕习近平总书记提出的“中国始终是世界和平的建设者、全球发展的贡献者、国际秩序的维护者、公共产品的提供者”理念，以构建人类命运共同体为主线，将50年来中国与联合国携手同行带给世界的变化，以“看得见”的方式呈现给海内外受众。视频体现出政治站位高、主题把握牢、选题角度巧、表现形式新、影响范围大、传播效果好等鲜明特色。不仅制作了视频，还在《人民日报》做了整版报道，在海内外网络等新媒体端、电视端等进行了融合传播，覆盖受众超过5亿人次。

扫二维码观看作品

视频以塞罕坝机械林场护林防火瞭望员刘军等人的故事切入，从环保、扶贫等领域见证50年来中国的发展变化及为联合国事业做出的贡献。多语种推送，借外嘴点赞。以联合国秘书长古特雷斯等重量级采访对象为依托，凸显中国对世界的贡献，并做9语种推广，打通内外宣，讲好中国故事。多角度融合创新。使用4K电影机拍摄，后期剪辑使用“匹配剪切”法等，让视频具备电影品质。主创团队历时百余天、数十次策划，奔波近10个省区市，拍摄大量珍贵画面，原创视频素材量达3TB，具有独特新闻价值和史料价值。

思考与实践

结合本章节学习的内容，对第四章的人物专访实践，从三个层面进行短视频化处理。

具体要求：

①遵循分享性原则：在专访中寻找有分享价值的视频碎片进行短视频化，引爆新的新闻点。

②互动性原则：选取与受众需求密切相关的视频碎片进行短视频化，引发受众的评论。

③短视频加工：对进行短视频化处理的视频碎片进行加工，使短视频更具亮点和冲击力。

第八章　公众号文案的写作

思政目标

1. 理解互联网营销思维。

2. 在坚持新闻报道基本原则的前提下，运用互联网思维提升新闻报道的传播力、影响力。

学习目标

1. 了解公众号的市场价值。

2. 熟悉公众号的选题技巧。

3. 掌握公众号标题的写作技巧和注意事项。

案例导入

4 句话 100 万 +！王老师是怎样做到的？

2022 年 2 月 1 日，大年初一，在举国欢庆新春佳节时，中新网的值班编辑们，还在为网友们精心准备着轻松愉悦的新闻大餐。随后，中新网公众号推文《王老师，请支持一下暂时遇到困难的中国足球》在朋友圈疯狂刷屏。

图 8–1　《王老师，请支持一下暂时遇到困难的中国足球》推文和微博热搜截图

这次推文传播效果突出，评论区有一大半的功劳。这篇 100 万 + 推文一共收获了近万条留言。

王老师和卢老师走红的第二天，由于话题上了微博热搜，有一些不和谐的声音浮出水面。

“占尽便宜”的王老师觉得，应该为卢老师和真正热爱足球的人们说点什么。

于是就有了《我是王老师，致敬真正热爱足球的每一位》。

图 8–2 《我是王老师，致敬真正热爱足球的每一位》推文截图

紧接着，中国代表团赢得了北京冬奥会的开门红，中新网编辑们提前就想到了王老师不给卢老师发稿的梗，于是发布了非常规的比赛报道：《“王老师……”“发！赶紧发！”》。

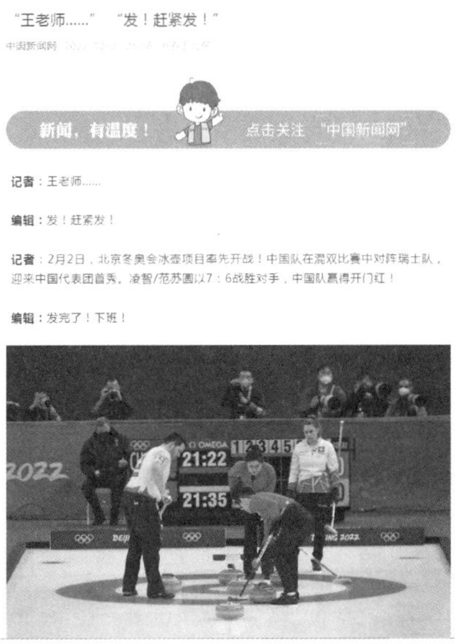

图 8–3 《“王老师……” “发！赶紧发！”》推文截图

网友反馈依旧热烈。2 月 4 日凌晨，就在编辑部全员迎接中新网大型直播报道“冬奥 24 小时”的时候，中国女足非常精彩地赢了比赛。而且，加时赛绝平，点球大战绝杀，两个关键进球，都是由女足队长王珊珊完成的。于是，王老师（全名：王珊珊）发了 # 王珊珊给王珊珊点赞 # 的微博。

图 8–4　# 王珊珊给王珊珊点赞 # 微博截图

而中新网第二天更新的推文《绝杀！王珊珊点赞王珊珊！》阅读数超 10 万。

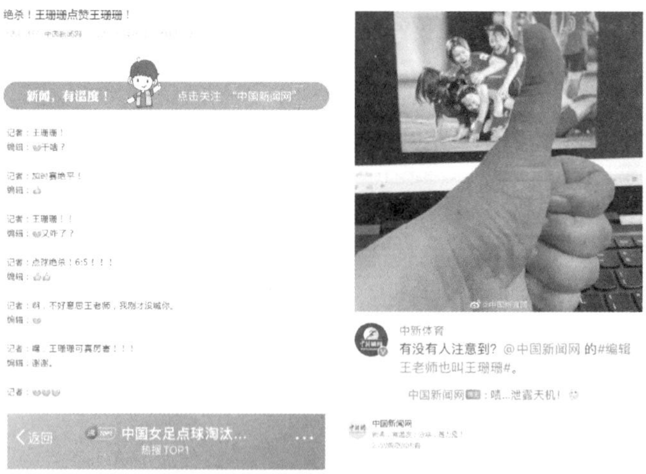

图 8–5　《绝杀！王珊珊点赞王珊珊！》推文截图

女足冠军之夜比赛时，中新网微信公众号在比赛结束后第一秒发出微信《“王……”“发发发！”》。这是微信端王老师和卢老师连续剧的第五集。文章中，对前四集有整合展示。

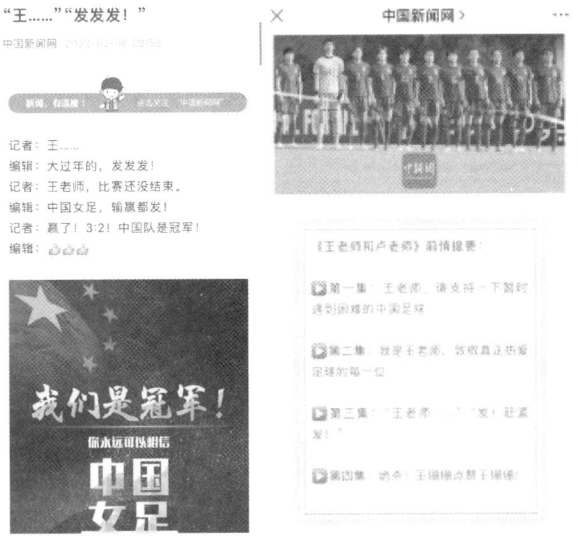

图 8–6　《“王……”“发发发！”》推文截图

王老师和卢老师的推文连续剧，一共一条推文 100 万 +、三条推文 10 万 +。

思考与讨论

“王老师”的所谓“走红”，说明社交媒体真正的流量密码是什么？

第一节　公众号的市场价值

伴随着平台的多元化与流量获取越发困难，人们开始思考，什么平台的流量更加“值钱”？以往，在微信公众号发一篇文章能够收获不错的阅读量，而现在，公众号内容营销似乎逐渐变难，公众号的流量红利开始逐渐下降。

短视频媒介的兴起无疑吸引了大批用户，但公众号的流量仍然不可小觑。自媒体发展至今，公众号已发展成为一个十分成熟的平台。腾讯控股公布的 2022 年第四季度及全年财报显示，微信及 WeChat 在第四季度的月活跃用户数为 13.13 亿，同比增长 3.5%，继续保持着“第一国民 APP”的地位。如此庞大的用户数量是其他平台不能比拟的。

更为核心的是，尽管公众号也开始信息流化，但公众号更兼具文本的壁垒性、内容的圈层化、话题的舆论性和价值的长期性。

当今社会是一个充斥着大量信息的时代，如何从中过滤、筛选出满足自己诉求的可用信息是一项重大的工程。基于共同利益与相似兴趣而产生的公众号，就是一个信息的过滤网。不管人们身处何地，抑或是人际关系网有多复杂，这些所谓的关系都可以通过社群的社交类网络进行重组、过滤，人们从中获取的信息质量和效率大大提升，筛选成本也会大幅度地降低。微信公众号作为一种根据自己的价值判定和需求自主选择的社群，拉近了人们之间的距离，加之近乎真实的在线沟通与用户体验、互动，以一种隐形的“面对面”交流方式解答疑虑，使得整个社交过程变得有温度，传播效果更容易达成与实现。①

一、微信公众号的营销优势

1. 高效抵达

微信公众号的营销模式是指依靠多媒体向用户传递符合社群内价值观与兴趣习惯的信息，期望展示自我，获得社会认同感，以此递进式地实现自我价值乃至货币价值。微信公众号作为社群营销的“优秀代表”，拥有优于传统营销与其他网络营销的到达率和精准率，便于展开精准化定位的营销模式，收集并分析用户的喜好、审美、习惯，有目的性地制定营销策略。在这一个小的社群环境中，先为受众提供其感兴趣的内容，最大限度地引起他们的共鸣与关注，从而利用自身的关注度和受众黏性的影响力获得利润。

2. 口碑效应

社群营销最重要的是形成扎实的口碑与好评，这些所带来的效益会大大超过一味地扩大流量。口碑传播是一种链式传播，对信任度的要求极高，是一种容易扩散的强关系，通过忠实用户逐渐延伸至陌生人中的链状扩散，表现为“我”吸引粉丝、粉丝吸引粉丝的滚雪球形式。这些自发涌过来的用户，都是先被信息“筛”了一遍的，可以称为精准用户。成功营销的基础是信任，好口碑源于信任感，如何增强用户的信任感，要看“个人品牌”的树立。“个人品牌”不只指专业知识的储备，更多的其实是乐观、积极的生活态度、做事风格，与用户相同的生活方式和兴趣习惯，以及较为丰富的生活经历和解决问题的能力等。也就是说，采用与用户相近的标签强化自己的个人魅力，类似于意见领袖般的存在，时刻保持与用户的黏性，是加深信任感、获得好口碑的柔性力量。

3. 强交互氛围

如今微信公众号越来越普遍，用户类型也变得更丰富。微信公众号每日推送一次消息，亲民但不扰民，且解禁了时空捆绑，实现了世界各地的同步传播。即使错过了实时更新，也可以通过查看历史消息，随时“补课”。多元化的营销模式，给了用户自主选择的权利；精准的定位、及时性的互动，更是拉近了与用户之间的距离，也使整个过程变得生动、有趣。“互动”二字本就透着人性化，在微信公众号这个社群中进行营销并取得成功的原因不外乎是社群内人们的文化符号认同以及情感归属，而这个过程中的每个细节包括建构、聚集、经营、推广无不弥漫着“人性化”的气息。通过相同利益标签的牵引，即便是很小众化的兴趣和爱好也都可以在此找到认同感，随之进行的日常沟通与

① 王艳玲、李宸：《微信公众号的传播特性及其营销优势》，《新闻爱好者》2017 年第 10 期。

交流也就自然而然了，这便是所谓的强交互效果。就如本章节案例导入中“王老师”的“走红”，就是因为无论信息传递、情绪传导，还是评论区互动，都跟网友站到了一起。真正的流量密码，就是网友的心。

二、微信公众号营销对内容传播的启示价值

在自媒体时代，微信公众号要真正实现高效营销，做好“服务”是第一位的。微信传播靠的是内容取胜，微信公众号是一个相对闭合的空间，要想充分利用公众号做好内容的传播，不是瞬时的，而是持续性的。

1. 培养目标受众

根据微信营销学理论，当某一微信公众号的关注用户少于 1 000 人时，是没有办法产生营销效果的，但这并不意味着微信公众号的经营只是一味地追求数量。虽说群体规模也很重要，但群体价值观的一致与群体成员间的凝聚力才是维系平衡的纽带和安定剂，且有益于社群的持续性发展与运营。即持续性经营公众号内容，长期与用户保持互动，维持用户数量并培养忠实用户，是进行微信公众号营销的前提。

案例

公众号“黎贝卡的异想世界”创始人方夷敏是从《南都娱乐周刊》的一线记者转型为自媒体人的典型代表，其公众号定位是将自身打造为优质“干货”的供应者。该公众号几乎每篇推文的阅读量都在 10 万以上。虽然她的成功与以前在传统媒体积攒的人脉有些许关联，但那只是一夜爆红的助燃器，真正推动公众号长久红火的关键还是在于她始终保持着对一切事物的好奇心，总能在别人认为的寻常世界中敏锐地捕捉和感知时尚圈的新鲜事物并及时反馈给粉丝。这种群体的共鸣力度和忠诚度极其强大，曾有粉丝反馈说，“黎贝卡”不只是单纯地教人们穿衣搭配，而是会从中传达出女性应该积极向上、学会爱自己的人生态度。

2. 依靠价值积淀用户

如今，微信公众号数量呈现前所未有的泛滥之势，要在生存与质量这个十字路口做出正确抉择，就要学会自我造血。即依托群体认同的心理机制，靠内容吸引用户，保持粉丝黏性，靠深度细水长流，凭社群积淀粉丝。而真实意义上的粉丝沉淀，离不开社群的建立、专业性知识的牵引以及充满魅力的品牌影响力。

案例

“罗辑思维”首创付费式会员制度，积淀了更加忠实的用户群，也更加深化了品牌形象。在这个各类知识盈余的年代，对于用户来说他们更愿意为好东西而不是为低价买单，拥有同样知识诉求的用户会选择付费入会，以满足自己的精神需求。

由此可见，微信公众号是通过情感因素维系的社交群体，会让人们产生更多的认同感，并更愿意积极主动地展现自己的观点与想法，满足人们渴望被理解与被尊重的需求。厚重的原创功底和超常的体验力、感受力是微信公众号成功的秘诀。也正是这种精确的触达率和真实的交流互动，保证了微信用户更真实、更有价值的体验。简言之，微信公众号运营者一定要有明确的使命感、价值观，做好实际性的“服务”去沉淀用户，才能以内容创造可持续的发展空间。

第二节　公众号的内容运营

互联网时代，做新媒体运营，内容创作依然是核心。

好内容带来粉丝，好内容形成产品，好内容构建出一个账号的核心竞争力。但公众号内容运营绝不仅仅是文字活，在潜心做内容的同时，系统的内容规划也是非常必要的。做好系统内容规划，是公众号运营的关键。

一、整体内容方向定位

1. 账号定位

许多公众号运营失败的根源，在于没有清晰的定位。不要将定位理解得太过学术和理论，对于绝大多数人而言，只需要想清楚以下 4 个问题。

（1）我是谁？是媒体人、创业者、大学生、广告人、健康顾问、宝妈，还是音乐爱好者？

（2）我的目标人群是谁？可以从性别、年龄、家庭状况、教育、收入、职业、行业等自然属性以及后天社会化所形成的社会属性等方面进行分析。

（3）我能为目标人群提供什么垂直内容？新闻资讯、商业经济、广告文案、情感心理、职场社交、时尚美妆、财务管理，还是写作经验？

（4）这些内容对目标人群有什么独特的价值？帮助成长、获得最新资讯，还是提供情感的共鸣、缓解焦虑？

想清楚这些问题，是开始运营公众号的第一步。

2. 竞品分析

俗话说“知己知彼，百战不殆”。明确了账号定位，先不用着急做公众号内容规划，而应该先做竞品分析，包括竞品目标人群、服务类型、定位、功能介绍、菜单栏设置、内容规划、内容特点、用户互动、活动类型及更新频率、涨粉渠道等，了解行业和同类型账号现状。

对行业和同类型账号了解越多，目标方向就越清晰。

3. 栏目规划

做内容规划时，要有意识地把主题类似的内容归为一类，策划栏目名称以及选题方向，形成特定风格的内容集合。这种做法可以让用户的阅读期待感更强，而且固定栏目一旦形成就会产生内容叠加的力量，打造出自己平台的内容符号，起到“四两拨千斤”的效用。

在规划栏目时，需要确定栏目主题、风格调性、对应选题、视觉呈现；栏目内容形式是文字、图片、音频，还是视频；栏目内容来源是原创、整合、约稿，还是征文、转载；栏目发文的数量、推送频率和更新时间等，形成规范的形式。

4. 内容风格

当前，公众号同质化的问题越来越严重，除了类别的同质化，还有选题的同质化、内容的同质化、视觉的同质化等。

要想在这些同质化的内容中脱颖而出，形成自己独特的账号风格就十分重要。这其中最关键的就是公众号人格化，形成“人设”，而不仅是单向的文字输出。

互联网的发展推动读者对内容生产的需求越来越丰富，除了内容对口，还特别重视是否是自己喜欢的风格类型，就像结交朋友一样，会找和自己谈得来的人。因此，要确定与用户的相处方式，就要打造内容专属的人格。

5. 内容视觉呈现

统一内容呈现视觉，可以增强品牌感的传达。一个公众号就是一个品牌，视觉上的风格化就相当于品牌 VI。用户在看公众号内容时，需要将文字转化成语言输入大脑，而视觉则是直接传达，能更快占领用户心智。因此公众号的头图、内容排版、色彩搭配等每一个方面都应该尽力形成自己特有的风格，且一切都需围绕提高读者的阅读体验展开。

二、选题库建立

从新媒体的角度来说，一篇文章的成功 80% 靠选题。因此做系统内容规划，建立选题库势在必行。

1. 爆款选题的 4 大底层逻辑

公众号文章的内容、风格虽不同，但选题的底层逻辑却是共通的。

（1）关注度。选题关注的读者越多，文章阅读量自然就高。关注度，主要从两个方面提升：覆盖人群、痛点程度。

想要覆盖人群广，首先要了解公众号传播机制——基于圈层传播。公众号阅读量的增长主要靠读者分享朋友圈，而朋友圈内大多都是同圈层的人。比如从事媒体运营的人，他的好友大多也从事相关职业；某一个地区的人，他的好友大多也是这个地区的人。什么样的人，有什么样的好友，传播什么样的内容。因此，诸如《震惊！……》《吃 ×× 同时吃 ×× 会砒霜中毒》等文章，在老一辈的圈层里传得很广，但鲜少看见年轻圈层转发。

这就使得文章受众圈层越广，选题覆盖的人群也就越多。同样是写家乡的，《厉害了，我的 ×× 县城！》，选题覆盖人群可能只有县城的几十万人；如果写《厉害了，我的上海！》，覆盖人群至少数千万人。

但是，覆盖人群广，仅仅意味着潜在目标读者多，并不意味他们一定会对选题内容感兴趣。读者感兴趣的话题，必定是能直戳痛点，满足内心渴望的。比如，选题的覆盖人群同样是孕妇，一篇文章写的是关于孕妇的时尚着装，另一篇文章写的是关于孕期的饮食禁忌。很显然，后者更能触达覆盖人群的痛点。

（2）价值感。读者看文章，总是希望能从中收获一定的价值，无论是娱乐价值，还是新知。总的来说，价值感分为以下六个方面。

①引发共鸣。文章阐述的观点，能够引发读者强烈共鸣，让读者看了文章后忍不住感慨："文章中说的就是我啊，这就是我想说的话啊。"

②颠覆认知。打破读者的惯性思维，颠覆读者旧有的认知，让人觉得耳目一新。

③提供新知。给读者提供新知、干货，解决是什么、为什么的问题。这类文章写得好，很容易成为圈内 KOL（关键意见领袖）。

④解决方案。提供读者某个问题的具体解决方案。

⑤情感价值。满足读者治愈、感动、励志、愤怒、快乐、缺乏安全感等情感需求，从而打动读者。

⑥新闻价值。相关领域的新闻出现时，能在第一时间，从专业角度出发，给读者具有独特性、价值性的内容。

（3）新鲜度。每个人每天都要接收无数信息，要想引起读者注意，就得不落窠臼。比如疫情期间，大多数人都在写疫情为什么发生、国内外疫情防控对比、疫情下的感人故事等。有一个平时不起眼的公众号打破常规选题套路，从传播学的角度，写了疫情期间谣言为什么盛传，以及个人在群体效应下的反应，阅读量突破 10 万 +。再比如垃圾分类政策刚出台时，很多人吐槽新规，或遇到的相关奇葩事。有人借势写了《垃圾男人分类图鉴》，1 天阅读量破百万。

新的呈现形式，也能给读者以新鲜感。例如，每次推送语音的"夜听"，做条漫的"有趣青年"，用小漫画、插画、表情包等呈现内容的"动物办公室"等。

（4）话题时机。同样的内容，在不同时机推出，产生的效果会大相径庭。由于热点自带流量，选题时要尽可能留意。

在追热点时，要特别注意：热点要与公众号定位相关；速度一定要快，如果赶不上，就要加上独特的观点，给读者新鲜感。

2. 读者成长路径，是最好的选题"套路"

公众号运营，最重要的是为读者创造价值。只有内容对读者有价值，他们才愿意看，愿意转发。

以公众号运营教学类公众号为例，读者想要的价值是公众号运营干货，想入门公众号运营或进一步进阶。那么，就可以列出"读者成长路径"，细分出要入门或进阶高阶公众号运营所要掌握的各个知识板块，并给予对应的内容，帮助读者成长。

从初阶公众号运营成长为高阶公众号运营，需要掌握的知识板块包括：选题策划、内容写作、文章标题、排版配图、数据分析、账号涨粉、活动策划等。

把知识板块罗列出来后，再进行细化，列出具体需要掌握的技能。每个技能就是一个选题切入点，像"内容写作"知识板块下，需要掌握的具体技能有：高分享率文章、文章框架、素材收集、商业文案撰写等。这些具体的技能就能衍生出具体的选题，比如从"文章框架"中，可以衍生出的选题有："如何设计一个高分享率的结尾？""欲罢不能的文章开头怎么写？""常见的文章框架、结构有哪些？"随着作者对读者及行业的了解越深入，这张读者成长路径图就能分得越细，选题库也就形成了。

3. 白三角选题法

追热点要想效果拔群，就必须打破常规思维。

日本广告大师小西利行曾在其著作中提到，每当他创作没灵感时，就会画两个三角形，在一个三角形内填入与目标群体相关的关键词，另一个三角形填入热点关键词，再将它们重新排列组合，就能得到正常逻辑下无法得出的好选题——这就是白三角选题法。

以新媒体运营教学类公众号为例。首先画两个三角形，在左边的三角形里填入与目标读者"新媒体运营"相关的关键词。比如：公众号、抖音、学习、干货、找工作、跨行、副业、互联网、写文章、拍视频、个人 IP 等；在右边的三角形内填入最近的热点，比如"流感"，再展开关键词联想：隔离、口罩、疫苗、春节回家、国外、异地办公、发烧等；最后将左右两边的关键词重新排列组合，就能得出热点选题：《在家写文章，如何更有效率？》《国外新媒体运营 VS 国内新媒体运营》《春节回家期间，我教父母拍视频，发抖音》……只要理解底层逻辑，用对方法，选题就不难。

三、内容素材来源

有了选题，还要把作者想要表达的观点精彩地呈现出来。写文章不是空想，也不是无中生有，只有规划好了内容素材来源渠道，在有了选题之后，内容产出才会更顺畅。

1. 自己的工作、生活经历

新媒体人自己在工作、生活中的经历是写作最好的素材，不仅真实，而且独一无二，富含感情。很多自媒体"大 V"经常会写自己的成长历程、生活经历，非常受欢迎。他们的成功就在于对世界变化的敏感度、对生活的思考、与众不同的洞察、特别的经历以及自己多年的生活积累。他们写得入木三分，看的人也感同身受。

2. 社交聊天内容整合

有人的地方就有聊天，有聊天就有素材。常见的社交平台如 QQ 群、微信群、论坛精华帖等，天然会产生大量的话题和内容素材，且都是读者们关心的。作者也可以主动在一个或几个社交平台就某个主题发起讨论，吸引用户一起畅所欲言，这些都是极好的素材。

3. 借势热点，输出观点

热点一直是内容创作者的最爱，不仅自带流量，而且关注度高，看的人也愿意转发。

几乎每个主流平台都有热榜，里面有源源不绝的内容素材，作者需要做的就是从这些热点中挖掘出有用的信息，反复锻炼自己对热点的嗅觉，以及打磨独到的观点。

4. 别人的经历

一个人自身的经历和故事有限，但身边的朋友、家人、同事，或者上网看到的别人的故事都可以是写作的内容素材。新媒体人要擅长挖掘这些人和事，有敏锐的洞察力和与众不同的思维，站在自己的视角去向读者讲述，去表达感情和价值观。

5. 写过的文章也是存量素材

做公众号写文章，如果坚持写下去会积累出大量的历史内容。这些存量内容如果发完就翻篇了，对作者是一种损失。随着个人的成长以及眼界的提升，很多观点会发生变化，可以把一些之前写的优质文章重新进行翻新，加入新的思考、观点或者案例，再次发出去。

6. 关注同类账号

向同行学习，参考借鉴优秀玩家，是发掘素材的有效手段。同行写的一篇文章成了爆款，大概率值得借鉴，可以尝试用自己的视角和切入点来写。

7. 书籍、影视、综艺

写作是一个需要不断输入的过程，在看书、看影视、看综艺的时候可以边看、边感受、边记录，让这些成为庞大的内容素材库来源。

8. 从热门评论区挖掘

评论区里有大量犀利的观点，简短而深刻，还会有很多令人意想不到的角度，这都是很好的内容素材。

内容素材来源有很多，只要坚持积累，形成一定的渠道规划，素材来源就是无穷尽的。

第三节　时政新媒体标题的写作逻辑和技巧

茅盾曾说，好文章的标题和开头犹如春云初展、鲜花露放，叫人一见钟情。而要做一个好的新媒体标题，就像是脚杆子上绑大锣：绑不好，要绊自己一个大跟头；绑对了，走到哪儿都当当响。

在新媒体时代，标题对于稿件传播有着近乎决定性的影响。但对于时政新媒体来说，其内在属性决定了既无法像很多自媒体一样，可以在标题上肆意创新，也没有办法像一些垂直类媒体一样，通过持续推出同质化的标题，来固化自身个性化的符号，增加辨识度。

因此，时政新媒体标题的逻辑，就是从尊重新闻本身出发，根据每一篇不同的稿件和选题，提炼打磨出最合适的标题。

案例

2023 年 2 月 22 日中午，中国新闻周刊微信公众号发布了一篇名为《瑞幸创始人决定干掉瑞幸》的文章，阅读量很快就达到 10 万 +。

这篇稿件最初的标题叫作《比瑞幸还要狂的咖啡，能飚多久？》，但当编辑们判断，电视剧《狂飙》的热度已过，硬蹭会适得其反后，便开始了讨论。在先后筛掉了《陆正耀要再造一个瑞幸》《9.9 元的咖啡，两个月要开 1 000 家？》《瑞幸的对手来了》等标题后，最后确定了《瑞幸创始人决定干掉瑞幸》。

标题将文章中最有矛盾冲突的点和人以及最有知名度的品牌瑞幸保留在标题里，最终通过“干掉”两个字带来冲击力，得到了很好的效果。

一、时政新媒体标题写作的内在逻辑

1. 硬新闻，就要突出最硬的信息

当突发事件、重要新闻事件发生时，新闻的时效性成了新闻传播中的重要价值。将独家核心新闻增量放置进标题，就是最好的方式，这时不需要过分考虑标题的长度，但要注意准确严谨。

案例

《胡鑫宇遗体在学校后山粮仓附近被找到，村民称找鸡时发现》

《十天内要赔偿近 70 万元，刘鑫发起网络募捐，被封号》

《长沙电信大楼火灾，亲历者：逃出约十分钟，火就烧到了高层》

2. 特殊人物，要在标题里“挂出来”

如果文章中提到了某个特殊的人，或是新闻当事人，或是新闻解读者，在其知名度和话题度都较高的情况下，可以把人名直接挂出来。

案例

《白求恩式的好医生赵雪芳》

3. 与内容生辉，与读者共情

大量的好标题都是因为实现了与读者的情感共鸣。

情感共鸣是进阶维度，有时需要把握读者的情绪点，有时需要旗帜鲜明地把媒体自身的情绪展现出来，以寻求读者的共鸣。

案例

《三年前去鹤岗买房的人，现在怎么样了？》

《烧都退了，黄桃罐头还没买到》

《毕业十年，母校变成高职》
《特斯拉又又又失控了？》
《年轻人怎么不爱换手机了？》

4. 找到与文章内容最巧妙的契合点

标题和文章，二者不能孤立存在，寻求二者之间最巧妙的契合点，会达到奇效，无论是内容、风格，甚至是一句直接引语，都可以让人拍手叫绝。

案例

《三国演义》中饰演关羽的演员陆树铭去世当天下午，中国新闻周刊公众号发表了名为《众位将军，“关某”去矣》的文章，文章巧妙使用了关羽在原著中的台词，而“关某”二字上的引号，则为最巧妙之处，引发人们无数遐想，陆树铭和关羽仿佛已经合二为一，密不可分。

5. 用充分沟通打破标题制作的“信息茧房”

由于新闻题材、内容、形式、领域不尽相同，很难高度概括一个能屡试不爽、一劳永逸的方式。

沟通，是标题创作中很重要的部分。在不断的沟通和碰撞中，可以互相感受到彼此关注的重点、彼此坚持的问题、彼此在乎的群体。

好标题一定不是由一个人的观点和判断形成的，而是在沟通和碰撞中形成的。

6. 在实践中不断检验、修正判断

新媒体的好处就在于，由于日常发布的内容数量多，容量足够大，并且反馈足够及时，那么曾经犯下了的错误或者留下的遗憾，都可在日后的类似题材中进行弥补。

归根结底，标题不是给记者、编辑看的，是给读者看的。一个好标题最终是否被认可为好标题，是通过读者一次次点击确认的。每一个留言被选取、被精选、被置顶，就代表着作者和读者之间的一次沟通。读者虽然人不在编辑部，却始终在和作者讨论，这种沟通同样是思维上的碰撞，而读者的观点和兴趣非常重要。

7. 重视标题但绝不能当“标题党”

好文章的风格千变万化，但无不具备条理清晰、结构完整、内容翔实、观点鲜明、入情入理等基本特征。

一篇粗制滥造的文章，配上“震惊”“突发”等字样或许能在短时间内收获点击量，但从长远来看，会失去媒体的权威性和客观性，无异于饮鸩止渴。

总而言之，新媒体标题创作，最终还是为了传递价值。把优秀的文章内容价值，用标题去体现，用标题让优质的内容为更多人所分享。只有这样，才能使标题与内容互相提升，形成正向循环。

二、时政新媒体标题的写作技巧

1. 标题要亮眼

在我们的日常生活中，第一印象非常重要。这在心理学上叫首因效应，指的是人际交往中给人留下第一印象至关重要。写文章也是同理，标题是文章的第一印象。

互联网时代，抢占的是大众的碎片化时间。如果标题不吸引人，读者就不会打开。没有阅读量，文章就只能算失败了。而要想写一个爆款标题，最可行的方法就是多研究同行的作品，多钻研优秀的文章标题。

2. 内容对读者有用

文章就是一件商品，用来满足用户的需求。内容有三种价值：情绪价值、启发价值、利益价值。情感类文章，满足用户的情感需求，引起情绪共鸣；观点类文章，可以启发思想，引导民智；干货类文章，可以满足用户的学习需求。如果文章对读者没用，也就失去了文章的价值。

3. 长短句结合

新媒体文章的风格偏向于短平快，有种节奏感。在长句和短句的交替和起伏中，句式变化丰富，可以提升文章的美感。

4. 逻辑清晰

好文章的标准是逻辑清晰、通俗易懂，让读者能够清楚地领悟到作者表达的内容。

好的文章，结构是骨骼，素材是血肉，结构 + 素材 = 文章。

5. 多用金句

金句的特点是朗朗上口，有节奏感和韵律感，让人过目难忘，容易传播并且富含哲理。在文章的开头、中间、结尾部分添加一些发人深省、有哲理、易共鸣的金句，可以极大增强文章的感染力。

6. 受众面广

文章是为用户服务的，而受众面是有一定的范围。一般来说，从受众面角度，情感文 > 观点文 > 干货文，观点文和干货文的理解成本要高一点，所以受众面相应要小一点。

案例

标题修改 10 例：

改前：《全国政协委员魏世忠：心系高等教育，关注民生所需》

改后：《全国政协委员魏世忠：人口大省河南要建更多一流大学》

（分析：原标题空洞无物，改后标题说到了一亿河南人心坎上，即刻登上全国热搜。）

改前：《荣誉皆过往，拼搏再出发——专访中国女篮主教练郑薇》

改后：《中国女篮主教练郑薇谈“世界杯亚军”：我们还不是一支真正的世界强队》

（分析：原题太传统了，改用直接引语“我们还不是一支真正的世界强队”，更契合大众阅读习惯。）

改前：《可载 24 万吨货物！我国自主研制的最大集装箱船交付》

改后：《甲板有 4 个足球场大！我国自主研制全球最大集装箱船交付》

（分析："可载 24 万吨货物"对于普通大众来说没有具体的概念，难以感知大小；改成"甲板有 4 个足球场大"形象具体，便于理解。）

改前：《市场监管总局公布第六批查处涉疫药品和医疗用品违法典型案例》

改后：《销售不合格口罩、哄抬药价！市场监管总局最新通报》

（分析：原标题太长，没有重点，改后关键词前置让标题更醒目直接。）

改前：《习近平抵达莫斯科，在伏努科沃专机机场发表的书面讲话》

改后：《习近平抵达莫斯科，在机场发表书面讲话（全文）》

（分析：伏努科沃专机机场不是必要信息，索性不提，使标题更精简。）

改前：《成都大熊猫基地："宝新"因多器官功能衰竭不幸离世》

改后：《不到 2 岁的大熊猫"宝新"离世，成都基地通报内情》

（分析：报道的新闻点在于"不到 2 岁"，把关键词提前更能凸显重要性。）

改前：《暴雨 + 沙尘暴 + 强对流天气！中央气象台连发三个蓝色预警》

改后：《北方沙尘暴南方暴雨强对流！中央气象台连发仨预警》

（分析：改后明确是北方沙尘暴、南方暴雨，受众更加清晰。）

改前：《怎样才算校园欺凌？湖南明确恶意孤立等 5 种行为》

改后：《湖南省教育厅：孤立他人也算校园欺凌》

（分析：把"孤立他人"这一重要的新闻点直接放上标题，更清晰醒目。）

改前：《马云在杭州云谷学校谈未来教育：ChatGPT 已对教育带来挑战》

改后：《马云回国后首次亮相！谈 ChatGPT 对教育带来挑战》

（分析：马云回国首次亮相是大众关注的背景，不可不提。）

改前：《中宣部召开全国新闻记者职业资格考试工作电视电话会》

改后：《首次新闻记者职业资格考试 11 月拟举行，谁考？怎么考？速看。》

（分析：时政新闻标题要民生化，尽可能提炼出与大众相关的新闻点。）

思考与实践

给下面几则材料拟定合适的新媒体标题。

材料一：

区域全面经济伙伴关系协定（RCEP）15 日在东亚合作领导人系列会议期间正式签署，世界上人口数量最多、成员结构最多元、发展潜力最大的自贸区就此诞生。

这是东亚区域经济一体化进程的重大里程碑，为推动区域乃至世界经济复苏注入了新的动力。当前，国际形势正在发生深刻复杂变化，经济全球化遭遇逆流，单边主义、保护主义愈演愈烈，新冠肺炎疫情给包括东亚国家在内的世界各国带来严重冲击。在这一背景下，15 个成员国保持密切磋商，如期签署 RCEP，一个涵盖 30 多亿人口、占全世界三分之一 GDP 总量、全球最大的自贸区应运而生。

该协定的签署是地区国家以实际行动维护多边贸易体制、建设开放型世界经济的重要一步，对深化区域经济一体化、稳定全球经济具有标志性意义。在新冠疫情全球蔓延的困难时刻，东亚国家选择了开放合作。正如马来西亚国际贸易和工业部部长阿兹明·阿里所言，签署 RCEP 意味着东盟及其对话伙伴对自由贸易说“是”，向保护主义说“不”。

材料二：

11 月 14 日，一份全国各地区域创新能力的综合榜单——《中国区域创新能力评价报告 2020》（以下简称《报告》）在北京发布。根据《报告》，2020 年广东区域创新能力得分为 62.14，排名全国第 1 位。这也是自 2017 年以来，广东区域创新能力连续 4 年领跑全国。

在科技部支持下，由中国科技发展战略研究小组联合中国科学院大学中国创新创业管理中心研究编写的这一《报告》，已连续发布 21 年，是国内权威的区域发展评价报告。

细品《报告》，不难看出近年来广东科技创新工作发展脉络、思路与布局。连续 4 年领跑的密码是什么？持续推动科技创新驱动发展，广东还有哪些努力方向？阅政观为您一一解读。

（小标题）企业如何挑起创新大梁？

（小标题）高投入的科技研发如何高效“输出”？

（小标题）区域创新的短板如何补齐？

材料三：

近日，四川内江一民警下班去面馆吃面，没想到“偶遇”一名网逃人员，并将其拿下，这是怎么样的“一面之缘”？

当天，四川省内江市公安局市中区分局巡警大队一位民警下班后来到一家面馆准备就餐。“老板，味道如何？”当民警询问老板面条味道如何时，一旁就餐的红衣男子热心搭话：“味道还可以！”民警顺着声音看去，发现男子有点眼熟。据市中区分局中队长杨堃介绍：“因为当天上午我们才把这个逃犯近期的资料下发给队员，所以晚上碰到后印象肯定深刻。”据介绍，该逃犯当晚的衣着打扮跟资料照片上基本一样，连里面穿的衣服也没换，最主要他右嘴角有一颗比较大的痣。民警通过观察对比，很快就确定了搭话男子就是网逃人员胡某某。于是，民警迅速走出面馆，找来了在附近加班的同事。几分钟后，两名便衣警察赶到现场控制住了该男子。

在成功控制了这名在逃人员后，民警还不忘替他买单，并给这位“吃面吃了一半被抓”的男子擦了擦嘴，真可谓是“一条龙”贴心服务。

杨堃表示：“当时告知他我们是警察，他相当慌张，并且比较震惊，因为这名逃犯在逃了五年，一直被云南警方通缉。”据了解，2015 年，胡某某在云南省昭通市永善县聚众斗殴后潜逃，被网上通缉。目前，胡某某已被昭通市公安局接回。

“买单＋擦嘴”，警察这两个举动引发网友点赞：“关怀备至又铁面无私”“体贴又人性化地擦擦嘴”“不要跟陌生人说话的警匪版”。也有网友表示：“面吃完了，可惜了这汤”“这面不简单，内江牛肉面立大功了”。

第九章　融合新闻的其他类型创新

思政目标

1. 会对事物展开多角度、多层次的思考。
2. 能转变思维定式，创新报道方式，培养创新意识和创新能力。

学习目标

1. 了解新技术的发展催生的媒体融合新模式。
2. 掌握传媒新业态下各种创新类型新闻报道的思维方法。

案例导入

2021 年“两会”期间，人民日报新媒体重磅推出“‘两会’5G 云连线”，采访了获得全国脱贫攻坚楷模荣誉称号，来自云南丽江华坪女子高级中学的张桂梅校长。

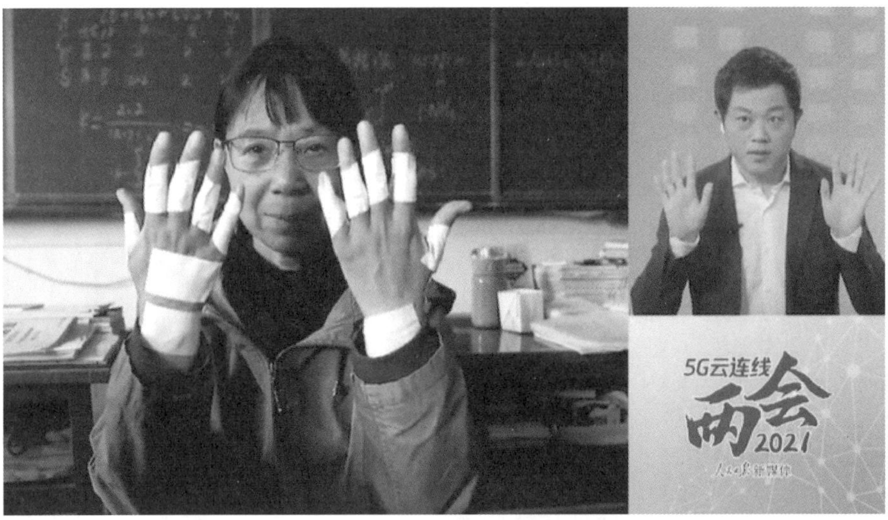

图 9-1　人民日报新媒体“两会”5G 云连线张桂梅截图

“校训给了孩子们自信”

“我生来就是高山而非溪流
我欲于群峰之巅俯视平庸的沟壑
我生来就是人杰而非草芥
我站在伟人之肩藐视卑微的懦夫！”
这是华坪女高的校训
张桂梅说校训给了孩子们自信
读书能够改变她们自己、
父母和家庭三代人的状况
她们一定要有改变的勇气
勇敢走出去

“走出这个学校后，就不要老回头看”

张桂梅说她有一个规矩
“走出这个学校以后
就不要老回头看这个学校
老惦记着这个学校”
她告诉孩子们要往前走，花更多时间去做自己要做的事“祖国哪个地方需要我们，我们就上那个地方去”

“要想斩断穷根，是要做出牺牲的”

华坪女高本科率高
但在张桂梅眼中
并没有什么特殊的教育方式
“我们是老师苦教、学生苦学、政府苦供的模式”
张桂梅深知，光是心疼学生们飞不出去
这一辈子还在穷坑里“要想斩断穷根是要受点痛苦的，是要做出点牺牲的”

思考与讨论

这个新闻作品体现了怎样的媒体创新？新技术的发展对媒体转型有怎样的促进作用？

第一节　媒体融合新模式[①]

大数据、云计算、人工智能、5G、超高清等技术应用逐步改变了传媒生态环境。近年来，新技术成为媒体融合发展的重要创新驱动力，数字化、智能化发展催生了不少媒体融合的新模式，形成了传媒新业态。

1. 大数据、云计算催生传媒新业态

大数据、云计算等技术为媒体云端化、数据化运营提供支撑。自 2012 年起，各类大数据、云计算产品不断推出的同时也形成了不少传媒新业态，如浙江日报集团的社交网络数据深度挖掘布局、云电视及其解决方案、OTT 业务（通过公共网络向用户提供内容分发业务）。

融媒体云平台建设重构传媒新生态。在传媒技术的加持下，媒体从单向传播走向交互式多媒体立体传播。自 2015 年起，各级媒体在云计算、大数据等技术的支撑下开始构建自己的融媒体云平台，"长江云""天目云"等省级云平台逐步推出，在通过技术、渠道等建设市县级融媒体中心的同时构建区域媒体生态。

疫情催生媒体融合云端新应用。受疫情影响，2020 年起"两会"新闻发布会开始采用云端采访形式，人民日报社的《"两会"5G 云连线》、新华社的《"两会"云问答》备受关注。这些视频连线、云访谈、云直播等应用形式背后是 5G、云计算等相关传媒技术的支撑。

2. 技术驱动，打造智媒体

在智能化发展过程中，各级媒体以新技术应用为驱动，逐步从内容生产智能化向产业结构与布局智能化发展。

主流媒体确立打造智媒体目标。2017—2022 年，人工智能连续 6 次写入《政府工作报告》。自 2019 年提出"智能 +"概念后，各级媒体加快了组建"智能编辑部"进行数字化、智能化转型的步伐，人工智能技术广泛应用于新闻写作、节目选题制作等各个方面。三大央媒率先开始了智能化媒体平台的建设探索，推出 5G+4K+AI 媒体应用实验室、人工智能媒体实验室等，为打造智能化媒体平台做技术储备。

疫情推动了媒体智能化转向的进程。自 2016 年起，各级媒体就开始进行虚拟主播应用探索，从"娇娇""小胖"到"小净""冬奥 AI 手语主播"，虚拟数字人逐步成为助力内容高效生产的利器。

2020 年受新冠疫情影响，媒体在新技术应用的驱动下加快了数字化、智能化转向进程。"两会"期间，为提高新闻内容生产效率，三大央媒推出了"智能云剪辑师""AI 内容辅助生产平台"等智媒应用，在提高内容生产效率的同时为用户带来了场景式、沉浸

① 黄楚新、常湘萍：《非凡十年：2012—2022 年我国媒体融合发展与实践》，《中国传媒科技》2022 年第 11 期。

式、互动式体验。

将主流价值注入算法，增强主流价值观引导力。随着传媒的智能化发展，算法机制成为行业发展的重要引导力，主流价值传播亟须融入智能算法技术，消除商业平台在资本驱动下产生的不良影响。

近几年，各级媒体持续推动主流价值算法研发与应用，2021 年推出了“总台算法”“川观算法”等成果，在媒体融合进程中助力构建良好传播生态。

3. 融合应用，推动技术自主创新

除人工智能外，5G、大数据、云计算、区块链等技术也普遍应用于传媒行业。媒体融合过程中，各级媒体在进行新技术行业应用探索的同时，也不断加强在关键核心技术上的自主创新。

VR、AR 等逐步成为媒介传播的日常应用。自 2015 年 VR 进入商用期后，VR、AR 在媒体报道中广泛应用。继三大央媒在“两会”陆续开启 VR 全景报道尝试后，《AR 看“两会”——政府工作报告中的民生福利》报道、护航高考云直播等 5G、AR、VR 直播应用迅速普及，在传播主流社会价值的同时增强了用户观看体验。

5G 商用全面融入新媒体应用场景。5G 不仅可以助力媒体在 VR、AR 应用中提升用户体验，还可以从内容生产、传播渠道等方面推动传媒产业升级，加速智媒体建设步伐。2019 年中国广电获得 5G 牌照，多地广电开始推进、培育和研发 5G 高新视频模式及产品，通过布局产业链应用增强行业竞争力。

区块链技术助力媒体构建良好信用生态。在内容生产、媒体运营等方面引入区块链技术可有效解决信息共享、版权保护等问题，同时区块链的去中心化特性还可以催生新一代平台媒体，推动媒体融合纵深发展。

自 2019 年起，“人民版权”“媒体融合链”区块链版权平台等区块链技术应用陆续推出，区块链版权保护、数字版权藏品发行、区块链底层应用接入等服务进一步推动了新闻作品版权保护和运营合作。

构建“5G+4K/8K+AI”的新技术战略布局。在媒体融合过程中，各类技术的应用并不是彼此孤立的，无人机、人工智能、5G、大数据、VR、超高清等多种技术的叠加应用给用户带来了全新的体验。自 2016 年起，各级媒体陆续推出了不少技术融合创新应用。《深圳晚报》的无人机采访队创新报道形式，开启了新闻采访“飞行模式”，2020 年春晚采用“5G+8K/4K/VR”的创新模式持续深化场景应用。

研发与应用并重逐步促进媒体深度融合。为强化科技对媒体融合的支撑，近几年各级媒体陆续成立了媒体融合及媒体技术应用研发和应用机构。2019 年科技部批准建设媒体融合与传播等 4 个国家重点实验室，在持续推进媒体融合向纵深发展的同时使其能更好地融入国家治理体系构建之中。

元宇宙将原来技术创新领域和非技术的创新要素相结合，形成了强劲的创新动能。自 2021 年起，沉浸式 VR 新闻《听会》、冬奥会 VR 体育赛事直播、新华社“新闻数字藏品”、人民网“灵境 · 人民艺术馆”等元宇宙应用不断推出，进一步促进了媒体的深度融合发展。

案例

江苏台近年来在技术领域投入 10 多亿元，着眼于互联网应用技术，全面系统变革升级技术体系，将先进技术应用于媒体融合的产品开发和传播上，为精准传播、有效传播提供了有力支撑，形成了新的竞争优势。①

江苏台自主研发了荔枝云技术平台，采取“公有云＋私有云”的混合云模式，具有高安全、前瞻性、标准化、可扩展的特性，具备内容汇聚、智能分析、策划组织、融合生产、多元发布、拓展合作六大基本功能，形成了“多来源素材汇聚、多媒体制作生产、多渠道内容发布”的全新生产模式，成为功能接口打通、常态化应用的媒体云平台。在云架构下，江苏台内多个信息系统基础资源集中整合、统一管控，内容生产制、播、管、存、发全业务流程在云上高效贯通，智能化水平、生产效率和技术质量大幅提高。

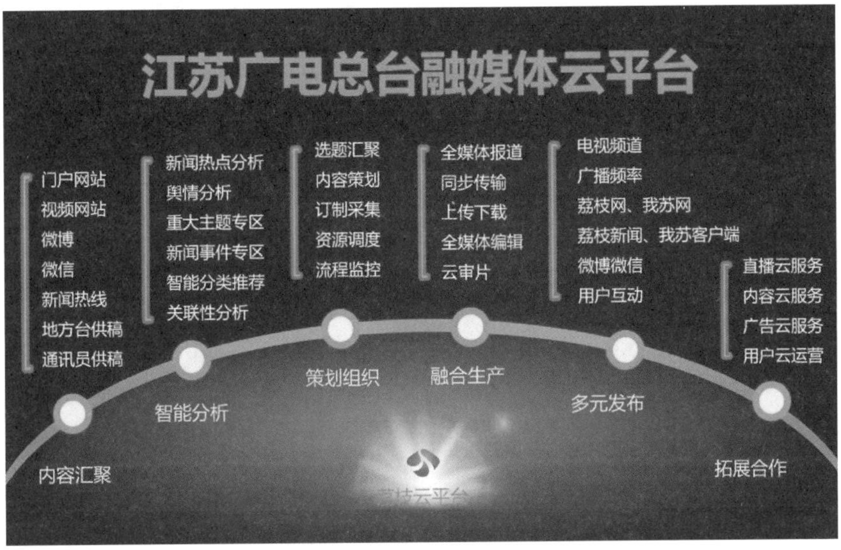

图 9-2　江苏广电总台荔枝云平台

云技术平台可以为媒体融合传播理念下的新闻生产和节目制作提供有力的技术支撑。荔枝云技术平台具有一大核心功能，就是热点分析。通过技术手段采集海量数据，快速进行数据更新，及时关注热点、跟踪热点，掌握热点动态，完整展示关键传播节点、传播过程及变化趋势。江苏台着眼于实现精准传播、有效传播，以热点分析为抓手，再造新闻采编流程，常态化调度指挥全台新闻报道，做到从“几张皮”转变为“一盘棋”，形成新闻报道融合传播的新格局。全年 365 天，电视、广播、新媒体、技术等不同业务板块负责人在融媒体调度指挥中心召开策划例会，紧扣阶段性主题报道要求，围绕荔枝云技术平台分析的热点统筹策划，针对不同的传播平台制作不同呈现形式的内容产品，并对全链条进行动态跟踪，及时调整传播策略。

① 卜宇：《运用信息革命成果　以先进技术助力全媒体传播》，《新闻战线》2022 年第 12 期。

2019 年全国“两会”期间，荔枝云技术平台上的一条动态信息引起调度会上台领导的关注：在西藏当兵的爸爸牺牲 10 年，妈妈向儿子隐瞒了 10 年，孩子 10 岁时妈妈才在烈士陵园揭开秘密。策划例会上，台领导要求核实情况，调度全台精兵强将，重点挖掘这一新闻线索，做出有影响的系列产品，以催人泪下的爱国奉献故事，传播主流价值。其中特稿《爸爸，迟到十年的“拼图”》，在央视《新闻联播》播发了 4 分钟左右，相关视频在网络上引发强烈反响，成为爆款产品，点击量超过 3 000 万次。该作品获得第三十届中国新闻奖。

图 9-3 《爸爸，迟到十年的“拼图”》视频截图

创新运用新技术，可以让新闻报道更直观易懂、更贴近有趣。江苏台时政新闻节目《江苏新时空》是江苏重大时政新闻发布的主渠道，全方位报道江苏经济社会发展，关注社会热点、焦点。节目充分利用 600 平方米超大全媒体新闻演播室的空间和先进设施设备，采用 5G 技术打通演播室与新闻现场，连通电视端与移动端，主持人通过 4K 大屏、弧面屏、互动触摸屏等，跨屏连线外场直播，为观众展现实时新闻画面。利用 VR 技术，可视化呈现数据，动态演示新闻事件，360 度无死角还原新闻现场。

《新闻眼》充分利用全虚拟演播室的功能，根据内容设计了隔空取物、穿屏等多个虚拟互动场景，让主持人与新闻现场加强互动，也可以穿屏“走进新闻现场”，进一步增强了新闻报道的沉浸感和体验感。

推进虚拟技术与电视技术的融合，科幻科普综艺节目《从地球出发》致力于提升科学素养、普及科学精神，利用最新电视科技，将演播厅构建成一艘穿梭时空的“宇宙飞船”，通过剧情故事、虚拟再现、创意实验、脱口秀等方式，让观众跟随嘉宾在“飞船”中参与体验奇妙的宇宙探索之旅，实现了对科学知识的可视化、通俗化、趣味化传播。

图 9-4　《从地球出发》海报

国产原创动漫形象舞台竞演节目《2060》将虚拟技术与电视技术结合，融合运用了AR、动作捕捉、面部捕捉、实时渲染、实时抠像、全息投影、虚拟直播等一系列前沿技术。《2060》全季 10 期节目，收视位居省级卫视同时段前列，节目短视频播放总量超 3 亿次。在“2021 年全球电视趋势论坛：伦敦年会”上，《2060》作为最新模式趋势的代表被隆重推荐。

图 9-5　《2060》节目海报

江苏卫视 2022 跨年演唱会应用虚拟技术，实现了科技赋能的创新表达。虚拟人“邓丽君”与真人歌手同台演唱了邓丽君的经典曲目，还逼真模拟邓丽君演唱声音和风格，合唱了真人歌手的代表曲目，这是第一次在大型直播晚会中实时呈现 AI 虚拟人，从联唱、对唱到特效换装，虚拟技术淋漓尽致的使用让“邓丽君”的形象栩栩如生。

图 9–6

新技术还为新媒体产品赋能，充分利用新技术，针对不同的传播平台，制作 H5、短视频、直播、可视化新闻、大数据新闻等新形式的内容产品，实现多元化立体传播、精准传播。江苏台围绕庆祝建党百年策划的百集微纪录片《百炼成钢：中国共产党的 100 年》，多视角、多维度反映百年大党的光辉历程，力求让观众深切体会到百年大党坚定的信仰信念、深厚的为民情怀、顽强的革命意志、百折不挠的精神面貌、敢闯敢试的探索精神、面对危难挑战不服输的精气神。在推出每集 8 分钟视频的同时，同步策划、制作了一批时长不到 1 分钟的短视频和 100 集音频产品《伟大而光荣：中国共产党的 100 年》，中短视频产品和音频产品互为补充、互相引流，在电视端、广播端和新媒体端形成立体化传播的联动效应，累计播放量超过 30 亿次，成为网络爆款，实现了主题宣传“破圈”传播。

图 9–7 庆祝建党百年策划的百集微纪录片《百炼成钢：中国共产党的 100 年》

第二节　融合新闻类型创新

传媒产业发展充满挑战，传统的信息传播体系在互联网冲击下发生重构，传媒生态不断演进，融合新闻产品新形态不断萌发。

一、图片新闻

当今社会已经从“读文时代”进入“读图时代”，图片新闻以其迅速传递真实形象新闻的优势在新闻报道中发挥特有的作用。图片新闻也是目前互联网新闻的主要形式，在互联网信息快速传播的同时，通过图片加文字的形式表现的新闻更具视觉冲击力，更能让受众快速接收到传递的信息。

1. 图片新闻的基本特征

（1）图片新闻是一种视觉新闻。它主要作用于人的视觉系统，让受众通过视觉来感知，经过大脑的作用，获取信息和知识。因为图像具有视觉直观性，人们不用学习就可以看懂，因此它打破了文字的局限性，扩大了受众范围。

（2）图片新闻具有现场纪实性。纪实性是摄影手段固有的重要特性之一，与其他门类的摄影不同，新闻图片必须拍自新闻事件发生的现场或新闻人物活动的现场。新闻摄影工作必须受到现场规律的严格制约，试图打破现场的时空界限是不允许的，那样做只能造成新闻摄影真实性这一根本原则的丧失。

（3）图片新闻的视觉传达目的是新闻信息。传递新闻信息是图片新闻第一位的作用和功能，评价和判断新闻摄影优劣的标准，是其传递新闻信息量的多少以及它对新闻信息量的传播效果，而不能仅从构图是否完美、技术技法上是否纯熟等艺术或技术角度来评价图片新闻。

案例

3月5日傍晚，武汉大学人民医院东院，上海复旦大学附属中山医院援鄂医疗队队员刘凯医生，在护送患者做CT的途中停下来，让已经住院近一个月的87岁老先生欣赏了一次久违的日落。

拍下这幅新闻图片《一起看夕阳》的作者甘俊超当时的身份是一名大学生志愿者。据媒体报道，谈起这张照片，当时20岁的甘俊超表示自己真的不会拍照，“平时自己几乎很少拍照，拍出这张照片，纯属偶然”。

这幅照片，画面取景构图看似没有特别之处，但每每看这张拍摄于武汉战疫最艰难时期的照片，总能被感动、振奋。一躺一站、患者和医生双双举手指向夕阳的肢体语言为视觉中心，构成了画面的视觉冲击点，具有较强的视觉冲击力。患者欣赏的不只是落日余晖，还是一个令人眷恋的美好世界，彰显人民至上、生命至上的武汉时刻，诠释了抗疫斗争始终把人民群众生命安全和身体健康放在第一位。

（4）图片新闻拍摄的是新闻形象，不是艺术典型。被拍摄对象首先应具有新闻价值，同时还应具有形象价值。只具有新闻价值而不具备形象价值的事物，不适合用摄影手段进行表现，也就无法用或无须用新闻摄影图片来加以报道。只具有形象价值而不具备新闻价值的事物，则不应成为新闻报道的对象，只能成为其他摄影门类的表现对象。

案例

在疫情得到有效控制后，习近平总书记安排密集行程对多地进行考察，指挥疫情防控、复工复产和脱贫攻坚工作。新华社摄影部编发的稿件《习近平在陕西省平利县考察脱贫攻坚情况》，凭借其生动的画面、丰富的内涵和典型的人物形象被海内外媒体广泛采用，客户端浏览量近 80 万，被众多主流媒体深度解读，形成了刷屏之效，有力地传达了中央对于扶贫工作的部署精神。

照片记录了珍贵而意蕴深远的瞬间：从党的总书记到村党支部书记，同时出现在产业扶贫第一线，共抓脱贫攻坚，兑现对人民的承诺。新华社配文《第一观察：从党中央到小村庄，“五级书记”同框大有文章》，微信阅览量 10 万 +；微博浏览量 30 万 +；新华社官方抖音点赞量 268.1 万，转评赞 8.6 万。照片被脱贫攻坚大型政论专题片《摆脱贫困》采用，学习强国置顶，今日头条、长安街知事等自媒体广泛转载，人民网和央视网专门配发评论。照片在互联网和社交媒体上广泛传播后，拍摄地成为“网红”景点，吸引了众多游客前来旅游“打卡”，有效带动了当地茶农脱贫增收。

图 9–8

整幅作品构思精巧，人物生动，特别是抓拍到“总书记”“村支书”“五级书记”同框的瞬间非常难得。这一瞬间的定格既有一定的巧合因素，也离不开作者把新闻现场放在疫情防控、脱贫攻坚两大主题背景下进行的深入思考。画面中五位书记神态生动、主次分明，环境描写和前景人群恰当地衬托了主体人物，显示了作者的抓拍和构图功力。

（5）文字说明是图片新闻的重要组成部分。好的图片新闻是好的图片和好的文字完美结合的结果。图、文之间应当配合默契、紧密结合、互为补充，从而获得总体信息量的增值。

一般来说，图片新闻的文字说明采用“背景＋图片”的格式。这种写法兼顾了两个方面：一是图片画面本身，给人以具象的感受；二是“跳出画面”，介绍了与此图片有关的背景。

案例

《人民日报》2021 年 6 月 5 日在第 1 版刊登了一幅图片，标题是：绿水青山就是金山银山。

图片说明是这样写的：

湖北省恩施土家族苗族自治州宣恩县狮子关有一段水上浮桥，浮桥蜿蜒在碧绿的水面之上，两侧层峦叠嶂，风景宜人，吸引众多游客慕名而来。近年来，恩施依托优质生态条件，推动生态旅游高质量发展。图为近日车辆行驶在狮子关水上浮桥上。

人民日报
RENMIN RIBAO
2021年6月
5
星期六
筼筜湖治理的生态文明实践
不走“先污染，后治理”的老路，打响一场筼筜湖治理的硬仗
推进生态文明建设纪实
——以习近平同志为核心的党中央建设人与自然和谐共生的美丽中国
李克强同越南总理范明政通电话
韩正在医疗保障工作座谈会上强调
纵深推进药品和耗材集中带量采购改革
持续加大医保基金监管力度
导读
奋斗百年路
启航新征程
全国森林面积达2.2亿公顷
既要解难题，也要建机制
河南省尉氏县建设高标准农田示范区
高产田里望丰收
绿水青山
就是金山银山
牢牢把住粮食安全主动权

图 9–9　《人民日报》2021 年 6 月 5 日 第 1 版

这个写法，不仅让人了解了湖北省恩施土家族苗族自治州宣恩县狮子关水上浮桥的情景，还让人感受到了图片展示的画面，给人留下深刻的印象。

除了“背景+图片”的图说格式外，写好图片说明还有3点要求：

①把新闻要素、背景材料介绍清楚。新闻摄影作品有别于艺术摄影，它具有新闻时效性，因此在写图片说明的时候，一定要注意把新闻要素写清楚。何人、何时、何地、何事、何故等，使读者有一个实实在在的感觉。

②图片说明与画面内容紧密结合并有所升华。紧密结合，是指图片说明不能随意游离画面，要紧紧围绕画面所反映的内容写作。这种紧密结合，并不意味着简单地重复画面。在介绍画面的同时，有所提炼，有所升华，点出新闻形象的意义、作用和影响。

③贵在简约。图片说明的文字不宜过长，一般几十个字左右。由于特殊需要可以适当长一些，但再长也不能超过200字，否则就成了一篇短文。

2. 衡量好的新闻图片的标准①

好的新闻图片应具备思想性、新闻性、故事性。

（1）思想性，是指新闻图片需要有深度和厚度，呈现国家经济社会发展的脉搏、中华民族伟大复兴的步伐，记录新时代奋斗者的不懈努力，讲述新发展理念的生动实践，彰显中国风采、中国力量、中国精神。

（2）新闻性，是新闻图片的内在要求。传递“第一时间”来自“第一现场”的真实图景，反映激动人心、暖人心脾的瞬间，让读者深入新闻现场、感受新闻价值。

（3）故事性，是指新闻图片要强化叙事能力，弘扬社会主义核心价值观。视觉语言要具有张力，无论是通过表情、动作还是构图，让图片会说话、带情感，引发共鸣、激发情感。

案例

第三十届中国新闻奖获奖作品赏析

【一等奖1件】

庆祝中华人民共和国成立70周年大会在京隆重举行（新华社）

10月1日，庆祝中华人民共和国成立70周年大会在北京天安门广场隆重举行。

① 朱伟（口述）、叶莉（采访整理）：《好的新闻照片有哪些标准？》，《中国摄影报》2022年6月28日。

图 9-10　10 月 1 日，庆祝中华人民共和国成立 70 周年大会在北京天安门广场隆重举行

图 9-11　这是行进中的仪仗方队

图 9-12　这是礼炮鸣响

图 9-13　这是“致敬”方阵

图 9-14　这是东风 -41 核导弹方队接受检阅

图 9-15　这是空中护旗梯队

图 9-16　这是气球腾空而起

获奖理由：庆祝中华人民共和国成立70周年大会，国之大典，举世瞩目。这组图片，高浓缩而又全方位地将这场盛事载入史册：有身姿伟岸的人民领袖、激情澎湃的观礼群众、威武阔步的受阅方队、动情拭泪的革命老兵；有礼炮齐鸣、导弹行进、红旗招展、气球腾空；有特写、中景、全景、航拍。七张图片，点面俱到，书写了中国共产党带领中国人民创造奇迹的恢宏史诗，描绘了全体中华儿女同心共筑中国梦的壮丽画卷，宣示了“没有任何力量能够撼动我们伟大祖国的地位，没有任何力量能够阻挡中国人民和中华民族的前进步伐”的坚定信念，起到了提振士气、鼓舞人心的导向效果。

【二等奖3件】

“我不让你走！”（《陕西日报》）

图 9-17

7月25日，在蓝田县厚镇东咀村的一间临时教室里，陕西学前师范学院大学生冀思瑞正在为孩子们上支教的最后一堂舞蹈课。课还没上完，小女孩宋雨涵就忍不住哭了，另一个男孩朱佳宝更是紧紧抱住冀思瑞。

7 月 13 日，由陕西学前师范学院数学与统计学院 15 名大学生组成的 2019 年暑期“三下乡”社会实践活动青年扶志实践队走进东咀村，为 62 名放暑假的孩子上语文、数学、英语、音乐、舞蹈、绘画课。十多天里，孩子们与他们建立了深厚的感情。

获奖理由：这是一幅抓住了“决定性瞬间”的新闻摄影佳作。画面中，孩子与即将离去的支教老师难舍难分，老师俯下的身躯和孩子紧锁的双臂形成的情感“锁链”，构成了画面的视觉冲击点。哭泣着不愿老师离去的小女孩和老师温柔地为其拭泪的肢体语言作为视觉中心，具有较强的视觉冲击力。老师额头的一抹光亮，为老师这一光荣的职业做了很好的诠释。

香港见闻：市民为执勤警察点赞　警察感谢市民支持（中国新闻社）

图 9–18

11 月 11 日上午，非法示威者为了瘫痪香港的交通，在各处大肆破坏。警方出动防暴警察在香港海底隧道（红隧）九龙出入口附近的天桥上执勤，防止示威者破坏。一位途经天桥的市民向执勤警察竖起大拇指点赞支持，警察对市民的支持表示感谢。

获奖理由：该作品记录了市民和香港警察之间互动的场景。面对“黑暴”肆虐，香港警察冒着生命危险战斗在最前线，普通市民用一个朴实的点赞动作，表达出坚定支持警察的心声。画面形象，语言生动，情绪感人。

追科技之星（《湖南日报》）

图 9-19

9 月 16 日，湖南农业大学，中国工程院院士袁隆平受到学生的追捧。当天，该校举行 2019 级本科新生开学典礼，袁隆平、官春云、邹学校 3 位院士出席。袁隆平向学生分享了自己成功的秘诀：知识、汗水、灵感和机遇。并寄望与他们共同实现水稻高产和杂交水稻覆盖全球的梦想。

获奖理由：在娱乐明星受追捧的当下，这种追科技明星的场景几乎是稀少的，但却具备穿透社会共识、“反转”受众普遍认知心理的颠覆力量，让人们重新审视当代年轻人群体积极进取的正面向上力量。

袁隆平是一位不平凡的人物，是一个时代的象征“符号”。图片让人对科学、对科学家更生尊重和敬意！这张作品对年轻人究竟“追”怎样的“星”的社会取向有重要的引导作用。

该照片作品场景宏大，现场气氛热烈，情绪饱满高昂。瞬间抓取得当、画面充实、动感强烈，把这场别开生面的“追星”表达得淋漓尽致。主体人物挥手时的从容洒脱，追星人群的兴奋喜悦和激情澎湃都定格在了这难忘的瞬间。

二、微博新闻

微博以其“短、灵、快”的特点，成为最受欢迎的自媒体平台之一。微博，即微博客（Micro Blog）的简称，用户可以通过电脑、手机等终端信息，实现即时分享。

1. 微博的写作特点

（1）随时随地，分享交流。“随时随地分享新鲜事儿”这一新浪微博主旨，几乎激发了每一个微博用户的信息分享愿望。无论何时何地，借助网络平台，人们即可将所见所闻、思绪情感发到个人微博上，亦可随时随地关注亲友和名人，互相分享。

（2）所见所闻，所思所做。人们生活中任何一个细节都可以成为微博写作的源泉，包括所见所闻、所思所做。微博内容不一定惊天动地，日常生活中每一件平凡小事，只要认真思考、找好角度，都可成为微博题材。

（3）推崇个性，张扬自我。在微博这一虚拟空间里，博友们交流几乎不受任何限制，畅所欲言、嬉笑怒骂、无所顾忌，文字、图片、表情、声音等都可用来表情达意。如何在海量博文中与众不同，成为博主们的共同追求。

（4）短小精悍，浓缩精华。虽然微博已经取消了篇幅的限制，但新媒体的特点也决定了其篇幅不会太长，这也造就了其优势——方便快捷、易于操作，顺应现代社会的快节奏。

2. 微博的写作技巧

（1）定位明确。即“写微博主要为了什么”。微博可以记录生活、学习交友、分享经验、休闲娱乐……杂乱的内容很难让读者产生正确的预期，也很难让不认识博主的人产生兴趣。

（2）主题突出。每一条微博只说明一个观点。此外，如果没有非常特殊的情况，不要通过两条以上微博来说明同一观点。

（3）文字简洁。文字尽可能简洁明了，少用偏僻字眼、晦涩词语和长句，并杜绝歧义。

（4）故事性强。微博虽然篇幅短小，但并不影响其成为故事的载体。故事往往比理论观点更能打动人心。

案例

2012年新浪微博第二届微小说大赛的一等奖作品《遗憾》：“母亲病倒后，老家来了一位从未见过的表姐，要替她照顾母亲。那时正是她人生最忙碌的日子，便同意了。表姐天天守在医院里，尽心尽力。一个月后，母亲走了。办完丧事，她想好好谢谢表姐，表姐却不见了，只留下一封信：我其实是十年后的你，穿越来此，是为了弥补自己曾经的遗憾和愧疚……”结尾的高潮及“穿越”这一热点的加入，带来强烈的故事效果。

（5）亲身经历。亲眼看到、亲身经历的事件更适合作为微博的内容。

案例

2009年12月19日21时03分，台湾发生6.7级地震。台湾女孩萧姗姗立即用手机发微博：“地震！”“好强！”这篇四字微博，成为全球描述这场地震的最早的文字。因为是地震事件的亲历者，她的微博具有真实性和说服力。

（6）坚持原创。原创内容是网友愿意关注博主的重要理由，也是微博个性的体现。

3. 时政类微博的流量密码

在互联网时代，热搜、热榜成了年轻人获取信息的主要渠道。对于深耕内容生产的传统官方微博来说，竞争激烈、上热搜难，成了内容传播的一大困境。[①] 如何更好地使用微博，引导新闻舆论、公开政府信息、倾听民众呼声，从而树立自身的良好形象，是时政类微博需要解决的核心问题。

（1）流量密码一：恪守内容真实，话题网聚正能量。恪守信息内容真实是传统媒体的立身之本。时政类微博如果发布虚假信息、错误言论，其权威性将受到质疑。而通过微博发布篇幅短小的内容，相关媒体或政府部门可以对新近发生的事件做到快速反应，占据权威信息发布的制高点。

案例

银川市政府收到一职能部门用微博私信反馈的百姓意见后，用官方微博直接发了一条公众都能看得见的微博予以批评："老百姓的意见干吗用私信来反映，完全可以公开地来进行交流。"这种形式就像两个政府部门的工作人员在讨论工作一样，群众都看在眼里，内容真实态度真诚，受到大众的一致好评。

（2）流量密码二：改变语言表达体系，打造敏锐"网感"。"网感"，包含了对网络内容的敏感度，以及对网络舆论脉动的洞察和把握。如何捕捉年轻用户对于资讯的兴趣点和社交需求，是微博运营的重点。在语言表达上，时政类微博的写作要改变话语体系，处理好时政类微博作者身份的严肃性与微博语言的娱乐性的关系。和网民互动时，可以多运用议论、抒情、描写等手法，也可以使用感叹、疑问等句式，以平等的身份，发布富有人情味的微博，拉近与网民之间的距离。[②]

案例

中新社以新闻立社、以特色兴社，逐渐形成了"官话民说、中话西说、长话短说、空话不说"的中新风格。作为中新社社属媒体，中新经纬有意将这一风格运用到社交媒体采编，发现非常"好用"。作为财经媒体，中新经纬还增加了一条"专话俗说"，用通俗易懂的语言、图解、微视频传播财经资讯。

2022 年"双 11"期间，一些网友对"尾款"和"退款"的吐槽，让小编们被"笑到"，由此创建话题 # 网友称今年"双 11"发货速度能擦出火星 # 并登上热搜第 17，相关投票引发近 10 万人互动参与。

---

① 虞珊珊、张琴、王晓洁:《钱江晚报微博运营的三大"流量密码"》,《传媒评论》2022 年第 2 期。

② 俞红蕾:《政务微博的文体特征及写作探略》,《秘书之友》2013 年第 12 期。

图 9-20 # 网友称今年“双 11”发货速度能擦出火星 # 话题微博截图

（3）流量密码三：关注社情民意，主流价值导向驾驭“算法”。“算法”是基于数据用系统方法描述、解决问题的策略机制，盲目地屈从“算法”并不一定会有好的传播效果。并非只有“顶流”“娱乐化”才能上热搜，“小而美”“正能量”的内容能激发共鸣，正是传播的突破口。

案例

凌晨 1 点，嘉兴海宁盐仓派出所门口的台阶上坐着一名中年男子，神情落寞，出警归来的民警陆沼元察觉到了异样，主动找男子聊天。事件经记者报道后，钱江晚报微博编辑判断这是一个热搜题材，第一时间拟定话题词 # 男子凌晨坐派出所门口哭诉太累了 #，并向新浪微博平台方推荐，争取流量资源支持。两小时后，话题不断发酵，迅速冲上全国热搜榜第一位，持续在榜时间超过 12 小时，话题总阅读量超 1.8 亿。

图 9-21

一条“小而美”的暖新闻，通过微博热搜，让全网上亿用户达到情绪共鸣。评论下方，有成年人之间的体谅，有身为中年人不易的感同身受，也有被温情所感动的人。网友们那一句句鼓励的话，既是说给男子听，也是在为自己打气。

（4）流量密码四：丰富表现形式，优质视频赋能抢占先机。好的传播一要有点击，二要有转评。而要想做到这两点，好内容搭配视频发布很关键。从快阅读到全网短视频时代，做好内容运营也要踏对流量红利的点。遇到突发事件，微博编辑要及时跟进，快速做好原创视频的剪辑，抢占全网先机，获得流量青睐。

案例

2021 年 9 月，《钱江晚报》官方微博发布了 # 阿姨吃 3 年酵素肠子表面像蛇皮 # 的话题。这是一条健康类的稿件，阿姨因为服用酵素引发了结肠黑变病。稿件有科普性，具有教育意义，微博编辑第一时间建话题、制作视频后发布博文。经过全网发酵，话题阅读量达 7.4 亿，视频播放量 3 500 万 +。

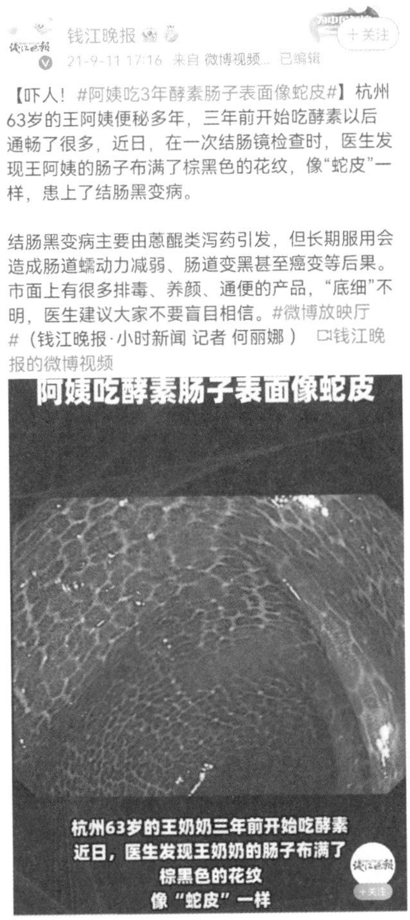

图 9–22

三、H5 新闻

网络时代的到来使受众已经不满足于传统的纸质媒体文字和图片结合的媒介形式，转而需要多媒体融合、反馈及时、有互动感的信息呈现形式。为此，兼具音视频、图像动画以及更多酷炫功能的新媒体内容呈现形式——H5 成为各大媒体传播时政新闻的有力载体。H5，HTML5 的简称，它不仅可以将图文、视频、音频，甚至 AR、VR 技术融为一体，使作品更具可读性、更有温度，还能依托社交平台的开放性、即时性、互动性特点，让作品在一次次裂变转发中实现病毒式传播。

新闻类 H5 主要具有以下特点：

1. 精简化——提炼关键词，强化记忆点

H5 新闻的内容不宜过多，可以从三个方面入手。首先，准备好宣传内容，并从中提炼出精简版文案（以关键词、关键节点、关键信息为主）；其次，根据文案特色选择合适的创意形式（如快闪、一镜到底等），从而加深关键词的存在感；最后，确定 H5 的各种细节，包括选择何种颜色为底色、选择什么样的图片穿插在不同关键词中；等等。①

案例

青岛日报的 H5 作品《这样的青岛，爱了！》采用了快闪及提炼关键词的做法。该作品旨在宣传创意青岛大会，它以魔性的文字及实景图为主要内容，让用户在动感的节奏及强烈的视觉冲击中领略青岛的独特魅力，并起到加深印象的效果。其中，对于关键词、图片、音乐的选择与把控是这支快闪 H5 的重中之重，制作者不仅要提炼出各种文字信息，还要考虑它们在页面中如何呈现以及搭配什么图片和音乐等。

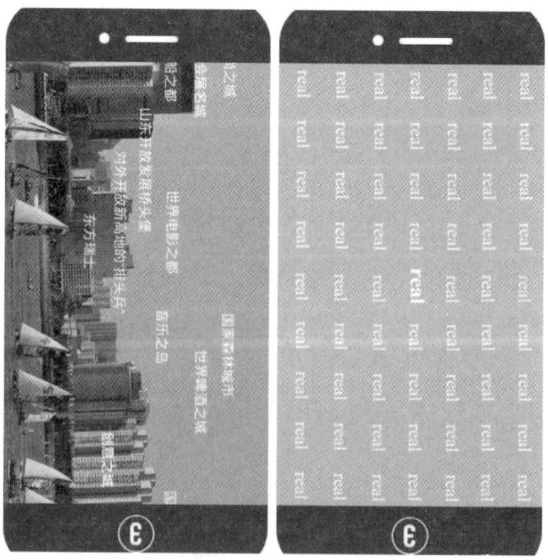

图 9–23　H5 作品《这样的青岛，爱了！》截图

① 梁丽：《H5 新闻的视听艺术研究》，南昌大学硕士论文，2021。

湖南省政府门户网站的 H5 作品《八个关键词　读懂湖南决胜全面小康路线图》，主要通过高质量发展、三大攻坚战、创新开发等 8 个与“决胜全面小康”相关的关键词，向用户传达“湖南将怎样决胜全面建成小康社会、圆满收官‘十三五’”这个核心内容，精准有力，毫不拖泥带水。

图 9–24　H5 作品《八个关键词　读懂湖南决胜全面小康路线图》截图

2. 场景化——营造代入感，提升接受度

让用户进入相应的情景之中并产生互动，可以有效深入话题并让新闻“活起来”，从而激发用户的阅读兴趣。

案例

内蒙古自治区高级人民法院的 H5 作品《“菜霸”受审记》，根据真实的扫黑除恶典型案例改编。作品主要通过手绘风长页面的形式描述了“菜霸”横行市场、暴力催债、恶意竞争、违法获取公民个人信息等 7 个场景。用户可以通过滑动屏幕了解案件的前因后果以及各种扫黑除恶小知识，包括什么是组织、领导黑社会性质组织罪等。

图 9–25　H5 作品《“菜霸”受审记》截图

场景化的新闻 H5 作品还可结合各种创意形式，进一步优化用户体验。

案例

人民日报社的 H5 作品《复兴大道 70 号》，让用户不仅可以通过横向滑动屏幕依次浏览从新中国成立开始到现在的 500 多个场景事件，还能通过上传正脸照，获得相应年代的纪念车票。如此一来，每个场景对于用户而言就不只是视觉上的体验了。

图 9–26　H5 作品《复兴大道 70 号》截图

3. 亲民化——增强贴近性，消除距离感

由于题材限制，大多数新闻报道必定是严肃的。而随着 H5 的广泛应用，各类媒体正逐渐尝试用更接地气的方式开展有效传播，既可以吸引用户的注意力，又能保证新闻自身的严肃性。在很多重大议题上，H5 作品与受众的关联度越高，就越能引发关注和讨论。

案例

上观新闻的 H5 作品《提问商务部长！》通过“语音录入激发页面互动选择”的方式，让用户体验了一把亲自向商务部长提问的感觉，既能在内容上贴近用户，又能在形式上拉近距离，新颖独特且互动性强。

图 9–27　H5 作品《提问商务部长！》截图

此外，还可选择从普通人的日常生活着手，以小见大，用独特的呈现角度打动用户。

案例

深圳特区报社读特新闻客户端的 H5 作品《从书信到微信，一起穿越 40 年》，从“回顾 1978 年到 2018 年之间通信手段的变化”这个层面，将严肃的时政议题变得更有生活感。

图 9–28　H5 作品《从书信到微信，一起穿越 40 年》截图

在确定好内容和形式的基础上，媒体还要避免以下两大误区①：

（1）形式大于内容。如果为了获得更多关注而过分强调感官体验的话，很可能会使用户对许多重要内容的解读停留在表面，以致不能对新闻事件的实质进行剖析和思考。

（2）过度娱乐。H5 新闻始终属于新闻制作与表达的范畴，只有把握创新与娱乐化的“度”，才能准确传递信息。若导致重大传播议题被过度娱乐化，这样的作品显然是失败的。

四、数据新闻

数据新闻是基于大数据收集、整理、分析，进而挖掘数据背后的关联和意义而形成的一种新的新闻报道形式。

数据新闻作为一种新兴的跨学科、跨领域的新闻生产方式，正在改变着人们阅读和认识世界的方式。数据新闻以数据为中心，密切围绕数据来组织报道。记者主要通过数据统计、数据分析、数据挖掘等技术手段，或是从海量数据中发现新闻线索，或是抓取大量数据拓展既有新闻主题的广度与深度，最后依靠可视化技术将经过过滤后的数据进行融合，以形象化、艺术化的方式加以呈现，致力于为读者提供客观、系统的报道以及良好的阅读体验。

在我国，数据新闻作为一种新兴的新闻生产形式，在发展过程中不仅拥有传统新闻生产的时效性、可读性等特点，而且日渐形成了自己的优势。②

① 丁茜：《移动传播背景下场景化 H5 新闻发展路径研究》，《新闻文化建设》2021 年第 3 期。

② 张超：《数据新闻的发展特点——以网易、新浪、搜狐的数据新闻为例》，《青年记者》2014 年第 11 期。

1. 数据新闻创新了新闻生产的叙事形式

传统新闻叙事方式，更多的是文字在前、数字在后，文字为主、数据为辅或是数据与文字相辅相成。数据新闻则是数据为先、文字在后，数据不仅是展示和呈现文字的重要工具，本身也是一种新闻。

案例

搜狐“图表”第 333 期《土豆翻身当主粮》通过数据表明土豆将退出蔬菜界晋升为中国人的第四大主粮，分析了土豆晋升中国第四大主粮的优势和未来的政策变化。记者用数据讲故事，数据作为一种新闻事实增加了新闻的直观性和可信度。

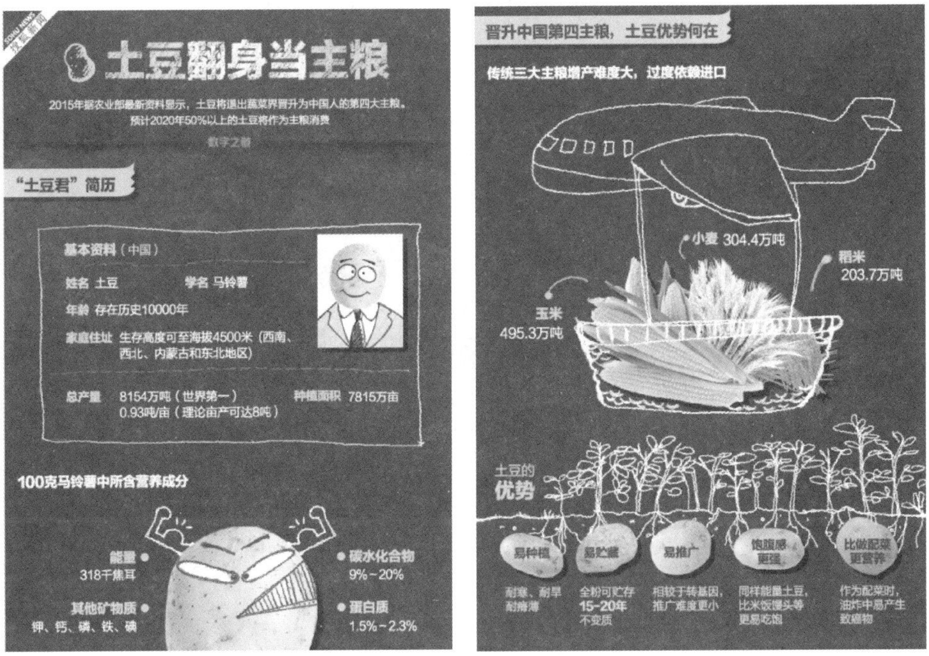

图 9–29　数据新闻《土豆翻身当主粮》截图

2. 数据新闻变革了新闻生产的思维方式

传统新闻生产的思维方式更多考虑事件的因果关系，较少考虑事件背后的相关关系，而数据新闻通过在纵向上分析数据背后的新闻故事，寻找到事件发生规律，进而延伸向未来，预测即将发生的类似事件；在横向上将事件作为一个新闻源泉点，延展到其他相关的领域，运用数据多角度地解读新闻事件。分析事件背后的相关关系成了数据新闻的出发点，也日渐成为大数据时代新闻生产的思维基础，变革了新闻生产方式。

案例

新浪“图解天下”第 98 期《被“监控”的生活》，通过数据表明我国有 3 000 万台摄像头，一个人一天中会被早晨出小区的摄像头、乘坐地铁的摄像头、上班进大楼的摄像头、午餐路上的马路电子眼、下班取钱的ATM取款机的摄像头和买东西回家的超市摄像头记录至少六次；通过分析普通人一天与之发生“相互关系”的地方，解读这些地方的摄像头如何监控人的生活。

图 9–30　数据新闻《被“监控”的生活》截图

3. 数据新闻增强了新闻呈现的可视化效果

数据新闻通常是运用可视化技术，以信息图表的形式发布。信息图表主要通过图表、图解、图形、表格、地图、动画、视频等视觉化工具来传递新闻数据及信息。在数据新闻的呈现中，数据再也不是枯燥、冗长的表格，而是一张张新颖、美观的静态或者动态图像。这种可视化效果不仅满足了当前大数据时代下电子用户对于直观化信息的需求，也赢得了更多的关注，使得新闻信息的传递更加清楚和透彻。可视化的呈现，是数据新闻相较于其他新闻生产方式的独特优势。

案例

搜狐“图解天下”第212期《中国式二胎生不起》中以广州为例，通过数据柱状图的方式解析生二胎需要的费用为30万元，解读了在中国生不起二胎这一普遍现象。

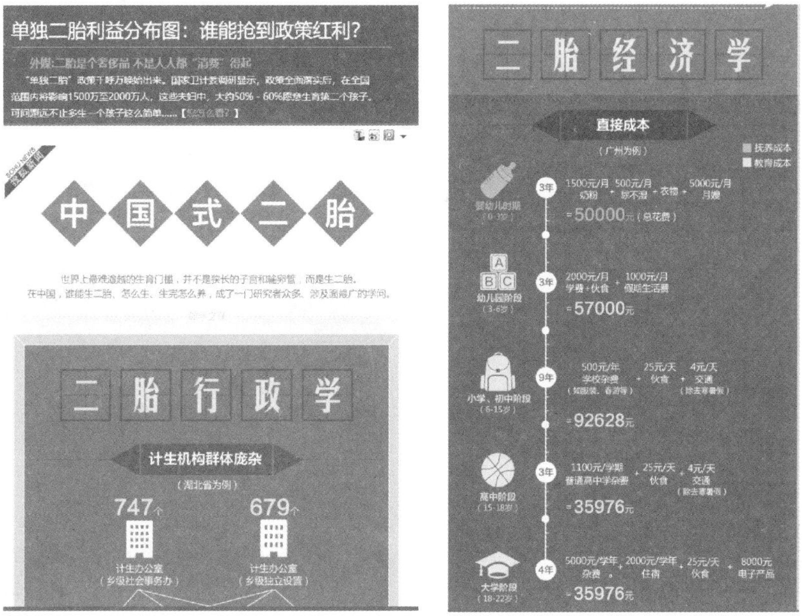

图 9-31 数据新闻《中国式二胎生不起》截图

4. 数据新闻实现了新闻的交互性表达

数据新闻的交互性表达通过两种方式实现：一种是通过数据图表中的交互性设计，拓展了新闻表达的呈现方式；另一种是在推出数据新闻报道时，向用户提供报道中所涉及的原始资料，鼓励用户参与新闻的制作，调动了受众的积极性，使得“全民新闻”成为可能。

案例

新浪“图解天下”的《南方部分省市内涝地图》是在浙江、江苏和上海发生重大内涝之后，在地图上以红色代表受灾的地区，当人们将鼠标移到某一地区时，地图上就会立刻出现相关的视频链接和受灾情况介绍，非常清晰直观。在信息图表中不仅用到了文字、地图、图表和动画，还引入了相关受灾视频。

图 9-32 数据新闻《南方部分省市内涝地图》截图

新浪“图解天下”第 96 期《越来越贵的大学越来越“便宜”的大学生》中，不仅提供了数据新闻所用到的 21 世纪人才报、京华时报、山西新闻网等基础的数据信息，还在数据新闻的右方设置针对用户上大学的花费的调查；不仅调动了用户对此类数据新闻的关注，还让用户参与其中，实现了新闻的交互性内容表达。

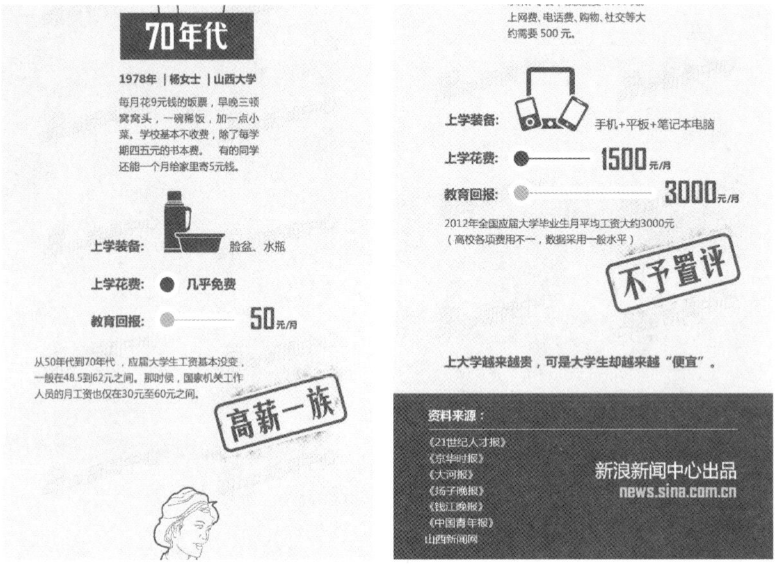

图 9–33　数据新闻《越来越贵的大学越来越“便宜”的大学生》截图

总的来说，网络时代不断发展，新闻报道的形式也会由此变得越来越多样化。新闻报道的形式总是为了满足受众的需要而产生、发展的，但不管报道形式怎样变化，客观真实依然是新闻的生命。并且，市场竞争越是激烈，媒体对新闻原则的遵循就显得越为重要。

思考与实践

根据下列材料，写一篇微博新闻。

高考期间暴雨高温南北夹击 多地部署应对极端天气

7 日，2020 年全国高考开考，南方多地的考生在雨天赶赴考场，安徽歙县语文、数学考试因洪涝灾害被迫延期。据气象预报，高考期间，全国天气形势复杂，暴雨高温南北夹击，多地已出台措施并做好应急预案，力保高考平稳进行。

高考首日洪涝来袭安徽歙县考试延期

7 日早晨，安徽南部雨势较为猛烈，引发内涝阻碍考生赴考。

据歙县政府办消息，7 月 7 日凌晨，安徽省黄山市歙县遭遇 50 年一遇的洪涝灾害，县城多处洪水上路、严重积水、道路受阻。

实况监测显示，7 日早晨 (5—8 时)，安徽安庆南部、池州、黄山、宣城南部等地部分地区出现降雨，其中祁门、黟县、徽州区等地雨势较强，110 个站点降水超过 50 毫米。受持续暴雨影响和上游洪峰影响，黄山市歙县境内多条河流水位上涨。歙县城区处于四条河流汇集处，由于河水水位不断升高，倒灌进城区，导致城区多地积水严重。

受此影响，歙县部分师生无法准时到达考场，歙县考区原定 7 月 7 日语文、数学科目考试延期举行。

7 日上午 5 时，歙县已启动城区防洪Ⅱ级响应。安徽省水利厅也宣布，自 7 月 7 日 7 时起将水旱灾害防御应急响应提升至Ⅱ级。

安徽省水利厅、安徽省气象局 7 月 7 日 18 时联合发布山洪灾害气象预警。预计，7 月 7 日 20 时至 7 月 8 日 20 时，黄山市全境、石台县、太湖县、望江县发生山洪灾害可能性很大 (红色预警)。正值高考，考生和家长请及时关注最新预报、预警信息，防范强降雨和强对流天气的不利影响。

考试期间天气复杂高温闷热南北夹击

根据中国气象局 3 日的预判，高考期间全国天气气候形势较为复杂。

中央气象台预计，7 月 7 日至 9 日，强降雨、强对流、高温天气各占一方，其中，持续性强降雨占据西南地区东部至长江中下游，强对流天气频繁出没在华北、东北地区等地，高温天气把控江南南部、华南中东部等地。

7 月 8 日至 9 日，雨带逐步南压，浙江中北部、江西北部、湖南中北部、贵州等地部分地区有暴雨或大暴雨，局地并伴有短时强降雨、雷暴大风等强对流天气。中央气象台 7 月 7 日 18 时发布今年首个暴雨橙色预警。

气温方面，南北方各有高温发展，高考考生需注意防暑。

北方的西北地区东部、华北西部和南部、黄淮等地有高温出没，省会级城市中，西安、银川、郑州都将遭遇高温“烤验”。山西省气象台 7 月 7 日 13 时发布高温橙色预警，运城、临汾、吕梁和晋城部分地区在 24 小时内最高温度将升至 37 ℃或以上。

在南方的江南中南部到华南一带，受副热带高压影响，闷热天气持续，高温天气不少。省会级城市中，海口、福州、广州未来一周高温日数或分别达到 7 天、6 天和 4 天，而且这三个城市最低气温也基本保持在 26 ~ 28 ℃，从早热到晚。

洪涝风险大多部门部署应对极端天气

7 月正值高温日和洪涝灾害多发时期，如何做好防汛和防暑降温工作成了各部门的重点工作。

高考前，教育部要求各级教育行政部门、招生考试机构要会同有关部门，充分做好考试期间可能出现的极端天气、自然灾害等突发情况的应对准备工作。

在地方，湖南、湖北、贵州等高考期间面临强降雨天气的地区，已做出相关应急预案，保障高考安全。

湖北省应急管理厅日前印发通知指导各地做好高考期间洪涝、地质灾害安全防范和应对处置工作。通知要求，各地要严格落实领导带班和24小时值班值守制度，尤其要加强考试考点等人员密集区的值班值守，加强易涝渍水点和地质灾害隐患排查巡查。

据贵州省应急管理厅消息，省安委办、省减灾办下发关于做好高考期间安全防范的工作提示。提示指出，今年高考期间，要确保在第一时间向各高考考点发出气象、洪涝、地质灾害等预报预警信息，遇重大灾害性天气来临，要及时采取避险措施，确保师生安全。

此外，为防止洪涝灾害和地质灾害对高考造成影响，贵州省各地招生委员会根据本地实际情况制定了工作方案、预案，统筹协调多个相关部门对考点考场及周边洪涝灾害和地质灾害隐患进行全面排查，对考试工作人员进行培训和演练。

今年高考正值盛夏酷暑之际，为了打造“清凉考场”，一些地区今年为高考考场配备了空调。

山西运城为全市1 014个考场安装了空调、573个考场安装了电风扇并放置冰块，为每位考生每科考试提供两块消毒湿巾。

北京市教委也明确，气温较高时，可合理使用空调降温，考点校会把空调出风口都做好遮挡，做好调整，确保不直吹到考生。

（资料来源：人民网）

实战篇

第十章　融合新闻报道综合实战

思政目标

坚持问题导向，引导学生聚焦经济社会发展的重大现实问题开展融合新闻策划，增强学生的社会责任感和社会实践能力。

学习目标

1. 了解融合新闻报道策划的意义。
2. 掌握融合新闻报道策划的原则、选题标准和策划步骤。

案例导入

西藏旅游资源丰富，是“世界上最后一方净土”，是国内外游客向往之地。中央第五次西藏工作座谈会提出，要“使西藏成为重要的世界旅游目的地”。西藏自治区党委、政府贯彻落实中央重大决策部署，坚持将旅游业列为支柱产业、“富民产业”，进行大力扶持，力求做大做强。但是，制约西藏旅游业发展的一个重大“瓶颈”是季节性因素。简言之，因气候原因导致旺季太旺、淡季太淡。大力开展“冬游西藏”是西藏自治区党委、政府的破局之策。①

2018 年 1 月 30 日下午，西藏自治区党委召开常委会会议，其中一个议题就是研究“冬游西藏”工作。西藏日报社总编室副主任、第十五届长江韬奋奖获得者肖涛作为一名多年承担西藏自治区主要领导新闻报道职责的时政记者，深知这是一个上接“天线”、下接“地气”、广受关注的重大题材，必须抢发出去。

会上写稿，然后请示有关领导，答复是“冬游西藏”政策经区党委常委会会议研究后有微调，1 月 31 日上午自治区将召开新闻发布会，宣布这一消息。新闻稿以发布会内容为准。

如果在西藏自治区党委常委会会议后立即发布“冬游西藏”新闻，首发毫无悬念。而召开新闻发布会，面临众多媒体竞争，能不能首发就存疑了。如果不能首发，抢不到第一落点，传播效果就会大打折扣。

① 肖涛、陈静:《重大新闻报道策划的“时度效”》,《新闻与写作》2019 年第 3 期。

时间紧迫，不容有失。当晚，肖涛与西藏日报社记者部、西藏日报社新媒体中心负责人商议，一致认为，“冬游西藏”新闻是一条“大鱼”，必须抓紧制定报道策划，从多个角度对“冬游西藏”新闻资源进行深度挖掘。

该报道策划确定了几个要点，一是新闻发布会稿件必须在新媒体首发；二是《西藏日报》必须腾出足够版面刊发“冬游西藏”相关稿件；三是前后方必须密切联动，传统媒体和新媒体必须形成合力；四是必须对“冬游西藏”题材进行跟踪报道。

方案确定后，肖涛即根据区党委常委会会议上所获取的材料预写稿件，并与参加新闻发布会的记者合作，在新闻发布会召开前，核实“冬游西藏”政策，并采访西藏自治区旅游发展厅负责人，借其之口阐述“冬游西藏”对于补齐西藏旅游业最大“短板”，推动经济高质量发展、绿色发展，真正变绿水青山、冰天雪地为金山银山的重大意义，为稿件“点睛”，提升立意。

新闻发布会开始时，西藏日报社已经走完审稿程序。

此时，面临发稿时机问题。许多新闻报道有严格的纪律，不能一味抢时效而忽视“时机”，否则容易犯错。

在时机上，严守新闻报道纪律，抢发而不“抢跑”。肖涛和西藏日报社新媒体中心负责人都在办公室等待前方记者消息。

新闻发布会刚结束，他们就一键发稿。《重磅！冬游西藏放大招，景点全免费，交通住宿打五折……》新闻瞬间引爆网络。由于抢到了首发，抓到了“第一落点”，人民网、新华网、央视网、人民日报客户端、腾讯网等数十家媒体纷纷转载该稿，形成了报道合力、报道声势。

其实，西藏自治区旅游发展厅早在2006年就确定了“冬游西藏”战略，制定优惠政策，招徕游客，然而效果不甚理想。西藏日报社记者曾在2013年2月做了一个《“冬游西藏”热度几何？》的深度报道。调查发现，“冬游西藏”优惠力度不够，宣传推广不够，政策执行不够，譬如有些景区景点门票没有执行半价优惠政策。这些因素，致使“冬游西藏”不温不火。西藏因敏感因素多，容易被上纲上线炒作，损害党和政府形象，造成工作被动。因此当时在制定报道策划时，记者既充分肯定成绩又指出存在问题，建设性地开展舆论监督。该新闻报道出来后，引起了有关部门的重视，为改进工作提供了参考依据。

2018年“冬游西藏”优惠政策力度之大、范围之广，前所未有。因此报道策划提出，要集中采编发资源，最大限度地宣传推介“冬游西藏”政策，使之广为人知。在2月1日《西藏日报》一版显著位置刊发《游免门票 住打五折 行享优惠 团有奖励 自治区邀客“冬游西藏·共享地球第三极”》等稿，五版整版聚焦“冬游西藏”，刊发《冬游西藏，你准备好了么？》等稿；2月2日，《西藏日报》一版推出《西藏旅游市场优惠迎客》，并继续以五版整版聚焦“冬游西藏”，刊发《“冬游西藏”旅游优惠季打响“第一炮”》等稿，跟踪报道“冬游西藏”各项优惠政策落实情况，并广而告之“冬游西藏”游什么看什么。用如此多的资源报道单一题材，这在西藏日报历史上并不多见。

之后，该报社持续关注报道“冬游西藏”的最新动态。2018年5月3日，《西藏日报》一版刊发《我区旅游经济实现“开门红”》，一方面总结了“冬游西藏”成绩，同时告知“冬游西藏”过渡政策。至此，“冬游西藏”宣传报道画上了一个句号。在为期3个多月的时间里，报社精心策划，打出了“冬游西藏”宣传报道组合拳。

在“冬游西藏”报道时，西藏日报社充分发挥“中央厨房”的作用，实现“一次采集、多种生成、多元传播”。“冬游西藏”新闻发布会消息，先在西藏日报新媒体、中国西藏新闻网推送，再在《西藏日报》刊发，既抢抓了第一落点，又根据不同媒体属性进行编辑加工，使之更加符合不同受众的阅读习惯。同时，借助人民日报社对口援藏优势，与人民日报客户端进行合作，实现借力发力、借船出海。

2018年1月31日上午，西藏日报社新媒体中心编辑提前与人民日报客户端编辑沟通。《重磅！冬游西藏放大招，景点全免费，交通住宿打五折……》在西藏日报微信公众号首发后，人民日报客户端也立即推送。该稿成为一个“现象级”产品，阅读量达249 630次、点赞1 622个、留言511条，同时被中央网站、门户网站等大量转载，其中人民日报客户端转载稿件点击量超过112万人次。《西藏日报》刊发的《游免门票 住打五折 行享优惠 团有奖励 自治区邀客“冬游西藏·共享地球第三极”》稿件，获第二届全国省级党报记者工作会议一等奖。

“冬游西藏”消息发出来后，很多受众在网上留言提问。报社及时组织记者采访有关部门，对受众关心的问题进行回应作答、解疑释惑，推动“冬游西藏”宣传报道向纵深发展。

思考与讨论

这个新闻策划成功案例，对融合新闻报道策划有什么启示？

第一节　互联网时代的融合新闻策划

在信息满天飞的时代，人们获得信息的渠道越来越多，也越来越便捷。网络、手机在方便、快捷和互动方面占尽先机。对于传统媒体来说，既要取网络、手机之长，在与新媒体的融合上下功夫，又要独辟蹊径，在深度和观点上形成自己的特色，保持自己的优势。而要做深度、有观点，就必须精于策划。

“策”，策动；“划”，谋划。顾名思义，融合新闻报道策划就是对新闻事实进行报道时的统筹谋划、策动引领，以实现对新闻资源的最大开发与最好利用，实现传播效果的最大化、最优化。

新闻事实本身不能策划，但新闻报道特别是重大报道、深度报道、连续报道、系列报道等必须有策划。融合新闻策划，需要结合当前社会热点，精心提炼新闻点，找准事件变化的结合点，通过系列新闻产品进行集中呈现。

融合新闻策划的着眼点，应该在主题凝练、价值提升、内容深度挖掘与创意交互体验上进行有益探索，在修复媒体与社会的良好传播生态，建立与用户良好的信任关系方面起到积极作用，彰显主流媒体加强融合传播、塑造主流舆论新格局的努力与成效。[①]

一、把握新闻报道策划的“时度效”

“时度效”是新闻报道的重要遵循。新闻报道策划作为新闻报道的重要环节，也应从“时度效”着力、体现“时度效”要求。

1. 掌握时机，抢发而不“抢跑”

“时”，就是时代、时机、时效，即新闻报道策划要把准时代背景、掌握报道时机、突出策划时效。

所谓把准时代背景，是指在确定新闻报道策划选题时，应有宽广的历史视野、敏锐的政治意识，将选题放置在历史的维度、全局的高度考量。选题质量高低在很大程度上决定了新闻报道策划的成败。因此，挖掘一个格局宏大、立意高远、新颖独特的选题，是新闻报道策划的重中之重。就上文案例中的“冬游西藏”题材来说，如果仅将其看成是一个旅游行业的新闻，那就视野窄了、格局小了。新闻宣传要围绕中心、服务大局。在确定新闻报道策划选题时，更要提高政治站位，首先了解中心是什么、大局是什么。把西藏打造成为“重要的世界旅游目的地”，是中央的治藏方略和西藏自治区党委、政府的重要工作。把“冬游西藏”放到这个宏大背景下考量，其新闻价值就不可同日而语了。

时效性是新闻的一个基本属性，也是新闻报道策划的一个基本属性。新闻报道策划在新闻报道活动中起着策动引领作用。新闻报道策划要体现“时”的要求，就要增强“眼力”“脑力”，提高新闻敏感度，准确判断新闻事实的价值，迅速制订新闻报道方案。面对众多媒体的竞争，“冬游西藏”的稿件如果抢不到首发，就起不到原有的宣传效果。

而面临发稿时机的问题，新闻报道有严格的纪律，不能一味抢时效而忽视“时机”，否则容易犯错，对此西藏日报的做法是抢发而不“抢跑”，取得了良好的效果。

2. 把握尺度，报道规模与新闻题材相匹配

“度”，就是尺度、分寸，即新闻报道策划要拿捏好报不报、报多少、怎么报等分寸尺度。

新闻报道策划要体现“度”的要求，就要把政治方向摆在第一位，坚持党性和人民性相统一，坚持团结稳定鼓劲、正面宣传为主。要认真评估新闻价值、社会影响，既不小题大做，又不大题小做，做到报道规模与新闻题材相匹配，让正能量更强劲、主旋律更高昂。

---

① 王秋萍、毛洲英：《主流媒体融合报道的创新样本——第 32 届中国新闻奖融合报道获奖作品解析》，《中国记者》2022 年第 12 期。

新闻报道策划特别是调查性报道、监督性报道策划，对“度”的把握要准之又准，切不可以点代面、夸大其词，制造噱头、吸引眼球。应时刻绷紧“政治”这根弦，既尊重新闻事实，又突出社会效益、社会影响。

同时，新闻报道策划还要把握好必要与可行的问题，“看菜吃饭”、量力而行，根据媒体资源、采编力量、时间急缓等诸多实际因素，制定规模合适的报道策划。否则，策划规模小了，无疑会浪费好的新闻题材；策划规模大了，执行不了或执行不到位，也是一纸空文。

3. 注重效果，借船出海

“效”，就是效果、实效，即新闻报道策划要提高科学性、针对性、操作性、实效性，切实增强新闻报道的传播力、引导力、影响力、公信力。

新闻报道策划要体现“效”的要求，就要坚持以人民为中心的工作导向，积极适应分众化、差异化传播趋势，树牢全媒体思维、制订全媒体方案，从策、采、编、发这几个源头加快推动媒体融合发展，把宣传报道触角向各类受众延伸。

借力与人民日报客户端的合作，西藏日报社“冬游西藏”报道策划取得了成功。2018 年“冬游西藏”十分火爆，为西藏自治区大力发展全域全时旅游、增强“造血功能”、促进民族交往交流交融，推进新时代西藏长足发展和长治久安注入了强大动力。

二、与时代共频共振，提升传播主动性

融合报道的主要特点是利用多媒体手段进行新闻传播活动。重大主题、重要题材报道创新是主流媒体一直努力的方向。主流媒体要适应移动传播的现实环境，搭准时代脉搏，找准人物故事点，寻求情感共鸣点，将重大主题做“柔”做“细”做“活”，从而创新重大主题报道。

案例

央视新闻在 2021 年末推出时政融合创新微视频《为谁辛苦为谁忙》，回顾梳理习近平总书记这一年的考察足迹。该视频创新时政语态，以情感为内核，整合鲜活的时政现场画面，融合混剪、MV 等多种短视频元素，全景化呈现习近平总书记浓浓的人民情怀。通过 1 条视频，梳理习近平总书记 1 年足迹；以 1 年足迹，汇 10 年牵挂；以 10 年牵挂，见百年初心……正如习近平总书记所说：“我们是人民的勤务员，这句话不是一个口号，我们就是给老百姓做事的。”

该视频的创新之处在于，将短视频的碎片化传播和情绪传播手法代入时政视频的话语体系中，用生动的细节打动人，用朴实的语言拉近距离，摆脱传统时政报道生硬、呆板的刻板印象，该微视频在全网播放量超 4 000 万次，相关话题阅读量超 2 亿次，达到融合有效传播。“柔”化处理是融合报道做好重大主题报道的最大亮点。

图 10-1　微视频《为谁辛苦为谁忙》截图

新华网的融合创新作品《答卷人》围绕 29 名“七一勋章”获得者进行策划创作，邀请美术家创作精美的绘本作品，人物生动传神，故事要言不烦。同时动画视频强化了“答卷人”最感人的品格特质，采用可视化的方式直观呈现复杂信息，将报道做得精细，化繁为简。

图 10-2　绘本作品《答卷人》

湖南日报社创作的融合报道 H5 作品《手机里的小康生活》以“半条被子”故事主人公徐解秀之孙朱小红为第一视角，巧妙地将故事融入“手机应用”中，让受众真切看到“吃穿不愁、人居环境优美、乡村振兴如火如荼、民族团结繁荣发展”的小康图景。产品真实度高，互动性强，趣味性浓，做到了以小见大，把“小康生活”“乡村振兴”这样的宏大叙事讲得“有意思”，把重大主题讲得“更生动”，最终让用户从朱小红一家幸福生活的剪影里，得以窥见沙洲村全面小康、乡村振兴的壮丽全景。巧花心思把重大主题做“活”了。

图 10-3　H5 作品《手机里的小康生活》截图扫

扫二维码观看作品

三、与技术共依共存，提升传播互动性

区别于用文字、图形、视频、音频进行单向信息展示的传统新闻形式，融合报道的重要特点是互动性。当前，众多融合新闻产品坚持“移动优先”战略，微视频、H5、条漫、CG 动画等移动端形式应有尽有，移动直播、无人机、人工智能在新闻产品中充分运用，让用户参与到新闻故事当中去，“亲历”新闻事件或选择探索自己感兴趣的新闻内容。可视化程度高、沉浸感强，是优秀融合新闻报道的一大亮点。

案例

人民日报新媒体中心的《复兴大道 100 号》H5 作品以超长画卷与“一镜到底”的形式，融合了文字、画面、声音、动画、AI 交互等多项技术，进行多维感官体验的前置设计，着重打磨作品中的 AI 交互技术应用，优化用户体验。通过丰富多元的场景变化与内容细节，记录了时代的沧桑巨变，描绘了中国共产党成立 100 年来的伟大征程。据不完全统计，截至 2021 年 7 月末，该作品仅在人民日报新媒体渠道浏览量就超过 1.2 亿，点赞量超 290 万，相关微博话题阅读量近 3.5 亿，全网首页首屏转载，在多地的线下展馆、地铁站、火车站、户外大屏、公共交通屏幕等以多种形式播放，丰富了用户的观赏体验。同时在线下，创新实景展陈模式，打造互动体验馆，精心设计 10 个展区，还原不同时代的历史画面和生活体验，并采用动画长廊、水幕影像、裸眼 3D 视频等新型技术，带用户“走入”历史。

图 10–4　H5 作品《复兴大道 100 号》宣传海报

图 10–5

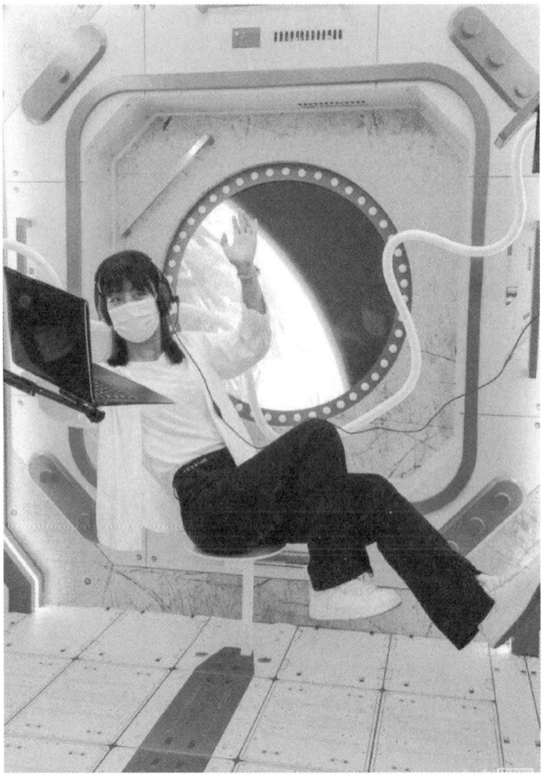

图 10–6　“复兴大道 100 号”线下展馆

新华社的融合新闻作品《2021，送你一张船票》以船票带入百年征程。以南湖红船为线索，将文字、国潮插画、闯关游戏、音乐、音频文献融合到 H5 之中，让网民领取船票，置身于在中国共产党的领导下，中华民族走出黑暗、走向复兴的百年征程中，感受百年来的巨大变化。产品强调互动参与，用户通过答题闯关，可以“发射”神舟，还可挑选背景生成配有自己头像和唯一序号的建党百年纪念海报，拓展社交空间，形成裂变传播。

图 10–7　H5 作品《2021，送你一张船票》截图

四、与人物共情共鸣，提升传播有效性

数字时代，媒介与受众的互动，传受双方往往需要“看见”彼此，了解彼此。

案例

在北京卫视系列纪录片《我为群众办实事之局处长走流程》中，北京市人社局劳动关系处副处长王林体验了一天送外卖的生活，最后在夜色中坐在马路牙子上觉得很委屈，感叹“太不容易了”。这一幕让网友感到真实、自然，网友评价：“挺心酸也挺真实，只有体验过，才知道不容易，才懂得委屈。”作品呈现党员干部“深入普通群众”，也体现平凡的劳动并不简单，利用身份的反差、对普通岗位和寻常劳动认知的反差，形成关注点、讨论点、共鸣点，新闻也由此引发社会广泛关注。将党和政府中心工作与民众休戚相关的日常事务相结合，观照现实，关注民众感受，这就是共情的魅力。

图 10-8 纪录片《我为群众办实事之局处长走流程》截图

新疆日报社 H5 作品《那碗甜水》以水为主线，通过音视频、手绘等融合手段，展现出一名共产党人在脱贫攻坚战场上的感人事迹，将主人公多个感人瞬间进行集中突出展示，烘托氛围，令人动容，带给受众心灵的撞击和洗礼，产生强烈共鸣。

图 10–9 《那碗甜水》H5 截图

扫二维码观看作品

由此可见，主流媒体只有在策划的时候充分考虑“媒体能够生产什么”和“新闻受众需要什么”这两大问题，使新闻作品在内容上更加具有思想深度和感染力，在呈现形式上更加具有创造性和吸引力，让报道少一些说教、多一些共情，改变枯燥刻板的形象，用户才会真正爱听爱看，产生共鸣。

第二节 融合新闻报道策划的框架和步骤

从具体操作层面来说，新闻报道策划是一份详细的、具体的、将来性强的计划，它可以帮助新闻从业者更好地展开工作，通过执行方案实现目标。

一、新闻策划的基本步骤

新闻策划从实施的角度来说，主要有以下几个步骤：

1. 确立宣传目标

要做好一个新闻策划，首先必须确定宣传的范围和目标人群。这就要求策划者对策划的对象及其相关情况有全面深入的了解，了解得越详细，掌握的信息越多，就越有可能从中挖掘出有价值的新闻点，为下一步做好新闻采访打下坚实的基础。

2. 制订策划方案

当明确了新闻策划等宣传范围和目标人群后，就要做好组织发动和各方面等协调工作，使参与策划人员都能自觉地参与到策划方案的制订和实施中来。要充分认识新闻策划方案的重要性，明确新闻采访等目的，制定好宣传主题，做好责任分工，安排好采访时间和参与采访人员。这些都是完成落实好新闻策划方案的重要保障。

3. 实施新闻策划

实施新闻策划，是整个策划中最为重要的一个环节，关系到策划方案最终能否获得成功，能否达到预期效果。在实施新闻策划方案时，可以从是否把握好时新性、时宜性、合理性、可受性和前瞻性这几个方面进行考量。

在追求时新性上，就是要把握好新闻的时效性和采访手法的创新性。

在讲求时宜性上，要以新闻事实的时间性为依据，研究寻找新闻策划的最佳契机，使新闻策划的社会效果达到最佳状态。因此，策划前必须对当时的社会背景、舆论导向做详细的分析和研究，这样才不会在实施策划的时候只一味追求新闻轰动效应，而置大局和社会公众利益于不顾。

在关注合理性上，要将一些分散、无形的事实充分调动和集中起来，从而使“潜新闻”得到开发而成为“显新闻”，产生一种“宣传性现象”。但要特别注意在调动、集中这些分散、无形的事实过程中，防止按策划人主观臆想来误导舆论，还要防止歪曲和改变事实的本质，出现虚假报道。

在强调可受性上，要了解受众喜欢什么，对新闻有什么期待和要求，在确定公众价值观和态度的基础上实施新闻策划。

在力求前瞻性上，要做到准确把握热点，只有通过精心的安排，有独特的视角和创意，才能采写出好的新闻作品，得到受众的欢迎。①

二、新闻报道策划方案的基本框架

1. 标题

新闻报道策划的标题就像是数学答题的“解”，或者政治大题的“答”，会让策划方案更加清晰规整。在一些选题比较大的报道策划中，也可以通过标题来表现报道策划的侧重点。

一般来说，标题写成“关于 ××× 事件的报道策划方案”即可。

2. 策划意图

意图是指新闻策划是为了达到什么宣传目的或宣传效果的，可以对整体思路进行简单概括。

① 纪鑫:《新闻策划的 3 个步骤》,《新闻论坛》2010 年第 3 期。

3. **报道的范围与重点**

范围是指报道策划可能会涉及的所有内容，而重点则是指重要报道的内容。报道范围要层层递进，体现报道价值和媒体立场。

4. **报道的规模、进程与媒介形态运用**

报道规模指的是报道的时间、空间与人力三方面因素组合的概念。如在报纸上持续进行多长时间、占据多大版面空间和多少栏目配置、动用多少采编力量等。

报道进程是指报道全过程中时段的分割与安排。

媒介形态运用是指报道对媒介发布渠道的选择。只用一种媒介，还是同时运用报纸、网站、微博、微信等多种媒介形态进行联动报道。

5. **发稿计划**

发稿计划是报道进程中各阶段刊出新闻稿件的统筹规划，包括确定每篇稿件的题目、内容、体裁、篇幅、刊出的先后次序、具体时间及发布的媒介、稿件在媒介中的位置等。简单来说，发稿计划是一个“任务清单”，分发给每个记者和编辑，让他们知道什么时候需要交什么样的内容，是对报道规模与进程的具体落实。①

6. **设计报道结构与报道方式**

报道结构是报道各组成部分相互之间的关系及其组合排列所呈现的外在形式。报道结构的组成要素包括时间、空间、角度、广度、深度和传播符号等。

报道方式是指将零散的新闻稿件整合为报道整体的操作模式，即新闻编辑根据报道目标，运用某种手法组织若干相关报道，使之形成具有一定报道规模或持续一定时间的报道整体。

7. **报道力量配置与报道运行机制**

报道力量配置是指参与报道的人力、资金和技术设备的配置。

报道运行机制是指为实施报道而临时建立的组织机构、工作流程及其管理制度。报道力量配置与报道运行机制是根据报道内容、报道规模和报道方式确定的。

案例

关于《走进城市老街》的报道策划方案

一、策划背景

每个城市都有自己的历史，有着属于本地文化的细胞，在保护和传承上都有独特的想法。一座城市最能表现文化的是建筑，最能展现市井风俗的是老街。老街是城市文明延续的载体，人文市井的再现，具有不可替代的历史文化价值。那些曾经在历史上熠熠闪光，带有浓厚民间风味的老街古屋，历经数十载风霜雨雪侵蚀，伴随着城市化建设日新月异的变化，现代文明的高速发展，在高楼靓丽外表下显得愈加暗淡无光，并逐渐开

① 蔡雯、许向东、方洁:《新闻编辑学（第四版）》，中国人民大学出版社，2019。

始淡出大众视野。

本组成员立意做一个关于探寻老街历史沧桑味道的策划方案。走进老街，敲开一扇扇斑驳的木门，找寻老街蕴含的悠悠古韵，以及厚重的历史人文风貌。

二、报道目的

着眼于下我市具有代表性的老街古屋的兴衰更迭，以一些沉淀城市文化命脉并日渐淡出公众视野的街道与建筑为立足点，介绍城市老街风貌，将老街目前面临的种种现实性问题重现于大众眼前，呼吁更多的人关注老街的保护与延续问题，促进对城市遗产的保护，使人们更加关注城市的健康发展，保护这些即将消逝在城市中的文化。

三、受众分析

比较怀旧并关注老街历史文物保护的受众。

四、报道主题

走进城市老街

五、报道角度

1. 龙尾街的历史起源、兴盛时期的情况以及后来破落的原因。

2. 龙尾街街道周围老屋的历史，历经多少次更迭，房子现在的用处，现居住的人口结构，居民的生活居住条件，城市发展进程的推进对其的影响，等等。

3. 龙尾街现住户对老街的感情，发生过的一些故事，以及没有居住在龙尾街的老一辈人对其的记忆。

4. 龙尾街周边城市商业区对老街的看法，有无拆除老街适应城市发展的必要。

5. 相关部门对龙尾街的保护性政策、实施力度，以及对龙尾街将来的相应规划。

六、报道定位：系列专题报道

1. 报道进程安排：做一个星期的连续性报道，首先是走进龙尾街，采访老街的居民，做几篇人物通讯，带出老街的历史和人情风味；接着选取一些较好的角度撰写特写，向社会公众征集稿件，可以是诗歌抑或散文，文体不限，抒发其对老街的感情；然后采访相关部门的负责人，了解关于龙尾街的发展过程，采写专访；最后以评论收尾。

2. 体裁类型：主要采用人物通讯、特写、专访、评论这几种体裁。

七、报道要求

记者深入采访，写稿时以事实为依据，真实可靠，注重实效，态度中立客观。

八、媒体及人员分工

A 组：负责搜集有关龙尾街的历史文献资料。

B 组：全组成员共同参与多方采访。

· 龙尾街现住户对龙尾街的感情以及发生过的有意思的故事。

· 周边商业区对龙尾街的看法。

· 非龙尾街居民的老一辈人对龙尾街的记忆。

· 相关部门对龙尾街的政策和规划。

C 组：负责各类资料的汇总以及整编筛选。

D 组：负责新闻稿件的采写、新闻照片的拍摄。

三、新闻报道策划的实施与修正

报道策划与报道实施是传播过程中两个不同的概念，但报道策划不能脱离报道实施来进行。因为在传播过程中，策划者必须随时接收实施中的信息反馈，据此调整原先的策划方案，形成“策划—实施—再策划—再实施”这样一个多次循环的过程。因此，新闻报道策划在报道实施之前先期运作，形成设计方案；在报道实施过程中，报道策划仍然与报道同步推进，一方面接收反馈，另一方面修正方案，直至报道结束。

在报道进行过程中，常常会出现前期策划中没有预料到的情况，如报道客体发生变化，报道的外部条件发生变化，受众对报道的态度发生变化，等等。策划者要掌握这些变化，在报道实施过程中适时修正方案，就需要建立信息反馈机制，主动、全面、及时地接收各方面的信息。

1. 报道者的反馈

记者、通讯员是采访报道的直接操作者，他们对实际情况的掌握最多最详细，对报道的效果也获知最快。他们既是报道的参与者，又是媒体和社会之间沟通的桥梁。一个报道能否按原计划推进下去，报道者的感觉往往是最灵敏的。而且，由于报道者对媒体、受众和报道对象的情况都比较熟悉，经常能对报道的调整和补充提出许多好的意见和建议。

2. 报道对象的反馈

被采访者、被报道者是报道的当事人，他们能不能接受报道，能不能给予配合，在报道进行过程中有没有改变自己的行为和观点，都直接影响下一步报道的进行。因此，在报道中了解他们的情况至关重要。在报道过程中，应被报道者要求而调整报道的情况是经常发生的。如表扬性报道，被表扬者有顾虑，要求省略某些原定的报道内容；批评性报道，被批评者提出报道内容不实，或报道中说的情况已经有了变化；问题性报道，被采访者提出反映的问题得到解决，或更进一步恶化；等等。这些变化都是调整报道的重要依据。

3. 有关部门和主管单位的反馈

被报道者的上级、媒体的主管部门和有关领导人员也会在报道进行过程中提出各种意见和建议，这也能成为报道调整的原因。如《经济日报》曾经在报道我国企业普遍存在的“三角债”问题时，最初的设计是以大连起重机厂为典型，对其欠债情况和还债行为进行追踪报道，再由点到面，促使与大连起重机厂有债务关系的企业共同解决问题。然而，在报道进行了一个阶段以后，国务院下达指示，要以辽宁为主在东北开展清欠工作，300 余家重点企业被确定为试点单位，并要求新闻报道加强配合。报社原定的报道方案显然不能满足上级领导部门的这一要求，因为只把着眼点放在一个大连起重机厂是有局限性的。于是，策划者及时对方案做了调整，《“三角债”追踪报道》栏目开始超出原计划的范围，进入第二阶段，连续刊登系列述评，深层次剖析“三角债”形成的原因，并派出记者跟随清欠工作人员采写见闻，使报道的深度和广度都超出了报道初期。

4. 受众的反馈

报道是否成功，受众的反应是重要的衡量标准。如果报道在进行过程中没有引起受众的关注，或得到不好的评价，就说明报道的实际效果与报道效果目标之间有很大差距。因此，报道一旦开始，策划者就应密切注意受众的反应，并据此随时修正报道方案。特别是在互联网发展的今天，受众的反馈可以实时被媒体接收，并及时做出调整。①

第三节　优秀融合新闻策划作品分析与鉴赏

从 2018 年开始，中国新闻奖奖项中增设了媒体融合奖，这是中国记者协会在媒体融合上升为国家战略后的对应之策，也是继 2006 年中国新闻奖中设立网络媒体奖项之后的又一次新安排。媒体融合奖也从之前各奖项只对内容采制和编辑的评选，转变到不仅对内容的关注评比，还增加了对作品制作和传播中的数字化、移动化及交互性等技术应用的评比。②

《中国新闻奖评选办法》明确提出，媒体融合奖是针对“传统主流媒体所创办的移动端上首发的融合传播新闻作品”，其宗旨是为了推动传统媒体和新媒体的深度融合；也是党和国家为了打造新型主流媒体，占领舆论引导的制高点的选择。

这为融合新闻报道策划提供了更大的范围和空间。近年来，各主流媒体的优秀融合新闻作品频出，体现出鲜明的时代特色，展示出新时代中国的新变化、新气象。本章节以 2022 年全国“两会”报道各媒体的融媒创新产品为例进行分析与鉴赏。

案例

2022 年的全国“两会”报道，成为了各媒体展示融合成果的大舞台。从硬核技术到花式呈现，再到创意策划，用各种“招式”将“两会”期间的热点话题，精准全面又生动地传递给受众。

---

① 蔡雯:《报道进程中的信息控制》,《新闻实践》2000 年第 6 期。

② 卿志军:《融媒时代新闻报道的策划与创新——对近三届中国新闻奖媒体融合奖获奖作品分析》,《传媒》2020 年第 24 期。

人民日报社：微动画《文物音乐会，国宝唱嗨了》

人民日报新媒体制作的古风三维动画 MV《文物音乐会，国宝唱嗨了》在朋友圈刷屏。它以 6 件珍贵文物为原型制作三维动画形象，拟人化的击鼓说唱俑、铜奔马、青铜面具、长信宫灯、唐仕女俑等文物聚在一起，演唱了一曲重新填词的网络流行歌曲《达拉崩吧》，讲述着他们“感知”到的中国发展和大众期盼。该 MV 画面精美、演唱风趣，引发网民热议，仅在人民日报新媒体自有平台阅读观看量超 1 000 万，被大量新闻网站、客户端和微博微信账号平台广泛转载。

图 10–10　古风三维动画 MV《文物音乐会，国宝唱嗨了》视频截图

新华社：一次能上天的访谈

2022 年全国“两会”前夕，新华社新媒体中心新立方智能化演播室继“全息异地同屏访谈”“2021 年全国两会 5G 沉浸式多地跨屏访谈”之后，推出“2022 年全国两会融屏访谈”。从“同屏”到“跨屏”再到“融屏”，新立方智能化演播室再次技术升级，引领行业创新，赋能“两会”创新报道，满足网友新期待。

首篇《天地融屏｜王亚平代表在太空讲述履职故事》在新华社客户端和微信公众号一上线就“炸开了锅”，全网置顶推荐展示，综合传播量上亿次，被新浪、百度、网易、今日头条等 107 家网站、新媒体平台和社交媒体平台转载。一年一度的“代表履职”系列访谈再次火出了圈，形成刷屏之效。

图 10–11　《天地融屏｜王亚平代表在太空讲述履职故事》截图

中央广播电视总台：首个 AI 超仿真主播亮相

中央广播电视总台央视频推出了全新 AI 节目《“冠”察两会》，为“两会”报道注入科技“创新力”，充分彰显 AI 技术在新闻领域应用的前沿成果。“AI 王冠”作为《“冠”察两会》的主播，结合“两会”热点话题，以科技感和新鲜感，为总台“两会”报道内容提供更多维度和视角。

“AI 王冠”是总台继冬奥会独家 8K、VR 沉浸式观赛等黑科技技术之后继续深化“5G+4K/8K+AI”战略布局，充分发挥媒体融合传播优势，强化技术引领、广泛创新和应用新技术、新手段的又一突破性成果。

图 10-12　《“冠”察两会》截图

中国日报社：《小彭 Vlog：活起来的文化遗产》

小彭作为一名年轻记者，和很多年轻人一样，喜欢近年来接连“出圈”的优质国风节目，希望借助科技的力量让收藏在博物馆里的文物、陈列在广阔大地上的遗产、书写在古籍里的文字都活起来。

在《小彭 Vlog：活起来的文化遗产》中，中国日报社记者彭译萱采访了工作在文化传承一线的全国人大代表和政协委员，请他们畅谈对文物保护、文化传承的见解，从中挖掘中华文化的独特创造，展现中华民族的光荣历史，让观众在小彭找寻文化遗产和传承的途中，共同感受中华文化的魅力。片头女俑幻化真人的章节使用了布料物理解算特效技术，栩栩如生地呈现出唐代陶俑在春风中幻化成小彭，进而奔赴“两会”的趣味情节。

图 10-13　《小彭 Vlog：活起来的文化遗产》截图

工人日报社：数字人主播晓晓正式“上岗”

随着“两会时间”开启，工人日报社融媒体中心数字人主播晓晓也正式“上岗”了。节目中，晓晓依托百度人工智能创造内容的技术能力，化身智能主播，数读政府工作报告，传递最新“两会”快讯。特别是对“代表通道”“委员通道”上关于劳动话题、工匠精神的解读，以及新就业形态劳动者权益维护话题的分析，实现了技术赋能内容的良性循环。

对智能主播来说，如何识别文本严谨的内容风格并加以演绎，成为考验其技术的关键，工人日报联合相关方面运用 Aigc（指运用人工智能技术自动生产内容）技术，通过 AI 生成创意（如主题、构思等）、生成素材（如文字、配图、配音等），以自动编排合成的方式最终生产出内容，实现了正能量广泛传播，让严肃话题更活泼、更生动。

数字人晓晓在播报新闻之外，还可在聊天交互等场景中实现自主学习，快速补充海量新词、热词等，为观众提供更具科技感、沉浸感的体验。

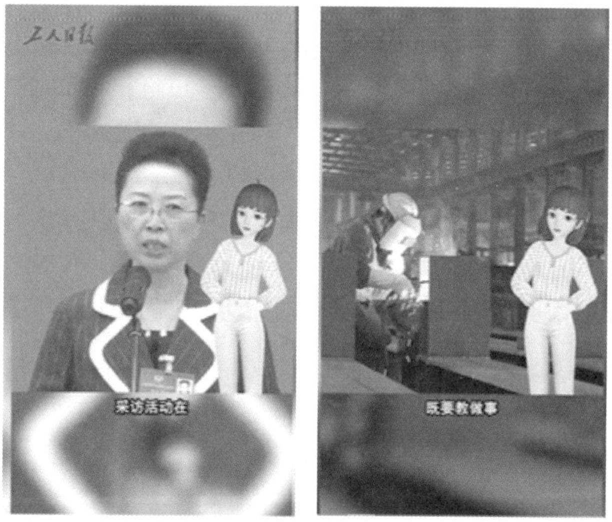

图 10-14　工人日报社融媒体中心数字人主播晓晓

法治日报社：“诗画两会”系列

法制日报社“诗画两会”系列创新传播形式，对大家耳熟能详的诗词名句进行全新改编，用诗人的形象和意向、古风、报告热词等相关元素设计手绘海报，将“两会”关键内容进行全新内容创新。

3 月 5 日，李克强总理做政府工作报告后，该系列根据政府工作报告的重点内容推出《看政府工作报告，还得李白！ | 诗画两会②》，改编七首诗。如针对民生问题，把李白原诗句“桃花潭水深千尺，不及汪伦送我情”改编为“桃花潭水深千尺，不及福祉惠民情”，并附上注释，文末还留一首诗，邀请网友来对诗。此系列一共六期，“邀请”李白、杜甫、苏轼、白居易、王安石、李清照六位诗词大家对政府工作报告、“两高”报告等内容进行解读。

图 10–15　“诗画两会”系列截图

长城新媒体集团：《您的“两会 AI 助手”已上线》

长城新媒体集团策划推出《您的“两会 AI 助手”已上线》融媒创意互动作品，首次启用新一代真人虚拟主播“冀小青”，用户通过与“她”自然对话，学习“两会”知识、聆听政府工作报告、了解全国“两会”热点。

作品应用最新人工智能和虚拟主播技术，构建了开放型的“两会”知识图谱，为虚拟主播打造了“两会大脑”，同时通过 NLU 技术（自然语言理解技术 Natural Language Understanding），用户可以用口语化的语言和虚拟主播互动交流，实现更自然、更有代入感的互动体验。该作品以全新的用户体验，引导广大青年关注“两会”、了解“两会”，拉近了“两会”与百姓的距离，实现硬核内容的人文化表达，深受青年人喜爱。

图 10–16　《您的“两会 AI 助手”已上线》截图

福建省广播影视集团：动画短视频《说唱两会　逐梦晨昏》

福建省广播影视集团融媒体资讯中心主动把握时代脉搏，将宏大主题与通俗化表达巧妙结合，制作了《说唱两会　逐梦晨昏》动画短视频新闻产品。

该作品以时下喜闻乐见的说唱为内容主体，以动画为载体，节奏明快清新，画风趣味性十足，并设置了“90 后”记者和领导之间的对话，层层递进表现主题，把亮眼的福建“成绩单”和蒸蒸日上的美好现在、暖心给力的政府工作报告唱给用户听。

图 10–17　动画短视频《说唱两会　逐梦晨昏》截图

湖北广播电视台：“‘荆’彩图荐”系列

湖北广电推出的特别策划《答好必答题　重回主赛道》，以“创意图荐 + 现场报道 + 海采点评”的组合模式，聚焦湖北上下牢记总书记的殷殷嘱托，围绕答好建成支点的“必答题”，答好高质量发展的“必答题”，答好生态优先、绿色发展的“必答题”，答好省域治理的“必答题”等 4 个维度，铺陈开 2021 年“荆”彩答卷。

“‘荆’彩图荐”系列在呈现上有三大视觉元素：背景场景由微缩模型物件组成；主体是真人述评员；辅助元素则是动画。通过三维虚拟混合技术，三大元素融为一体，述评员在“穿越”以及“互动”中讲述，以耳目一新之感生动阐释出湖北在科技创新、打造现代产业体系、省域治理现代化等方面的探索与成就。

图 10–18　“‘荆’彩图荐”系列截图

扫二维码观看作品

湖南广播电视台：金豆银豆脱口秀

为了生动解读“两会”热点、传递“两会”精神，湖南广电风芒 APP 用群众喜闻乐见的方式制作了一系列新媒体创意产品，产生了热烈的社会反响。《金豆银豆脱口秀：什么是“全过程人民民主”？》这个短片用 MG 动画的方式，通过两颗豆子的对话，从中国共产党延安时期“大豆选举”的民主探索到今天的“全过程人民民主”，进行了全景式的说明和阐释。该片形式新颖，通俗易懂，用生动的案例展示了“全过程人民民主”的深刻内涵。

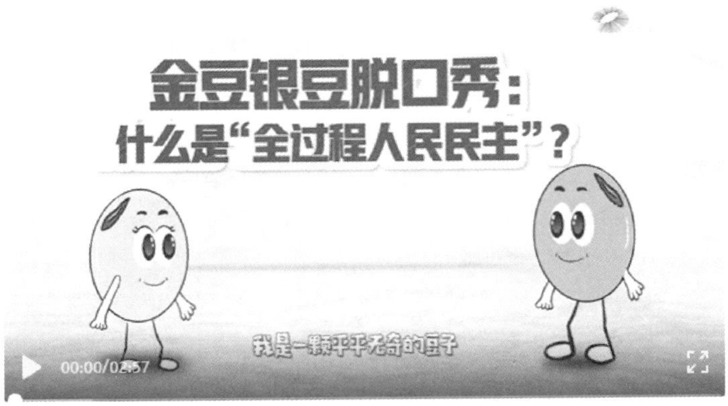

图 10–19　《金豆银豆脱口秀：什么是“全过程人民民主”？》截图

思考与实践

开展融合新闻创新实战训练，通过实战，熟练掌握融合新闻报道各类体裁的创作方法与技巧，全面考查创意思维、文案写作、方案执行等各方面的综合能力。

一、项目介绍

近年来，城市文化旅游作为一种新型的旅游形式，在全国各地得到了快速发展。城市文化旅游建设是指以城市的历史、文化、艺术、建筑为主题，向游客展示城市独特的文化魅力，并为游客提供休闲、娱乐、购物等服务的旅游形式。

以“城市文旅”为主题，挖掘自己家乡在文旅方面的资源、特色，开展整体策划，助力提升城市形象价值。

二、项目的组织与实施计划

1. 城市形象宣传策划。

2. 融合新闻产品创作。

3. 媒体矩阵宣传。

三、项目的基本要求、重点与难点

项目一：城市形象宣传策划

1. 基本要求：寻找城市特色资源，让城市“网红”形象深入人心，吸引更多的人群来自己的家乡。

2. 重点与难点：寻找城市特色资源，考查宣传创意。

3. 内容要求：完成形象宣传策划方案。

项目二：融合新闻产品创作

1. 基本要求：根据策划方案，完成融合新闻产品的创作。

2. 重点与难点：体现融合新闻产品的创意和时代性。

3. 内容要求：完成 3 种以上融合新闻产品。

项目三：媒体矩阵宣传

1. 基本要求：搭建媒体宣传矩阵，将融合新闻产品在平台进行发布。

2. 重点与难点：进行各平台引流。

3. 内容要求：提交各平台运营数据分析报告。